Rudolf Dreikurs
Selbstbewußt

W0044664

Rudolf Dreikurs

Selbstbewußt

Die Psychologie
eines Lebensgefühls

Soziale Gleichwertigkeit
und innere Freiheit

Horizonte Verlag

Neuausgabe. Mit einem Geleitwort von Erik Blumenthal.
2., durchgesehene Auflage. 1987. Über alle Rechte der deutschen Ausgabe
verfügt der Horizonte Verlag GmbH, Rosenheim, Salzburg, Genf.
Aus dem Englischen übertragen von Eva Zahn. Die Originalausgabe
erschien unter dem Titel ‚Social Equality. The Challenge of Today‘
bei Henry Regnery Company, Chicago.
© Rudolf Dreikurs 1971
Die erste deutsche Ausgabe erschien 1972 bei Ernst Klett, Stuttgart.

Umschlaggestaltung: Dieter Zembsch, München
Satz: Rosenheimer Satzstudio, Rosenheim
Druck: May & Co., Darmstadt

ISBN 3-926116-51-X

INHALT

Vorwort zur Neuausgabe

Ehe das vorliegende Werk zum ersten Mal in den USA verlegt wurde mit dem Titel »Social Equality: the Challenge of Today«, gab mir Rudolf Dreikurs sein Manuskript zum Lesen. Ich war davon begeistert, denn es schien mir *das* bahnbrechende Werk zur Psychologie gleichwertiger Beziehungen unter den Menschen zu sein. Uns beiden fiel es schwer zu verstehen, warum es solche Mühe machte, einen Verleger dafür zu finden. Schließlich war Dreikurs, nicht zuletzt durch eine Anzahl erfolgreicher Bücher, als einer der maßgebenden Psychologen unserer Zeit bekannt. Mein damaliges abschließendes Urteil war, daß die Zeit für ein solches Buch offensichtlich noch nicht reif sei.

Selbstverständlich war auch schon in den sechziger Jahren die soziale Gleichwertigkeit aller Menschen, besonders jene von Frau und Mann, ein Schlagwort, aber für viele Männer und Frauen war es eine Theorie, deren Verwirklichung in der Praxis nicht als unbedingt notwendig angesehen wurde, zumal diese sicherlich viele Unbequemlichkeiten und Unsicherheiten mit sich bringen würde.

Nur ein Jahr später brachte der Ernst Klett Verlag die deutsche Übersetzung »Soziale Gleichwertigkeit« heraus. In letzter Zeit häuften sich nun die Anfragen nach einer Neuherausgabe dieses Werks, was kein Wunder ist, da der Inhalt wegweisend dafür ist, wie wir lernen können, gleichwertig und gleichzeitig friedlicher, harmonischer und liebevoller zusammenzuleben. Was der Durchführung jedoch im Wege steht, ist das herrschende Vorurteil, daß der Mensch sich nicht ändern könne.

Dreikurs zeigt nun überzeugend, konsequent und logisch, was jeder tun kann, um in seinem Lebenskreis zu einer größeren Einheit (nicht Uniformität!) und zu einem Mehr an Frieden zu gelangen. Dabei geht es aber nicht nur um die Lösung der bestehenden Probleme zwischen den Generationen, den Geschlechtern, den Klassen und Kulturen, sondern ebenso wichtig ist es, sich um den »inneren Frieden« zu bemühen. Es ist ein faszinierendes Buch der Ermutigung, so daß es nur folgerichtig ist, es mit dem neuen Titel »Selbstbewußt« erscheinen zu lassen.

Erik Blumenthal

EINLEITUNG

Der Mensch ist ein soziales Wesen. Sein größtes Verlangen ist, zu einem Ganzen zu gehören. Nur im Gefühl der Zugehörigkeit kann man wirken, teilnehmen, seinen Beitrag leisten. Alfred Adler nennt diese grundlegende Sehnsucht des Menschen *Gemeinschaftsgefühl*. Wenn man es ungefähr umschreiben will, ist es Teilnahme am Leben des Ganzen, ein Gefühl des Verbundenseins, das Empfinden, daß der Strom des Daseins einen trägt, das Interesse am Wohlergehen der anderen. Die Intensität dieses Gefühls entscheidet darüber, wie fähig und willig ein Mensch in der Gemeinschaft zu wirken vermag; der Mangel daran führt zu Mißlingen und krankhaften Entwicklungen. Für Adler war vorhandenes oder fehlendes Gemeinschaftsgefühl der Maßstab, nach dem man das normale Leben des Einzelwesens und der Gemeinschaft beurteilen konnte. Er hielt das Gemeinschaftsgefühl deshalb für die wesentliche Forderung, die an die Menschheit gestellt ist[1]. Adler setzte eine »eherne Logik des Gemeinschaftslebens« voraus, ein Grundgesetz, das alle sozialen Geschehnisse genauso beherrscht wie das Gesetz der Schwere die physischen Körper, seien es nun die Gestirne oder die Bewegungen auf dieser unserer Erde. Das soziale Grundgesetz ist dem Gesetz der Schwere ähnlich. Die Schwerkraft zieht alles, was emporsteigt, wieder hinab. So hoch eine Quelle entspringen mag, ihr Wasser wird doch hinabfließen, bis es die Höhe des Meeresspiegels erreicht hat, und nichts kann seinen Fluß auf die Dauer unterbrechen.

Das Gesetz der Gleichwertigkeit, das nach Adler die Gesetzmäßigkeit des sozialen Lebens bestimmt, wirkt in ähnlicher Weise. Sobald ein Einzelner sich seinen Mitmenschen überlegen fühlt, verursacht er Unsicherheit. Früher oder später verliert er seine Geltung, die nun ein anderer »Überlegener« einnimmt, bis er seinerseits das

---

[1] Alfred Adler, Social Interest: A Challenge to Man-Kind, Faber & Faber, London 1938.

Schicksal seines Vorgängers erleidet. Dasselbe gilt für die Wechselwirkung zwischen den Gruppen innerhalb der Gesellschaft.

Man kann dieses Buch als eine Fortsetzung von Adlers Arbeit über das Gemeinschaftsgefühl betrachten. Wann immer wir uns als zugehörig empfinden, erleben wir den Zustand sozialer Gleichwertigkeit. Wir erfahren ihn vor allem in der heutigen demokratischen Entwicklung, die selbst eine Folge des menschlichen Strebens nach Frieden und Harmonie innerhalb der Gemeinschaft ist und es jedem ermöglicht, sich als gleichwertig mit allen anderen zu empfinden. Im selben Maß, in dem das Gemeinschaftsgefühl das Handeln jedes Menschen beeinflußt, ist das Empfinden sozialer Gleichwertigkeit Voraussetzung für die Entwicklung solch eines Gefühls beim Einzelmenschen. Aber es ist schwer, den Begriff des Gemeinschaftsgefühls in seiner vollen Bedeutung zu erfassen. Es ist – wie nie zuvor in der Geschichte – *die Forderung des Tages*. Nur eine Gemeinschaft gleichwertiger Menschen kann eine demokratische Gesellschaft schaffen. Das bezeichnende Merkmal der neuen Phase menschlichen Lebens aber ist die Entwicklung zur Demokratie.

Was wir im Augenblick erleben, sind die Geburtswehen einer neuen Gesellschaftsform: Not, Wirrnis und Unruhe. Aber es gibt kein von der Entwicklung zur Demokratie verursachtes Übel, das nicht durch besser realisierte Demokratie zu beheben wäre. Es gab nicht wenige, die die mißliche Lage zu wandeln versuchten, indem sie die Uhr zurückstellten und die »gute alte Zeit« wieder heraufbeschworen. Hitler ging – ohne Erfolg – ähnlich vor, und keinem machtgierigen Diktator wird ein anderes Schicksal zuteilwerden. Wir müssen es lernen, als Gleichberechtigte miteinander zu leben. Das ist die wichtigste an unsere Generation gestellte Forderung. Sie wird wahrscheinlich darüber entscheiden, ob der demokratischen Gesellschaft Weiterleben oder Zusammenbruch bestimmt ist. Wir können das eine oder das andere erreichen. Es geht um nichts weniger als um die Zukunft der Menschheit. Wir haben in unserer Zivilisation einen Stand erreicht, in der der Mensch eine Herrschaft über die Erde erlangt hat, wie sie seinen Vorfahren unvorstellbar war. Wir könnten, vielleicht zum erstenmal in der Geschichte der Menschheit, das Paradies auf Erden verwirklichen.

Alles ist für alle in Fülle vorhanden. Wir haben die Produktionsfähigkeit, allen Menschen zu geben, was sie an Nahrung und Lebensgütern brauchen. Das ist heute kein Wunschtraum mehr, sondern Realität. Oder besser, es könnte Realität sein . . . *wenn* . . . Dieses *wenn* ist keine Sache des technischen oder wissenschaftlichen Fortschritts: es ist der menschlichen Intelligenz gelungen, die meisten technischen Probleme des Lebens zu lösen. Die Frage ist, ob wir unsere technischen Entdeckungen und Errungenschaften anwenden können.

Das Paradies könnte verwirklicht werden, wäre der Mensch imstande, sein Wissen zum Nutzen aller anzuwenden. Ist der technische und wissenschaftliche Fortschritt, der sich seit dem Beginn des Jahrhunderts mehr und mehr beschleunigt hat, nutzlos? Oder ist er des Schweißes, des Blutes und des Opfers derer wert, die ihn geschaffen haben? Könnten wir uns mit einer primitiven Daseinsform abfinden, in der das Leben kurz war und der Mensch das Opfer der Elemente, preisgegeben den Kräften der Natur? Was nützen uns alle Errungenschaften, wenn sie uns nicht helfen, in Frieden miteinander und mit uns selbst zu leben?

Es ist nicht zu bezweifeln, daß die Mehrzahl der Menschen sich geängstigt und bedroht fühlt. Unruhe und Kampf, Unsicherheit und Angst sind die Furien, die den modernen Menschen hetzen. Es gelingt uns vielleicht, mit ruhiger Miene durchs Leben zu gehen, aber wenige von uns erleben die tiefe Heiterkeit, von denen Philosophen und Dichter sprachen – den Daseinsfrieden, die Erfüllung unserer Sehnsucht und unseres geistigen Strebens. Ist die Menschheit eines solchen Lebens gar nicht fähig? Ist der Turmbau zu Babel das ewige Symbol der menschlichen Unfähigkeit, ein Paradies auf Erden zu schaffen?

Ich kann einer so pessimistischen Forderung, die die heutige Situation allerdings zu bestätigen scheint, nicht zustimmen. Aber der Mensch, der doch so viel gelernt hat, weiß noch immer nichts von den grundlegenden Forderungen des Lebens in der Gemeinschaft. Er kann noch immer nicht in Frieden mit seiner Familie leben, und er weiß nicht, wie er am vernünftigsten bei der Erziehung seiner Kinder vorgeht. Er kann sich nicht ohne sich zu berauschen, ohne

den wütenden Drang zu erwerben, zu vollenden, etwas zu erreichen, des Lebens freuen. Selbstlose Liebe ist heute eine vergessene Kunst, an etwas zu glauben eine veraltete Vorstellung; Gelassenheit ein eitler Wunsch. Der Mensch ist zum schlimmsten Feind seines Mitmenschen geworden, und je enger wir zusammenleben, desto mehr befeinden und fürchten wir einander. Wir sind in einer schlimmeren Lage als unsere Vorfahren, die über autokratische Methoden Bescheid wußten und innerhalb dieses Lebenssystems verstanden, was man zu tun hatte, und warum man es tat. Aber das herkömmliche Verfahren, zwischenmenschliche Probleme zu lösen, ist heute erfolglos. Die neuen, innerhalb eines demokratischen Gemeinschaftsleben unerläßlichen Methoden sind der Majorität unserer Mitmenschen unbekannt. Die meisten wissen nicht, daß Demokratie die Verbindung Gleichberechtigter, die Anerkennung grundsätzlicher menschlicher Gleichwertigkeit voraussetzt. Deshalb können sie einander nicht als Gleichwertige behandeln und ihre Probleme auf einer Basis gegenseitiger Achtung lösen. Wie kann man angesichts all dessen optimistisch bleiben?
Trotzdem gibt es Grund zur Zuversicht, denn diese Notlage inmitten des Überflusses ist keine Zufallserscheinung. Sie weist – ganz im Gegenteil – darauf hin, daß wir eine wichtige Periode im Fortschritt der Zivilisation erreicht haben. Wir stehen auf der Schwelle einer neuen kulturellen Ära.
Die gegenwärtige Unsicherheit beweist nicht, daß der Mensch in der Vergangenheit nicht zugelernt hat. Die Verstärkung unserer sozialen Spannungen und Konflikte bedeutet nicht mehr und nicht weniger als den Beginn einer neuen Ära. Wir können die Gegenwart das Zeitalter der Angst oder das Atomzeitalter nennen, tatsächlich ist es aber der Beginn der demokratischen Zeit. Was jedoch das demokratische Zeitalter von der autokratischen Vergangenheit unterscheidet, ist der Wandel der zwischenmenschlichen und der Gruppenbeziehungen, die Entwicklung von Herrschaft und Unterwerfung zu der Verbindung von Gleichwertigen.
Ein Mann und eine Frau können heute nicht friedlich in einer Ehe leben, wenn sie sich nicht als gleichwertige Menschen betrachten. Auch Eltern können kein gesundes Verhältnis zwischen sich und ihren

Kindern herstellen, wenn sie von der Vorstellung ausgehen, sie bändigen zu müssen. Es gibt keine Harmonie und Stetigkeit innerhalb der Gesellschaft, solange der Einzelmensch – und zwar jeder Einzelmensch – keine Geltung in ihr hat. Auch zwischen Unternehmer und Gewerkschaft kommt es nur zur Zusammenarbeit, wenn jede Gruppe fühlt, daß die andere sie achtet und ihr vertraut. Es gibt endlich auch keinen Frieden auf Erden, solange die Nationen die Rechte und die Würde der anderen Nationen nicht respektieren. Eintracht entsteht nur durch freiwillige Übereinstimmung, denn die Zeit ist vorüber, in der man Konflikte und Kontroversen mit Gewalt schlichten konnte.

Wir leben in einem Interregnum. Unsere Gesellschaft ist nicht mehr autokratisch. Wir verabscheuen die Methoden der Autokratie, sind jedoch noch nicht einmal mit dem vertraut, was der heutige Stand der Demokratie dem Einzelmenschen und dem Kollektiv abverlangt, damit wir wirklich in den Nutzen eines demokratischen Zusammenlebens gelangen.

Ein Mensch, der ernstlich eine gültige Lebenseinstellung sucht, kommt zunächst zu der Erkenntnis, daß er körperlich schwach, ein winziges Teil des Ganzen ist. Er steht verwirrenden Fragen gegenüber: Was bin Ich? Hat mein Sein einen Sinn? Ist es einem Geschick unterworfen? Gibt es einen Grund für meine Existenz innerhalb des riesigen Universums? Ist ein Gefühl der Bedeutung unter solchen Umständen nicht bloße Eitelkeit? Was sind meine Verpflichtungen in den engeren Beziehungsgruppen dieser Welt, meines Landes, meiner Gemeinschaft, meines Gesellschaftskreises, meiner Familie, meiner Arbeit? Wie kann ich diese täglichen Forderungen erfüllen? Warum gelingt es so wenigen Menschen, ihr Glück zu finden? Warum gibt es soviel Enttäuschung und Mißlingen? Wie wirken meine Nächststehenden auf mich? Wie benehme ich mich gegenüber Feindseligkeit oder bei einem Zusammenstoß der Temperamente? Wie steht es mit meinen Rechten, meiner Moral, meiner persönlichen Würde? Sind sie an sich vorhanden, oder muß ich sie erst durch Machtbeweise oder eine geschickte Wahl von Verbündeten schaffen? Gibt es eine Philosophie, die mich leiten, und die mir und meinen nächsten Menschen Glück vermitteln kann?

Wir brauchen in unserer wirren Welt Wegweiser. Wir brauchen eine neue Orientierung in einer vollkommen verwandelten Lage, in einer Lage, die uns mit einer Vorstellung des Universums konfrontiert, die alles entwertet, was noch vor wenigen Jahrzehnten wissenschaftliche Gewißheit war.

Die demokratische Entwicklung gibt dem Menschen die Verantwortung für sich selbst und für die Sphäre, in der er handelt. Er ist nicht mehr Diener: er ist Herr seiner selbst. Er weiß jedoch nicht von seiner neuen Rolle in der Gesellschaft und damit auch nichts von seiner Herrschaft. Er ist sich seiner vollen Fähigkeit und Stärke nicht bewußt, noch ist er sich über den Status klar, den er als sozial Gleichwertiger innerhalb der demokratischen Gesellschaft hat. Weil er fürchtet, man könne ihn als minderwertig betrachten, versucht er seine Überlegenheit gegenüber anderen zu beweisen. Er ist nicht imstande, seine Mitmenschen als die Gleichwertigen zu sehen, die sie doch zu dieser Zeit schon sind. Er ist ein frei Handelnder, fühlt sich aber nicht frei. Er muß sich selbst finden, um persönlich Frieden zu erlangen und im Einvernehmen mit anderen zu leben.

Das ist die Forderung, die unsere Zeit an uns stellt.

I

DIE ENTDECKUNG DES SELBST

ERSTES KAPITEL

Die inneren Fesseln des Menschen

Wir bestimmen weitgehend unser eigenes Geschick und fordern unser Schicksal heraus. Wir brocken uns täglich im guten und im schlechten Sinn unsere eigene Suppe ein. Häufiger »im schlechten«, denn wir bereiten sie zu, ohne zu wissen, was wir tun, und ohne die Hilfsquellen zu kennen, die zu einer allgemeinen Besserung führen könnten. In den meisten von uns herrscht oft ein kurzsichtiges Zwergwesen. Wir unterschätzen unsere Fähigkeiten in tragischem Ausmaß und lassen viele unserer Möglichkeiten verkümmern, während wir uns in einem Elend quälen, das leicht zu beheben wäre, wenn wir selbstsicher und zuversichtlich unsere Rechte geltend machten. Es gibt Menschen, die ihre Fähigkeiten in höherem Maße einsetzen als andere. Aber bei vielen ist es zweifelhaft, ob sie sich auch nur ein Viertel der Begabung und Energie zunutze machen, die ihnen zur Verfügung stehen. Die Grabschrift vieler könnte sein: »Vegetierte 80 Jahre, lebte davon etwa 20.« Was ist es eigentlich, das uns niederdrückt, zurückhält und es uns beinah unmöglich macht, uns vorzustellen, was wir leisten und sein könnten? Einer der hemmenden Faktoren ist unsere Voreingenommenheit gegenüber uns selbst, eine irrige Vorstellung über die menschliche Natur im allgemeinen und unsere eigene im besonderen. *Der Mangel an Vertrauen auf unsere eigene Stärke und Fähigkeit* ist das größte Hindernis auf dem Weg zur Erkenntnis und zur Einsetzung unserer sehr beträchtlichen inneren Kräfte.

Die beinah unglaubliche Herrschaft, die wir alle über *all* unsere Fähigkeiten, seien sie nun physischer, emotionaler oder intellektueller Natur, besitzen, wird unter dem Einfluß der Hypnose sichtbar. Wir schreiben die Kraft meist dem Hypnotiseur zu, aber er überzeugt den Hypnotisierten lediglich, daß er die Fähigkeit hat, das erwünschte Ergebnis herbeizuführen. Das Wesentliche bei dem Vorgang ist die Überzeugung des Hypnotisierten. Jeder, der von seiner Kraft überzeugt ist, kann dieselbe Herrschaft über seine Fähigkeiten erlangen, die der Hypnotisierte zur Schau stellt. Wir brauchen keinen Hypnotiseur oder »Heilkundigen«, um wunderbar Unerwartetes zu vollbringen; wir brauchen lediglich den Glauben, daß wir es zu tun vermögen.

Wir sind natürlich unter Umständen von unseren Lebensbedingungen gehemmt und von Geschehnissen, die uns betreffen, beeinflußt. Manchmal verschaffen uns eben diese Lebensbedingungen die Gelegenheit, unsere wahren Fähigkeiten zu erkennen und zu erfahren, manchmal scheinen sie uns dieser Möglichkeit auch zu berauben. Tatsächlich sind es nicht die Bedingungen selbst, die wichtig sind, sondern unsere Reaktion darauf, die Art, in der wir sie erleben. Wir »machen« unsere Erfahrungen, und wir ziehen nach Belieben Nutzen aus ihnen. Unsere Reaktionen können eine Gefährdung zum Gewinn oder, umgekehrt, eine günstige Gelegenheit zum Fehlschlag machen. Ein sehr in seine Geschäftsbelange eingespannter Bekannter machte sich die durch einen Beinbruch erzwungene Müßigkeit zunutze, um zu lesen, was er schon lange gewollt hatte. Die Genesungszeit nach meiner Herzattacke verschaffte mir eine angenehme Periode schmerzloser Muße und die »Zurückgezogenheit« in ein behagliches, durchaus nicht untätiges Leben.

Wir wirken nicht nur auf unsere Lebensbedingungen ein, sondern schaffen sie sogar oft selbst. Was noch wesentlicher ist, wir *bestimmen die Bedeutung* all dessen, was uns widerfährt. Wir entscheiden darüber, auf welche Anregung wir reagieren.

Wir sind nicht, wie uns häufig gesagt wird, Opfer unseres Schicksals oder einer bestimmten Situation: wir können Bedingungen ändern, Situationen schaffen, Einfluß auf Menschen ausüben und die Umweltreaktionen auslösen, die wir am Ende erfahren. Vor allem erleben wir alles uns Zustoßende in einer bestimmten uns eigentümlichen Weise.

Die Bedeutung unserer Vorstellung von uns selbst

Der Impuls, der unsere Handlungen auslöst, gründet sich auf einen inneren Plan, dem entsprechend wir zwar handeln, von dem wir aber selten wissen. Unsere Einstellung dem Leben und anderen Menschen gegenüber hängen von dem ab, was wir von uns selbst halten. Diese Tatsache hat weitreichende Folgen. Wir können andere nur respektieren, wenn wir uns selbst achten, und dem Leben nur vertrauen, wenn wir an uns selbst glauben. Das Bild, das wir uns von uns selbst machen, bestimmt all unsere Interessen, Bestrebungen, Gefühle und Handlungen. Wenn wir uns als das bejahen, was wir sind, ersparen wir uns die Kraftverschwendung, die jeder innere Kampf kostet. Diese »ersparte« Energie steht uns dann zur Verfügung, wenn wir uns mit den Schwierigkeiten des Lebens innerhalb unserer bestimmten Umwelt auseinandersetzen. Wir selbst sind uns das *größte Problem*. Wir müssen mit uns Frieden schließen. Dann können wir uns der Welt mit Zuversicht, Mut und sogar mit Freude zuwenden.

Wir alle kennen Leute, die immer Glück zu haben und andere, die von Mißlingen und Unglück verfolgt zu sein scheinen. Wenn wir aber den »Glückspilz« und den »Pechvogel« genau betrachten, finden wir bei beiden eigentümliche Verhaltensformen. Der »Glückspilz« ist sich seiner Fähigkeiten bewußt und erwartet Erfolg. Er ist deshalb imstande, eine Lage richtig zu beurteilen und ihren Anforderungen entsprechend zu handeln. Er weiß, wann er angreifen, und wann er abwarten muß, wann er reden kann, und wann er besser schweigt. Das Ergebnis ist, daß er mit seinem Vorgehen meist Glück hat. Manchmal allerdings mißlingt auch ihm etwas. Dann erregt er sich aber nicht weiter, versucht nicht, sich zu rechtfertigen, andere zu beschuldigen, sondern er überprüft einfach sein Vorgehen, berichtigt es und gelangt am Ende zum Erfolg. Wenn seine Ziele außerhalb seiner augenblicklichen Möglichkeiten liegen, wartet er eine bessere Zeit ab und beschäftigt sich in der Zwischenzeit mit anderen Problemen. Zuletzt wendet sich dann anscheinend alles für ihn zum Guten.

Der andere – der potentielle Pechvogel – erwartet das Mißlingen, noch ehe er sich einer Sache zuwendet, deshalb ist er von vornherein nervös und angespannt. Da er ängstlich ist, beurteilt er die Lage falsch und handelt nicht, wie es erforderlich wäre. Er ist aggressiv, wenn es besser wäre, sich abwartend zu verhalten, und schweigt, wo er reden müßte. Das Ergebnis ist, daß er versagt – ganz wie er es erwartet hatte. Er selbst macht seinen Alptraum zur Wirklichkeit und resigniert. Noch immer hat er gelegentlich vielleicht »Erfolg«. Aber das verwirrt ihn nur. Es kommt so plötzlich, widerspricht seinen Vorstellungen und zwingt ihn, die Lage noch einmal zu überdenken. Das tut er so lange, bis er wieder in der alten Wirrnis, am alten Platz steht, und danach reißt die Folge des Mißlingens nicht mehr ab. Es ist seine eigene Einstellung, die zu seinem Versagen führt. Er kann das aber nicht als Erklärung akzeptieren. Er hat aufgrund seiner vielen schlechten Erfahrungen das Empfinden, sein Pessimismus sei gerechtfertigt. Er *denkt tatsächlich,* er müsse Erfolg haben, ehe er an seine Fähigkeit glauben kann, ihn zu erreichen. Er geht nicht ins Wasser, ehe er schwimmen kann. Aber selbst wenn er es weit bringt, hilft ihm das Errungene wenig. Denn der Erfolg an sich kann ihm kein Selbstvertrauen geben. Er betrachtet ihn wie eh und je als nichts verbürgenden Zufall. Aber sein Verhalten kann sich nur ändern, wenn sich sein Selbstgefühl wandelt. Solange er sich als Versager betrachtet, wird er nur »Erfolg« darin haben, diesen Umstand zu beweisen.

Wir alle schaffen die Erfahrungen, die »beweisen«, was wir von uns halten, die also unserer Vorstellung von uns selbst entsprechen. Aber was sind wir in Wirklichkeit?

Selbsterkenntnis

Es ist keine neue Idee, daß sich jeder Mensch um die Erkenntnis des eigenen Wesens bemühen muß. Das »Erkenne dich selbst« war eine klassische Forderung, seit Sokrates erklärte, Selbsterkenntnis sei Ideal und Verpflichtung eines verantwortlichen Menschenlebens. Das Gefühl eigener Unzulänglichkeit veranlaßt uns heute zu immer kritischerer Selbstprüfung. Wir versuchen nach innen zu schauen, wissen aber nicht, wonach wir schauen sollten. Wir sind uns weniger als je klar über das, was innerhalb und außerhalb unserer Fähigkeit der Selbsterkenntnis liegt. Der Fortschritt in der Verhaltensforschung brachte ein hohes Maß an neuer Information über die psychologischen Prozesse im Menschen und seine inneren Reaktionen, gleichzeitig aber auch Verwirrung über die offenbaren Widersprüche. Ein interessiertes Publikum orientiert sich an einer enormen Literatur, belegt zahllose Kurse, hört Vorträge über die menschlichen Motivationen im allgemeinen, hofft dadurch zu bestimmten Anhaltspunkten zu kommen, gerät jedoch in immer größere Bestürzung und Verwirrung. Wieviel Wissen über uns selbst können wir erlangen? Von einer Seite wird vorgeschlagen, wir sollten unser Gefühlsleben analysieren, um es unter Kontrolle zu bringen; eine andere Gruppe strebt eine Wandlung unseres Verhaltens an. Keine von ihnen vermittelt uns Einsicht in unsere Ziele, Begriffe und Absichten. Es bleibt sogar fraglich, ob wir nach Selbsterkenntnis streben sollen oder können. Aber viele Menschen investieren Zeit und Energie, um eben das zu tun. Sie wissen nicht, daß wir uns vergessen müssen, ehe wir zu erkennen vermögen, was wir sind. Nur dann können wir »uns finden«, nur dann können wir ausdrücken, was wir sind.

Aber was wir sind, welche Eigenschaften und Möglichkeiten wir besitzen, ist weniger wesentlich, als was wir mit ihnen tun. Die Anlagen, mit denen ein Kind geboren wird, sind weniger wichtig, als was es später mit seinen Fähigkeiten unternimmt.

Es ist möglich, daß wir große potentielle Gaben nicht zur Entwicklung bringen, oder ein hohes Leistungsniveau auf einem Gebiet erlangen, auf dem wir ursprünglich einen angeborenen Mangel an Begabung empfanden. Eine erreichte Leistung läßt keinen sicheren Schluß auf vorhandenes Potential zu und erlaubt keine Erwartung weiterer Leistungen. In den meisten Fällen unterschätzen wir unsere Fähigkeiten im höchsten Maß.

Was können wir über uns selbst wissen? Können wir unsere Gefühle oder unsere Träume analysieren? Manche Menschen sind durchaus der Ansicht. Aber es gibt Gründe, daran zu zweifeln, daß es tatsächlich möglich ist. Wir mögen unsere Gedanken und Empfindungen kennen; sie als »Erklärung« unserer Handlungen benützen.

Aber die wirklichen Ursachen unseres Tuns – unserer Absichten – bleiben meist unerkannt, vor allem, wenn wir unzulängliches Verhalten oder Mängel dadurch zu rechtfertigen suchen.

Wir leben also weiter in Unkenntnis unserer Kräfte und vom Gefühl unserer Begrenzungen durchdrungen. Was wir wissen und können, ist uns selbstverständlich, was wir jedoch nicht vermögen, erhält den übersteigerten Wert des Ersehnten.

Unsere Vorurteile gegenüber dem eigenen Wesen

Die Unterschätzung, mit der wir uns gewöhnlich betrachten, ist sowohl Ursache als Folge tief eingewurzelter Minderwertigkeitsgefühle. Die wesentliche Frage ist also: Können wir diese Empfindungen der Minderwertigkeit, die feste Annahme nicht zu genügen, überwinden? Vor allem ist es wohl notwendig, Minderwertigkeitsgefühle als Vorurteile zu erkennen, mit denen wir uns selbst gegenübertreten. Wir betrachten uns unserer ursprünglichen irrigen Selbsteinschätzung wegen als unzulänglich und unterlegen. Infolge dieses Irrtums überfällt uns die Furcht, andere könnten die tatsächlich vorhandene (aber überbewertete) Minderwertigkeit entdecken. Wir verbergen angstvoll unsere Schuldgefühle, ohne zu erkennen, worin unsere Schuld besteht. Endlich bestätigen wir uns immer wieder die schlechte Meinung über uns selbst, während wir uns gleichzeitig bemühen, unsere Unzulänglichkeit vor den anderen zu verbergen. Wir begehen endlos dieselben, unsere niedere Selbsteinschätzung »beweisenden« Fehler, obwohl sie weder mit dem gesunden Menschenverstand noch mit der Wirklichkeit zu vereinen sind.

Die Erkenntnis der dynamischen Gesetzmäßigkeit des Ablaufs, durch den wir die Verwirklichung unserer bösen Ahnungen bewerkstelligen und unser Versagen zur Basis eines weiterreichenden Pessimismus machen, gibt uns aber glücklicherweise die Möglichkeit, aus dem Teufelskreis auszubrechen, das Gefühl der eigenen Unzulänglichkeit zu verringern und unsere Selbstachtung zu stärken. Bloße Erörterungen und Beweisführungen können nicht zur Überwindung dieser Vorurteile beitragen. Jeder Mensch stützt sie nämlich durch eine abgerundete private Logik und diese wieder durch starke Empfindungen. Voreingenommenheit kann jedoch besiegt werden und wurde oft genug besiegt. Die erste Voraussetzung ist, daß wir sie in uns erkennen; die zweite, daß wir willens sind, die Meinungen zu überdenken, auf die wir unsere Vorurteile gründeten; die dritte, daß wir uns einen wesentlichen Umstand vergegenwärtigen, den nämlich, daß wir durch eine Änderung unserer Ansichten mehr zu gewinnen als zu verlieren haben. Nur wenn wir die Möglichkeit eines Meinungswandels akzeptieren, kann der Prozeß einer neuen Überprüfung zu einem günstigen Resultat führen.

Die eben erwähnten Fakten gelten für den Kampf gegen Klassen-, Rassen- und Glaubensvorurteile und nicht weniger für den gegen unsere Minderwertigkeitsgefühle, unsere Voreingenommenheit gegen uns selbst. Jede Art der Psychotherapie versucht hier eine Richtigstellung, manche Methoden allerdings nicht auf dem direkten Weg. Der Kernpunkt jeder »Heilung« oder Besserung, gleichgültig, welches Verfahren man wählt, ob man wissenschaftlich, religiös oder in beliebiger anderer Weise vorgeht, ist die Eliminierung der Minderwertigkeitsgefühle und die Herstellung des Selbstvertrauens des Patienten. Jede wirksame Therapie, jede Heilung verleiht ein Gefühl der Kraft und des eigenen Wertes, das für das Wohlempfinden, das befriedigende Wirken und die Arbeitsfähigkeit eines Menschen unerläßlich ist.

Genügen wir den Anforderungen des Lebens?

Warum fällt es uns so schwer zu glauben, daß unser Gefühl der Minderwertigkeit lediglich auf einem »Vorurteil« beruht? Unser starres Festhalten an diesem Empfinden ist leicht zu erklären. Wir haben es als Kinder gelernt, daß wir, so wie wir waren, noch nicht genügten, noch nicht »gut genug« waren. Nur wenn wir bessere Zeugnisse nach Hause brachten, mehr lernten, mehr leisteten, besondere Geschicklichkeiten und Fähigkeiten erwarben, konnten wir hoffen, »etwas zu werden«, unseren »Wert« zu beweisen. Die traditionellen Erziehungsmethoden beruhen auf einer negierenden Wertung: ein Mensch ist, *so wie er ist,* selten gut genug. Wir halten auch im weiteren an dieser gefährlichen Praktik fest und bewahren die irrige Annahme, Wachstum und Entwicklung forderten, daß der Mensch nicht mit sich zufrieden sei. Kritische Selbstprüfung *kann,* das ist wahr, in vereinzelten Fällen zu beschleunigtem Fortschreiten führen. Aber im ganzen ist dieser negative Antrieb nutzlos und oft hochgradig schädlich.

Die Anhänger der Arbeits- und Mühetheorie irren sich: Wissen und Wachstum des Menschen *können* durch freudige Tätigkeit, enthusiastische Teilnahme, den Wunsch, sich nützlich zu erweisen, durch Spiel und erfreuliche Bestrebungen gefördert werden. Ein Mensch, der seiner selbst sicher ist und an seinen Fähigkeiten Genüge findet, kann *besseres* leisten als einer, der ständig darum kämpft, seinen Wert zu beweisen. Selbstverständlich ist die Frage berechtigt, ob die Furcht davor, sich unterlegen zu zeigen, nicht zu erfolgreichen kompensatorischen Bemühungen führen kann? Das ist durchaus zu bejahen – aber *nur,* wenn die Errungenschaft auf dem begrenzten Gebiet liegt, innerhalb dessen man sich ohnehin seiner Gaben sicher ist. Es ist das Empfinden, ausreichend befähigt zu sein, das zu erfolgreichem Bestreben führt, nicht das der Unzulänglichkeit.

Aus welchem Grund nehmen wir also im allgemeinen an, daß Selbstvertrauen dem Fortschritt hinderlich und Zweifel an sich selbst ein wichtiger Antrieb sind? Die meisten Menschen betrachten ihre schon entwickelten Gaben als unbeträchtlich und bewerten ihre Mängel sehr viel höher. Wir erhalten uns auf diese Weise das Gefühl der Unzulänglichkeit, sind auf unsere Talente nur in dem Maße stolz, in dem sie unser gefährdetes Selbstgefühl stützen, und fürchten, daß jede neue Prüfung des Lebens unsere Mängel ans Licht bringen könne. Wir können uns des Errungenen und des gegenwärtigen Entwicklungsstandes also niemals freuen, weil so viele neue Anforderungen vor uns stehen. Auf diesem Weg gelangt man nicht zu dem Schild, auf dem in Großbuchstaben »Endgültiger Erfolg« steht.

Es *gibt* keinen endgültigen Erfolg. Die Lösung eines Problems konfrontiert uns mit dem nächsten. Und jede neue Problematik wird eine neue »Prüfung« unserer Fähigkeit und unseres Wertes. Wir reagieren hier genauso wie früher auf die unaufhörlichen und immer schwierigeren Prüfungen unserer Schulzeit. Wir beurteilen und bewerten uns heute noch, wie unsere Eltern und Lehrer es früher taten. Wie hoch ist unser Wert? Nun, wir können das faktisch nicht wissen, bis die neuen Zeugnisse und nach ihnen ad infinitum die neueren verteilt werden. Unser Wert steht stets in Zweifel und muß stets aufs neue bewiesen werden.

Was für ein Unsinn ist das aber! Der Wert eines Menschen hängt nicht von zufälligen Aktivitäten ab. Es ist ein Unglück, daß so wenige das wissen. Wir lassen uns dazu verführen, unseren Wert im Hinblick auf die Auszeichnung oder die Narrenkappe von morgen zu beurteilen, und glauben nur zu leicht, es werde wohl auf die Narrenkappe hinauskommen. Der ständige Zweifel an unserer Fähigkeit, uns das nächstemal zu »bewähren«, erscheint uns mit der Zeit als Beweis, daß wir wirklich minderwertig seien. Wir machen deshalb keine ernstliche Anstrengung, uns von unseren Minderwertigkeitsgefühlen zu befreien. »Wie käme ich zu so schweren Zweifeln, wenn ich der Sache wirklich gewachsen wäre?« fragt sich der Mensch. »Wahrscheinlich bin ich einfach nicht fähig genug!«

Der erste Schritt dazu, Minderwertigkeitsgefühle zu bewältigen, ist also die Erkenntnis, daß wir in dieser Hinsicht voreingenommen sind. Die zweite Phase des Vorgangs fordert, daß wir uns immer wieder fragen: »Bin ich wirklich unzulänglich und kann den gestellten Anforderungen nicht genügen?« Menschen, die alles nicht absolut Vollkommene als minderwertig empfinden, ist diese Frage natürlich unerträglich. Ihnen fehlt einfach der »Mut zur Unvollkommenheit«. Aber Vollkommenheit ist eine utopische Vorstellung, die es im Bereich des Realen nicht gibt. Alles, was ein Mensch erreicht, kann von einem anderen noch besser getan werden. Ist also die ganze Menschheit minderwertig? Die größten Errungenschaften der hervorragend Begabten wurden im Laufe der Geschichte von anderen Leistungen übertroffen. Mindert das den Wert des ursprünglich Erreichten? *Was immer wir beitragen, ist von Nutzen.* Das allein ist es, was dem Leben Sinn verleiht. Aber unsere prestigehungrige Generation gibt sich nicht damit zufrieden, durch ihren Lebensbeitrag zu nützen. Wir müssen »überlegen« und, was wir leisten, muß »besser« sein. Sonst halten wir uns für untauglich.

Erfolg und Mißlingen

Der vierte Schritt unserer Befreiung von Minderwertigkeitsgefühlen ist der, die fixe Idee unserer Zeit hinter uns zu lassen, daß nichts entscheidender sei als Erfolg oder Mißlingen. Kein Mensch kann mit Sicherheit darauf rechnen, immer Erfolg zu haben. Niemand ist vor gelegentlichem Mißlingen geschützt. Wir sind unserer Stellung innerhalb der Gesellschaft aber so wenig sicher, daß wir geradezu in Todesangst leben, Fehler zu begehen. Aber eben das ist nicht mehr und nicht weniger als menschlich. Es ist nicht »menschenmöglich«, Fehler zu vermeiden. Natürlich sollten wir uns in angemessener und vernünftiger Weise bemühen, keine zu begehen. Aber gerade der Mangel an Vertrauen darauf, daß wir demütigende Fehler vermeiden können, und die Furcht vor den Folgen solchen Mißlingens, führen zu zahllosen Irrtümern und Fehlern. Wir bewegen uns alle in Richtung unserer angenehmen oder schmerzlichen Erwartungen.

Wenn wir unsere Fehler, ohne die Furcht »Status zu verlieren« hinnehmen könnten, wären wir besserer Leistungen fähig, würden sogar faktisch weniger Fehler begehen.

Es ist in jedem Fall unwichtiger, welche Fehler wir machen, als was wir tun, nachdem sie uns einmal unterlaufen sind. Wenn wir uns nicht der Entmutigung, der Scham oder dem Gefühl der Demütigung überlassen, können wir unsere Fähigkeiten voll einsetzen, unsere Irrtümer gutzumachen, und werden oft zu besseren Ergebnissen gelangen als bei sofortigem Gelingen.

Umgekehrt überschätzen wir aber auch den Wert des »Erfolgs«. Das Streben nach Erfolg und die Angst zu versagen gehen Hand in Hand. Unsere konzentrierte Ausrichtung auf das Gelingen hemmt uns in unseren Leistungen, weil wir das Mißlingen fürchten. Statt lediglich unser Bestes zu tun und unsere Aufmerksamkeit auf die

Sache zu richten, lassen wir uns von dem Gedanken an das Ansehen ablenken, das wir bei einem Mißerfolg verlieren könnten. Damit erlischt uns auch die Freude am Leben und Handeln. Wir glauben, unsere hohe Bewertung des Erfolgs steigere unsere Fähigkeiten, tatsächlich setzt sie sie aber herab, und die Sorge um das Gelingen beschränkt die Möglichkeit der Befriedigung auf die seltenen und rasch vergehenden Augenblicke, in denen uns »der große Erfolg« zuteil wird. Wenn der Gedanke an den erfolgreichen Ausgang ein Tun bestimmt, wird es zum Wagnis. Wenn die Aufmerksamkeit von der Tätigkeit abschweift und der Mensch sich zu fragen beginnt: »Wie bewähre ich mich bei der Sache?« entzieht er der Aufgabe seine absolute Zuwendung und Energie und richtet sie auf das Problem der eigenen Zulänglichkeit oder Unzulänglichkeit. Die beste Motivation, Gutes zu leisten, ist die schlichte Befriedigung an der Tätigkeit selbst.

Alfred Adler gab seinen Medizinstudenten immer den Rat: Tun Sie in Ihrer Arbeit Ihr Bestes und lassen Sie die Späne fallen, wie sie mögen, ohne sich durch Gelingen oder Mißlingen persönlich bestätigen oder anfechten zu lassen. Wenn Sie spektakuläre Erfolge anstreben, sagte er, werden Sie zu Sklaven Ihrer Patienten, denen Sie Ihre Fähigkeit beweisen wollen.

Ein Mensch, der um jeden Preis seinen Wert *beweisen* will, kommt unvermeidlich zu der Erkenntnis, daß er keinen besitzt. Er lebt ja schon im Zweifel seines Werts, sonst wäre kein Beweis notwendig. Da er seine Fähigkeiten aber bezweifelt, projiziert er seine geringe Selbsteinschätzung in alles, was ihm entgegentritt. Selbst wenn er Erfolg hat, beeindruckt ihn die gelungene Leistung weniger als gelegentliches Mißlingen. Uns alle berühren primär die Erfahrungen, die »beweisen«, was wir ohnehin schon erwarten. Eine eitle Frau ignoriert die vielen Männer, die ihr Tribut zollen, und grämt sich um den einen Mann, der sich nicht um sie kümmert.

Versuche, den eigenen Wert zu beweisen, führen nie zu etwas. Kein Beweis bringt dem Menschen ohne Selbstvertrauen dauernde Bestätigung seines Werts. Kein Umstand ist zu nichtig, um dem Unsicheren nicht zur Prüfung auf Herz und Nieren zu werden. Ein Mensch mit schwankendem Selbstvertrauen sieht selbst in Fähigkeiten, wie schlafen, denken, etwas namentlich unterzeichnen, Funktionen also, die im Fähigkeitsbereich aller liegen, eine Bewährungsprobe. Seine zweifelnde Selbstbezogenheit zeigt sich dann selbst in diesen simplen Dingen: er kann nicht mehr schlafen, klar denken oder seinen Namen schreiben. Ein Versagen auf irgendeinem Gebiet wird ihm zum überzeugenden Beweis seiner Minderwertigkeit.

ZWEITES KAPITEL

Innere Freiheit

Wenn wir uns betrachten, wie wir sind, oder besser: wie wir zu sein glauben, scheint die Vorstellung absurd, daß wir je wahrhaft frei werden könnten. Frei von unseren zahllosen Zweifeln und Ängsten, frei, spontan zu denken, fühlen und handeln – ein herrlicher Traum! Aber wie bald ist dieser Traum von der »Wirklichkeit« zerstört. Die Möglichkeit, sich freier in einer weiteren, helleren Welt zu bewegen, setzt nicht nur einen Wandel unseres Wesens voraus, sondern eine grundlegende Änderung der ganzen Menschheit. Die Erkenntnis, wie unwahrscheinlich solch eine Wandlung ist, kann uns quälen wie ein böser Traum.

Haben wir uns schließlich nicht ernstlich bemüht, unsere Schwächen zu überwinden und unsere Irrtümer zu berichtigen? Und wohin führte es uns am Ende? Genau zu dem Punkt, von dem wir ausgingen. Wir sind unzulänglich, machen unsere eigenen Hoffnungen zunichte und wollen oder können nicht so handeln, wie es nach unserer eigenen Ansicht für uns und für die anderen am besten wäre. Wenn wir betrachten, wohin die Menschheit heute gelangt ist, kommen wir zu dem Schluß, daß die soziale Anpassung nicht besser geworden ist, als sie es bei den Bewohnern der ersten großen Städte vor Jahrtausenden war. Verbrechen greift um sich, Kriege nehmen kein Ende, und die menschliche Gesellschaft steht nicht weniger unter dem Gesetz des Dschungels, ist nicht harmonischer als in der ersten Periode der Zivilisation. Der bittere, oft blutige soziale und politische Kampf, der die Seiten der Geschichtsschreibung durchzieht, ist zwar ein Alpdruck, aber kein bloßer Traum, sowenig wie das persönliche Leid, das häufig in Musik und Dichtung zum Ausdruck kommt.

Ist Kampf und Gewalt also Teil der menschlichen Natur? Ist das Wort Burns, daß der Mensch zur Trauer geschaffen sei, wahr? Können wir die Gesellschaftsordnung und unser eigenes Wesen zum Besseren wandeln? Die Antwort – *unsere* Antwort – wird darüber bestimmen, ob wir am Rand des Abgrunds stehen oder an der Schwelle einer neuen Kulturepoche.

Können wir im Sinne der Selbsterziehung an uns arbeiten?

Gewiß ist das eine: die Menschheit hat bisher die Friedensverheißungen Michas und anderer Propheten nicht erfüllt, und wir alle bleiben hinter dem zurück, was wir sein könnten. Wir verraten unsere Ideale und machen uns im Leben der Gemeinschaft in mannigfaltiger Weise schuldig. Wohl bemühen sich die meisten Menschen, sich zu vervollkommnen, haben damit aber nicht eben überwältigende Erfolge. Bedeutet das, daß Selbsterziehung schwierig, in einem Grad schwierig ist, daß man sie als unmöglich bezeichnen muß? Oder könnte es sein, daß unsere relative Erfolglosigkeit das Ergebnis falscher Methoden ist? Es scheint, als sei es uns schlechthin unmöglich, uns in der erstrebten Richtung zu entwickeln, und als würden unsere Bemühungen deshalb immer wieder zunichte. Vermutlich wären die Resultate unseres Entschlusses, ››uns fest in die Hand zu nehmen« anders gewesen, wenn wir zuerst gelernt hätten, *wie* man dabei vorzugehen hat.

Die Frage, wie wir am besten mit uns selbst umgehen, gewinnt im Zeitalter zunehmender Demokratisierung einen neuen Aspekt, denn wir können uns jetzt nicht mehr auf Autoritäten verlassen, die unser Handeln und die zu befolgenden Gesetze bestimmen. Wir wissen heute, daß die autoritativen Institutionen meist das eigene Interesse im Auge hatten, wenn sie uns anhielten, das oder jenes zu tun. Was die meisten Menschen aber nicht wissen, ist, daß die damals angewandten Methoden heute unwirksam geworden sind. Versprechen und Drohungen, Bestechungen und Strafen, die wesentliche Kontrollapparatur des Feudalismus und seines maskierten Nachfolgers, des Totalitarismus, funktionieren nicht mehr.

Einem Gleichwertigen eine Auszeichnung für gutes Benehmen zu verleihen, ist beleidigend, ihn zu bestrafen empörend. Stellen wir uns vor, ein eineiiger identischer Zwilling sagte zu seinem Bruder: »Wenn du heute ein guter Junge bist, bekommst du am Abend ein

Bonbon, im anderen Fall setzt es Prügel.« In einer Epoche, in der alle außer den Privilegierten soziale Gleichberechtigung verlangen, wird die Anmaßung derer, die sich zu Bonbon und Prügelverteilern machen möchten, einfach nicht mehr akzeptiert.

Es ist einigermaßen grotesk, daß wir zwar selbst durchaus negativ auf solche anmaßenden Methoden reagieren, trotzdem aber versuchen, sie in der Erziehung unserer Kinder anzuwenden. Noch wunderlicher ist, daß wir sie bei uns selbst anwenden. Wir argumentieren mit uns selbst etwa so: »Wenn ich bis Ostern an meinen Neujahrsvorsätzen festhalte, kann ich mir mit gutem Gewissen einen Wohnwagen kaufen. Wenn ich mich bei der Einladung heute abend zum Narren mache, streiche ich mir morgen das Fischen.« Oder generell: »Ich packe mich jetzt am Kragen und zwinge mich, das Richtige zu tun.«

Solche Entschlüsse tragen den Keim des Mißlingens in sich. Die Methode ist vollkommen veraltet. Wir können weder unsere Kinder noch uns selbst *zwingen*. Um erfolgreich auf jemanden einzuwirken – unsere Mitarbeiter, unsere Kinder oder uns selbst – haben wir unsere Methoden so zu wandeln, daß sie dem Wandel der Zeit entsprechen. Wir müssen bei allen, die wir beeinflussen wollen, dasselbe Verfahren anwenden.

Es sind schon viele neue, wirksame Methoden entwickelt worden, aber leider sind sie noch wenig bekannt. Wenn diese neuen Stellungnahmen und Begriffe erweitert und verfeinert dem allgemeinen Wissen angehören, werden künftige Generationen besser vorbereitet sein, in einer wirklich demokratischen Atmosphäre zu leben. Aber auch wir können heute erfüllter und freier leben, wenn wir lernen, die Gesetze der demokratischen Zusammenarbeit und Einflußnahme jetzt anzuwenden, die von Alfred Adler, seinen Schülern und anderen Vertretern der humanistischen Psychologie entdeckt und beschrieben wurden.

Hier ist wohl auf eine Gefahr hinzuweisen. Wenn die Existenzbasis eines Menschen der Analyse und Änderung bedarf, sollte man sich der Hilfe eines Experten versichern. Die sinnvolle Untersuchung und Berichtigung des Selbstverständnisses, des Lebensstils und der Motivationen ist ohne Hilfe nicht möglich. Durch eine neue psychologische Orientierung können jedoch vielfältige Korrekturen vorgenommen werden. Es ist ein wesentliches Ziel dieses Buches, zu solch einer Neuorientierung beizutragen.

Man ist von alters her davon ausgegangen, daß das menschliche Wesen einer merkwürdigen Dichotomie unterliegt: es ist, als bestehe es aus verschiedenartigen und oft einander entgegenwirkenden Teilen. Diese »Teile« werden betrachtet, als fungierten sie selbständig, weil sie unabhängig voneinander zu wirken *scheinen*. Körper und Seele gehen scheinbar getrennte Wege: »Der Geist ist willig, aber das Fleisch ist schwach.« Vernunft und Gefühl scheinen einander zu sabotieren; das Bewußte und das Unbewußte sich nie zu decken, Vorschrift und Verhalten sich zu widersprechen. Subjektiv können wir diese theoretischen Annahmen nur bestätigen. Wir haben oft das Empfinden, von den uns innewohnenden Kräften entzweigerissen zu werden, und die Tendenz, überall, vor allem in unserem eigenen Wesen, entgegengesetzte Kräfte zu sehen, wird noch durch den herrschenden Moralbegriff von Gut und Böse bestätigt, wie er in den Vorstellungen von Gott und dem Teufel Gestalt wird. Auch die gegenwärtigen psychoanalytischen Theorien unterstützen diese Vorstellung. Im Freudschen Menschenbild werden das Über-Ich und das Es, sowohl als das Bewußtsein und das Unbewußte, mit dem Guten und Bösen innerhalb des menschlichen Wesens identifiziert, und das gequälte Ich steht zwischen beidem, um von jeder Richtung und nach jeder Seite hin- und hergestoßen zu werden.

Solange wir weiter in dieser traditionell-dualistischen Weise denken, werden wir zu keiner brauchbaren Vorstellung des Menschen gelangen. Aber ein angemessenes, Maßstäbe setzendes Bild unseres Wesens ist für den nächsten Schritt, den Schritt in Richtung größerer innerer Freiheit, und die sich daraus ergebende »Selbstvervollkommnung«: die Selbstbejahung, unerläßlich. Selbstbejahung schließt weder Resignation noch Stagnation ein, sondern ist die freudige Bejahung des »Seins« auf dem Wege zum »Werden«. Um uns so akzeptieren zu können, wie wir sind, müssen wir uns vergegenwärtigen, daß alles in uns Teil unseres Selbst und uns zugehörig ist; daß *wir* für alles verantwortlich sind, was in uns vorgeht; daß wir sie darüber hinaus tatsächlich ständig bestimmen.

Wir benützen Körper und Geist, Gedanken und Empfindungen – unser ganzes Wesen – den Zielen entsprechend, die wir uns gesteckt haben. *Wir entscheiden sogar darüber, was wir wissen, und was wir vor unserem vollen Bewußtsein verbergen wollen.* Wie könnten wir unwillkommene Triebe und Gedanken »verdrängen«, wenn wir sie nicht als unerwünscht erkannt hätten? Aber so wenig wir von der Gesamtheit unseres individuellen Wesens wissen, identifizieren wir uns doch ausschließlich mit unseren höheren Gedanken und Gefühlen. Wir betrachten sie als »das wahre Ich«. Wir etablieren eine Rangordnung in unserem Innern, mit deren Hilfe wir Teile unseres Wesens als »Wir« oder »Ich« bejahen, andere bejahen wir in minderem Maß, wieder andere betrachten wir als gänzlich fremd. Dieser Kunstgriff erschwert uns die Erkenntnis dessen, daß *der Mensch tatsächlich alles zu bestimmen vermag, was in ihm vorgeht, daß sein* »Ich« alles beherrscht. Unser Körper kann zwar durch die Außenwelt beeinflußt werden, er kann gegen unseren Willen erkranken oder verletzt werden, aber unsere regenerativen Kräfte arbeiten nicht nach einem Naturgesetz – das heißt automatisch – wie das mechanistische Denken es zum Teil voraussetzt. Wir selbst mobilisieren unsere natürlichen Kräfte; *wir* bestimmen, ob sie in einem negativen oder positiven Sinne zur Wirkung gelangen. Wir können uns hinlegen und sterben, wenn und wann wir wollen. Wenn wir es *wirklich* wollen, ist es genau das, was wir tun. Umgekehrt können wir aber auch im Kampf ums Überleben unter extrem schlechten Umständen gewinnen – wenn wir es wirklich wollen[1].

Wir beginnen gerade, uns bewußt zu werden, in welch hohem Maß wir unseren Geist und unseren Körper beherrschen. Leider wird die Theorie, die hinter der modernen Betrachtung des Menschen als einer Einheit steht, oft falsch verstanden. Die psychosomatische Medizin zum Beispiel setzt noch immer die Dichotomie zwi-

---

[1]Die Macht des Menschen, über Leben und Tod zu entscheiden, zeigt sich zum Beispiel in der Art, in der die australischen Eingeborenen das Todesurteil an einem Verbrecher vollziehen. Der Häuptling deutet mit einem Känguruhknochen auf ihn und verkündet formell, daß er innerhalb dreier Tage sterbe. Der Verbrecher stirbt genau innerhalb dieser Frist.

schen Körper und Seele voraus und unterschätzt die Einheit des Individuums, da sie nicht die Person, sondern *Kräfte* als die wirkende Macht betrachtet. Man nimmt an, daß emotionelle Kräfte die physiologischen Vorgänge beeinflussen und umgekehrt, als könnten sie überhaupt unabhängig voneinander wirken. Diese Theorie verliert bei genauer Analyse ihren Sinn, enthält aber, oberflächlich gesehen, etliches Überzeugende. Es ist interessant, daß einige religiös gebundenen Heilmethoden, wie die der Christian Science, sich absolut auf die Einheit des Individuums gründen, ohne diese Grundhaltung allerdings wissenschaftlich zu formulieren. Die Christian Science schreibt jede Heilung göttlicher Einwirkung zu. In realistischer Terminologie könnte man die von der Christian Science angenommenen göttlichen Einwirkungen als Aktivierung der inneren Kraftreserven des Menschen auslegen.

Die *holistische* Medizin vermittelt im Gegensatz zur psychosomatischen eine neue Vorstellung der Integration aller organischen Vorgänge. Die generelle Erkenntnis der Macht, die wir über uns besitzen, ist die Vorbedingung unserer Fähigkeit, sie einzusetzen.

Wir sind allerdings noch nicht so weit fortgeschritten, um nach den Gesetzen holistischer Medizin (Ganzheitsmedizin) vorzugehen. Deshalb müssen wir unserer Neigung, verschiedene »sich in gegensätzlichen Paaren bekämpfende« Kräfte in uns zu sehen, das Zugeständnis machen, zunächst eine dualistische Terminologie zu akzeptieren. Der Ausdruck »sich zu erziehen« setzt voraus, daß wir alle so zwiespältig angelegt sind. Solange wir davon ausgehen, werden wir immer versuchen, »mit uns ins reine zu kommen«, »mit uns fertig zu werden« und »uns mit uns aussöhnen«. Solange wir uns selbst gegenüber eine bestimmte »Haltung« einnehmen, determiniert sie im positiven oder negativen Sinn den Einsatz unserer inneren Kraft. Am Ende aber hängt die Aktivierung unserer Kraft direkt oder indirekt davon ab, ob der Mensch sich mit seinem Organismus als einer Ganzheit identifiziert. Die Wirksamkeit oder Unwirksamkeit der Methode, mit sich fertig zu werden, ist durch die Richtung, in die sie führt, zu beurteilen: Vergegenwärtigt sie uns in höherem Maß, daß wir eine ungeteilte und unteilbare Einheit sind? Oder bringt sie eine Konzentration auf einzelne, isolierte Teile des

Menschen mit sich, treibt einen Keil zwischen das »Bewußtsein« und das übrige Wesen? Was immer das Einheitsgefühl eines Menschen verstärkt, verstärkt auch seine Tatkraft, und sein Wohlergehen; was dagegen sein Empfinden steigert, daß er aus verschiedenartigen und gegensätzlichen Elementen, aus guten und bösen Kräften, besteht, gefährdet sein Wohlsein, seine Leistungsfähigkeit und verhindert den vollen Einsatz seiner inneren Kraftreserven. Wir können aus diesem Test ersehen, welche Haltung wir uns gegenüber einnehmen und welche Einstellungen einer Korrektur bedürfen.

Der Kampf mit sich selbst

Die meisten mit sich unzufriedenen Menschen – und wer ist nicht gelegentlich mit sich unzufrieden – verstricken sich in einen nutzlosen und gefährlichen inneren Kampf. Sie versuchen sich zu »beherrschen«. Wenn diese Anstrengungen erfolglos sind – wie es nach unserer Erkenntnis unvermeidlich ist –, bemühen sich die enttäuschten Opfer noch verzweifelter um Erfolg und versagen immer peinlicher, bis der sich ergebende Teufelskreis zu völliger Demoralisierung und zu der tiefverwurzelten Überzeugung unzulänglicher »Willenskraft« führt. Dieser Kampf, der wie der des Tantalus zur Vergeblichkeit verurteilt ist, gründet sich auf den mannigfaltigsten Irrtümern.

Unsere Versuche der Selbstkontrolle haben ihren Ursprung in unserer Kindheit, in einer Zeit also, in der man uns unaufhörlich einprägte, »uns zu beherrschen«. Eltern und Erzieher folgen der autokratischen Tradition und versuchen, dem Kind einen ihre Autorität vertretenden Impuls einzupflanzen, der zur Befolgung ihrer Forderungen führt, ein Gewissen, das stark genug ist, antisoziale Triebe zu unterdrücken. Selbstkontrolle wird damit zu einem äußerst bedeutenden Wert. Der ihr zugrundeliegende Mangel ist nicht leicht zu entdecken, denn die Selbstbeherrschung *scheint* mindestens nicht selten Erfolg zu haben. Werfen wir unsere Dämonen nicht dann und wann zu Boden und gehen siegreich und »gut« aus dem Kampf hervor? Selbstverständlich. Aber in diesen Fällen gelänge es uns auch ohne den Scheinkampf und unseren Sieg, »gut« zu sein. *Die Anstrengung, uns selbst zu beherrschen, ist nur dann erfolgreich, wenn ein Kampf gar nicht notwendig ist.* Unsere fiktiven Bemühungen, die uns so real erscheinen, verbergen die einfache Tatsache, daß wir unserem Gewissen nur folgen, wenn wir wollen und uns entschlossen haben, »das Rechte« zu tun.

Im anderen Fall ist unser Streben nach Selbstkontrolle eine leere Geste, die nichts bewirken soll, als uns vor und nach »bösen« Handlungen »gut« erscheinen zu lassen. Wir spielen immer wieder das alte, unserer Religion und Literatur heilige Drama des tapferen Widerstands, Nachgebens und Bereuens. In unseren privaten Dramen erweisen die guten Vorsätze unserem Selbstbetrug ausgezeichnete Dienste. Die guten Vorsätze gelangen im heroischen Kampf des ersten und in der abgrundtiefen Reue des dritten Aktes überzeugend zur Darstellung. Wir entwickeln Schuldgefühle, um die guten Absichten zu beweisen, die wir gar nicht haben. Es ist uns lieber, uns die Schuld zu geben, als unser Verhalten zu korrigieren. Da wir nicht wissen, daß wir alle – Kinder und Erwachsene – nur das tun, zu dem wir uns entschlossen haben, erkennen wir auch nicht, daß es keiner Selbstbeherrschung bedarf, sondern nur der ehrlichen Absicht. Der Mangel an Selbstbeherrschung unterscheidet vorgetäuschte Absichten von wahren.

Die Überbewertung der Beherrschung reflektiert einen anderen grundlegenden Irrtum. Wie Eltern in der Erziehung ihrer Kinder zwischen Kontrolle und Beeinflussung unterscheiden müssen, sollten wir in unserer Einstellung zu uns selbst zwischen beidem unterscheiden. Wenn wir versuchen, uns unter Kontrolle zu halten, gehen wir von einem veralteten Menschenbild, von einer nicht mehr zeitgemäßen unbrauchbaren Vorstellung der menschlichen Natur aus. Wir zeigen uns selbst gegenüber ein Mißtrauen, als sei etwas Unzulässiges und »Minderwertiges« in uns. Es ist vollkommen nutzlos, niedere, fremde Eigenschaften in uns zu bekämpgen, *da es sie gar nicht gibt.* Als frei handelndes Wesen, vollkommen integriertes und gegliedertes Indivium, tut jeder Mensch, was er gerade gerne möchte, und richtet sich dabei durchaus nicht immer nach dem gesunden Menschenverstand oder seinem Gewissen, sondern einer privaten Logik, mit der wir uns später noch beschäftigen wollen.

Je früher wir diese Fähigkeit zur Selbstbestimmung und den Menschen als ein Entscheidung fällendes Geschöpf erkennen, desto leichter wird es uns werden, auf uns einzuwirken. Ein Mensch, der »sich gehen läßt«, handelt im selben Maß nach seinem Willen wie einer, der seine »anstößigen« Impulse unterdrückt. Es wäre der Ausdruck von Kulturpessimismus, einem vollkommenen Mangel an Vertrauen in den Menschen, anzunehmen, wir würden ohne ständige Selbstbeherrschung die schrecklichsten Handlungen begehen.

Es gibt Menschen, die sich nur dann in einen Zustand des Wohlverhaltens in »Versuchungs«-Situationen zu bringen vermögen, wenn sie vorher eine leidenschaftliche Pantomime der Selbstbeherrschung durchspielt haben. Daß diese Beherrschung gelegentlich gelingt, macht nicht eben klarer, worum es geht. Menschen, die sich so verhalten, wissen nie, warum sie einmal Erfolg, ein andermal Mißerfolg haben, aber das gelegentliche Gelingen rechtfertigt ihre Einstellung. Tatsächlich ist der gelegentliche Erfolg der Selbstkontrolle ein geschickter Kniff. Durch den »Beweis«, daß der Mensch Möglichkeiten der Selbstbeherrschung besitzt, wird für milderndes Urteil und Rechtfertigung in den häufigen Fällen des Mißlingens gesorgt. Es ist dann möglich, das Versagen durch einen Mangel an Willenskraft zu entschuldigen.

Tatsächlich gibt es so etwas wie Willenstärke gar nicht. In den Begrenzungen einer gegebenen Situation hat jeder Mensch die Macht, das zu tun, wofür er sich entscheidet. Aber die Annahme, daß es Willenskraft – und zwar bei verschiedenen Personen in verschiedenem Maß – gibt, dient sowohl dem Sophismus als jeglicher Heuchelei so hervorragend, daß wir sie nicht gern aufgeben. Die Vorspiegelung erlaubt uns zu tun, was wir nicht tun sollten, und uns gleichzeitig damit zu entschuldigen, daß wir eben nicht »stark genug « seien, uns anders zu verhalten. Aber ist ein schwacher Mensch wirklich so schwach? Es bedarf keiner übergroßen psychologischen Einfühlungskraft, um zu erkennen, daß die sogenannten Schwachen die Unterstützung aller Starken in ihrem Umkreis in Anspruch nehmen. Schwäche ist eine der *stärksten* Waffen der Auflehnung, Herausforderung und Inanspruchnahme. Der Schwächling widersteht seinen Gegnern, gleichgültig, wie stark sie sind, und unterwirft sie eher seinen eigenen Forderungen, als daß er ihren Forderungen nachkommt.

Willensschwäche ist eine trügerische Fassade, Willenskraft nicht weniger. Die letztere ermöglicht dem Menschen, Überlegenheit zur Schau zu stellen, sich zu rühmen, auf etwas stolz zu sein. Wenn es einem Menschen gelingt, sich zu beherrschen, demonstriert er seine menschliche Überlegenheit und seine vorbildliche Kraft. (Was dem Mann zum wichtigsten Ziel wurde, seit er es so schwer hat, seine Überlegenheit gegenüber der Frau zu beweisen).

Das verwirrende Problem bezüglich der Willenskraft entsteht, weil es uns nicht gelingt, zwischen dem zu unterscheiden, was wir uns zu wollen einbilden, und dem, was wir tatsächlich wollen, zwischen dem, was wir scheinbar tun wollen, und dem, was wir wirklich beabsichtigen. Die *wahre Absicht zeigt sich in der Handlung.* Wir sind immer fähig zu erkennen, was wir zu tun wünschten, wenn wir ansehen, was wir am Ende taten.

Betrachten wir das Verhalten einer Frau, die im Schaufenster einen Frühlingsmantel sieht, den sie haben möchte. Sie betritt den Laden, probiert den Mantel an und stellt fest, daß er ihr ausgezeichnet steht. Es ist wirklich der Mantel ihrer Träume. Dann hört sie, was er kostet, und es wird ihr klar, daß sie, um ihn kaufen zu können, auf den notwendigen neuen Eisschrank oder sogar auf die Sommerreise verzichten müßte. Sie denkt darüber nach und entschließt sich nach einem inneren Kampf gegen den Kauf des Mantels. Aber immer, wenn sie an dem Laden vorbeigeht und den Mantel im Schaufenster sieht, »blutet ihr das Herz«.

Möchte sie den Mantel? Gewiß. Aber unter den bestehenden Voraussetzungen *möchte sie ihn nicht,* obwohl sie ihn noch immer gerne hätte. Ihre *Entscheidung* macht klar, was sie wirklich möchte; ihre Handlung beweist ihre *Absicht.* Selbstkontrolle ist weder am Platz noch notwendig. Wenn sie willens wäre, den Preis zu bezahlen, würde sie den Mantel kaufen und damit tun, was sie möchte. So geht es uns allen. Wenn wir uns entschließen, den Preis zu bezahlen, *wollen* wir tun, wovon uns unter Umständen unsere Vernunft und unser Gewissen abrät. Man kann sich, wie das englische Sprichwort sagt, die Nase abschneiden, »to spite ones face«.

Was wir so oft als inneren Konflikt erleben, ist nicht der Kampf zwischen dem, was wir tun wollen oder tun sollten, sondern die quälende Frage, welches Handeln vorteilhafter wäre, und welchen Preis wir dafür zahlen müssen. Die Entscheidung ergibt sich aus unserer Einschätzung, was angenehmer und günstiger wäre. Der »innere Kampf«, den wir dabei mit uns ausfechten, ist ein »Scheinkampf«, wie Adler es formulierte, durch den wir Unschuld und guten Willen vortäuschen. Eine einfache Analogie zeigt die Absurdität, hier von einem »inneren Kampf« zu sprechen.

Versuchen Sie eine Hand mit der anderen zu ergreifen und den linken Arm mit aller Kraft nach rechts zu ziehen. Je stärker Sie ziehen, desto weniger läßt sich der Arm bewegen. *Gewaltsames Ziehen setzt gleichzeitigen Widerstand voraus.* Es ist unmöglich, kräftig zu ziehen, ohne einen ebenso kräftigen Gegenzug auszulösen.

Was uns selbst betrifft, können wir unsere Stärke nur empfinden, wenn wir gleichzeitig Widerstand bieten. Das gilt für alle Funktionen. Je gewaltsamer wir uns zu etwas »zwingen«, desto weniger können wir tun, was wir angeblich wollen.

Die Folgen, die sich für das Alltagsleben daraus ergeben, sind weittragend. Viele unserer Mängel sind das direkte Ergebnis der Gewalt, die wir fälschlich gegen uns anwenden. Alle neurotischen Symptome werden ausgelöst und erhalten, indem wir sie bekämpfen, denn wir steigern alles, was wir in uns zu bekämpfen suchen. Wir verbringen unter Umständen eine schlaflose Nacht, weil wir besonders angeregt sind oder ein Problem uns beschäftigt. Schlafstörungen beginnen aber erst, wenn wir versuchen, uns zum Schlaf zu zwingen. Deshalb sind einmal ausgelöste nervöse Symptome so schwer zu besiegen. Sie wurden ja in einer Krisensituation unbewußt »arrangiert«, zu einem Zeitpunkt also, in dem wir uns bestimmten Forderungen entziehen wollten. In der darauf folgenden Zeitspanne versuchen wir, uns von der Störung zu befreien, und *bekämpfen sie.* Dadurch verstärken wir die Symptome. Ich möchte diesen Komplex durch eine Anekdote illustrieren.

Es gab einmal einen berühmten Zauberer, der Steine in Gold, Wasser in Wein, ein Tier in ein anderes verwandeln konnte. Der König, der davon gehört hatte, lud ihn zu sich in seinen Palast. Er bewirtete ihn mit Wein und köstlichen Speisen. Dann führte er ihn in seine privaten Gemächer und fragte den Zauberer, ob die Geschichten wahr seien, die über ihn und seine magischen Kräfte umgingen. »Sie sind wahr«, antwortete der Magier. Der König sagte: »Ich würde gern lernen, solche Wunder zu tun. Ist es möglich? « – »Es kommt darauf an.« – »Wenn es eine Frage des Preises ist«, sagte der König »– ich bin bereit, dir die Hälfte meines Königreiches zu geben.« Der Zauberer war damit zufrieden, entgegnete jedoch: »Man kann Magie aber nur unter einer weiteren Bedingung lernen.« Der König erklärte sich bereit, jede Bedingung zu akzeptieren. – »Denkst du manchmal an Krokodile?« Nein, das tat der König nicht. »Das ist gut«, sagte der Magier, »denn die einzige Bedingung, zaubern zu lernen, ist, daß man nie an Krokodile denkt.«

Es ist wohl unnötig, zu berichten, daß der König nie zaubern lernte, denn er konnte von jetzt an selten an etwas anderes als an Krokodile denken.

Wir sehen an dieser Geschichte, was folgt, wenn wir durch einen inneren Kampf, unsere »Gedanken zu kontrollieren« versuchen.

Alle nervösen Störungen werden in dieser Weise ausgelöst und erhalten. Sie lassen sofort nach, wenn wir den Patienten überreden können, die Symptome zu produzieren oder zu verstärken. Dieser Prozeß, den ich »Antisuggestion« nennen möchte, führt zu dramatischen Ergebnissen und zwar nicht nur therapeutisch, sondern auch oft, wenn wir, erfolglos, auf uns einzuwirken versuchen [2].

Man kann die Bedeutung dieses Ablaufs kaum zu hoch bewerten. Hier zeigt sich, welch immense Macht wir über unsere Funktionen ausüben können, wenn wir sie nur handhaben lernen. Wir brauchen nichts zu tun als das Gegenteil dessen, was wir bisher getan haben. Die Lösung ist so einfach und gleichzeitig so umwälzend, daß wir oft kaum glauben können, welche Herrschaft über unser Handeln und Fühlen wir besitzen.

---

[2] Viktor E. Frankl nannte diesen Mechanismus »paradoxicale Intention« und Knight Dunlap »negative praxis«.

Man entdeckte diese seltsame Macht zuerst bei Seekrankheit und Übelkeit beim Autofahren. Wenn man verspricht, einen Menschen zu belohnen, so oft er sich erbricht, gelingt es ihm nicht mehr.

Eine Gruppe von Kindern sollte eine Busfahrt machen. Viele von ihnen hatten vorher bei ähnlichen Fahrten unter Übelkeit und Erbrechen gelitten. Diesmal versprach man dem, der sich übergeben würde, einen Dollar. Es wurde keinem einzigen Kind schlecht. Wir kamen zu der Folgerung, daß dasselbe Prinzip bei allen neurotischen Sympthomen wirksam ist. Einem Patienten, der an Schlaflosigkeit litt, wurde vorgeschlagen, er solle versuchen, jede Nacht der folgenden Woche wach zu verbringen. Als er das nächstemal kam, erzählte er, er habe zu seinem größten Erstaunen jede Nacht geschlafen. Er konnte nicht verstehen, was mit ihm passiert war, denn er hatte sonst viele Nächte verbracht, ohne ein Auge zu schließen.

Wenn ein Mensch sich Nutzen von einer gesundheitlichen Störung verspricht, kann diese Technik allerdings auch erfolglos sein.

Ein Junge, der ein schwerer Stotterer war, entdeckte im Bus plötzlich, daß er kein Fahrgeld hatte. Er entschloß sich schließlich mit dem Fahrer zu sprechen in der Hoffnung, der Mann würde ihn wegen seiner Behinderung bemitleiden und ihm das Fahrgeld erlassen. Als er aber neben dem Fahrer stand, entdeckte er, daß er nicht stottern konnte.

Der Trugschluß der Angst

Der Antrieb des schädlichen inneren Kampfes mit uns selbst ist meistens die Angst vor dem, was geschehen könnte, wenn wir nicht imstande wären, unsere seelischen und physischen Störungen und Verwirrungen zu verbergen und beherrschen.

Angst und Besorgnis scheinen im Seelenleben unserer meisten Zeitgenossen eine dominierende Rolle zu spielen, vor allem in dem der Stadtbewohner. Wenige werden leugnen, daß wir eine Generation angstvoller Menschen sind. Aber, fügen sie hinzu, sind wir es nicht mit Recht? Wer kann sich die wirtschaftliche Unsicherheit, die politische Umwälzung, die ständige Bedrohung durch Krieg und Zerstörung ohne Sorge vergegenwärtigen?

So groß diese Gefahren aber sind, fühlen wir uns weniger von ihnen bedroht, als von einem potentiellen persönlichen Versagen und seinen katastrophalen Folgen für unseren sozialen Status. Es kann kein Zweifel daran bestehen, daß wirkliche Gefahr selten solche Angstgefühle auslöst. Die Bedrohung von Leben und Besitz kann ohne Angst erlebt werden. Die weitverbreitete, für das Leben von heute charakteristische Angst ist vielmehr die Besorgnis um unsere künftigen Erfolge und um die Fähigkeit, unseren sozialen Status zu erhalten.

Man betrachtet es als erwiesen, daß Angst notwendig ist, um Gefahr zu vermeiden. Tatsächlich ist es umgekehrt. Angst vermindert die Möglichkeit eines Eintretens von Gefahr keineswegs, sondern vermehrt sie. Es ist, um ungefährdet die Straße zu kreuzen, nicht notwendig, Angst zu haben, daß einen ein Auto überfährt. Ein Mensch, der sich vor solch einem Unfall fürchtet, ist vielmehr in größerer Gefahr, daß er ihm zustößt. Angst raubt uns die Sicherheit, die Fähigkeit, eine Situation vernünftig zu beurteilen, die in Augenblicken der Gefahr von höchstem Wert ist. Aber wir müssen zwischen *tatsächlicher Gefahr* und dem *Gedanken* daran unterscheiden. Ein Mensch hat Angst, wenn er an Gefahren denkt, die einmal eintreten könnten. Auch vergangene Gefahren lassen uns oft erschauern, und es kann uns zutiefst erschrecken, andere in einer gefährlichen Situation zu sehen. Wenn wir jedoch selbst bedroht sind, fürchten wir uns im allgemeinen nicht, denn wir können es uns nicht leisten. Es ist der Gedanke an die Gefahr, der vor oder nach dem gefährlichen Erlebnis Angst auslöst.

»Der Reiter über den Bodensee«, der in der Nacht über eine verschneite Ebene ritt und am Ende das erleuchtete Haus erreichte, fiel tot zu Boden, als er erkannte, daß er über die vereiste Fläche des Sees geritten war.

Wir können auf eine plötzlich auftretende Katastrophe mit »Schock« reagieren. Das hat aber nichts mit Angstgefühlen zu tun. Man ist in solch einer Lage vielmehr betäubt und gelähmt. Unter bestimmten Umständen wird der Augenblick des Schocks benützt, um eine neurotische Angst zu unterhalten. Ihr weiteres Wirken hat jedoch nichts mit dem ursprünglichen Anlaß zu tun, sondern mit den darauf folgenden Lebensumständen, von denen der Mensch sich vielleicht lösen möchte. (Das ist der typische »motorische« Ablauf beim Auftreten von »Schlachtenmüdigkeit«.) Eine andere emotionale Reaktion auf eine Bedrohung ist *Panik*. Es sieht zunächst aus, als widerspreche das häufige Auftreten panischer Angst unserer Feststellung, daß Gefahr keine Furcht auslöse. Gefahr *kann* bestimmte Menschen unter bestimmten Umständen in Panik versetzen, aber nur Menschen, die auch auf vollkommen ungefährliche Situationen mit panischer Angst reagieren. Sie gehen von der Annahme aus, daß sie, um geschützt zu sein, alles unter Kontrolle haben müssen. Sie können niemand vertrauen als sich selbst und bezweifeln sogar ihre eigene Fähigkeit, sich zu schützen. Dementsprechend löst jede Situation, die »ihnen über den Kopf wächst«, panische Angst in ihnen aus. In den meisten Fällen ist die wirkliche Gefahr dann die Folge, nicht die Ursache der Panik. Angst vor einer Katastrophe führt oft zu wirklichem Mißgeschick.

Panische Angst bringt den von ihr Befallenen zu der Überzeugung, daß die Katastrophe nicht zu vermeiden ist. Es gibt Menschen, die in ständiger Panik leben, weil sie immer wieder in unkontrollierbare Situationen geraten und sich geschlagen fühlen. Aber jeder Mensch gerät wohl unter den Druck panischer Angst, wenn er in einer Situation ist, der er scheinbar nicht entrinnen kann.

Andererseits liegt auch der Fehlschluß nahe, daß Angst uns eine größere Fähigkeit gibt, Gefahr zu vermeiden. Viele Menschen sind innerlich träge und denken, wenn die Angst sie nicht aufrüttelt, nicht an Gefahr. Autofahrer zum Beispiel werden manchmal erst vorsichtig, wenn sie Zeuge eines Unfalls waren oder selbst einen Unfall hatten – und auch in einem solchen Fall verwischt sich der Eindruck oft rasch. Schauspieler von großem Können leisten oft ihr Bestes, wenn sie Lampenfieber haben. Was andere vollkommen hemmt, ist für sie Antrieb. Widerlegt das nicht die Annahme, daß Angst sich nie bezahlt macht? Sie führt für die zu etwas, die sie – *aus eigenem Entschluß und durch eigene Wahl* – brauchen. Solche Schauspieler sind nicht willens, ihr Bestes zu geben, wenn der Zweifel am

Publikumserfolg sie nicht zu äußerster Anstrengung veranlaßt. Sie erfassen ihre Rolle nur dann mit der größtmöglichen Intensität, wenn ihr Ruf auf dem Spiel steht. Sie *benützen* die Vorstellung einer möglichen Gefährdung, aber es wäre irrig anzunehmen, daß sie mit Angst darauf *reagieren.*

Damit stehen wir nun vor der Frage, wie der Mensch im allgemeinen seine Fähigkeit, sich zu fürchten, benützt. Vor allem müssen wir wohl zwischen einem wirklichen Angsterlebnis und der Floskel: »Ich fürchte, daß . . .« unterscheiden. Diese häufig benützte Wendung ist viel mehr ein Ausdruck der Besorgnis, als der Angst und also Kennzeichen einer normalen Einstellung. Angst dagegen ist nicht normal und wirkt sich, wie alle starken Empfindungen, vor allem im zwischenmenschlichen Bereich aus.

Angst ist eine Waffe, die praktisch alle Kinder zur einen oder anderen Zeit benützen. Sie können dadurch, daß sie nachdrücklich die eigene Schwäche bekunden, am leichtesten die Hilfe der Eltern gewinnen. Ein verwöhntes Kind, das wenig Vertrauen in die eigene Kraft hat, ist leicht in Aufregung zu versetzen und verfällt in wilde Panik, wenn ihm die leichteste Last auferlegt wird, und sollte es nur die sein, kurze Zeit allein gelassen zu werden. Das zugrundeliegende Empfinden unterscheidet sich von der Schockreaktion, die ein Kind angesichts erschreckenden Lärms oder dem plötzlichen Verlust des Gleichgewichts erleidet; beides löst keine Angst aus, wenn sich die Eltern von der mißlichen Lage des Kindes nicht »entsprechend« beeindruckt zeigen und soviel Aufhebens davon machen, daß das Kind entdeckt, welch wirksames Mittel die »Angst« ist, um die Aufmerksamkeit der Eltern zu fesseln und sich ihre Hilfe zu sichern. Daß die Ängste von Kindern verschwinden, sobald die Eltern sich nicht beeindruckt zeigen und nicht mehr darauf reagieren, konnte klinisch nachgewiesen werden. Damit wurde auch der Beweis erbracht, daß diese Angstgefühle nicht durch Empfindungen von Unsicherheit oder wirkliche erschreckende Erlebnisse »verursacht« wurden[3].

---

[3]Siehe die Fallgeschichten in: Rudolf Dreikurs und Vicki Soltz, Kinder fordern uns heraus. Wie erziehen wie sie zeitgemäß? Ernst Klett Verlag Stuttgart 17. A. 1986.

Wenn es anders wäre, würde die Angst nicht so vollständig und dauernd verschwinden, wie sie es tut, wenn die Eltern sie als Verlangen nach Beachtung und Hilfe erkennen und nicht mehr darauf reagieren. Angst ist ein wirksames Mittel, sich schwierigen Aufgaben zu entziehen, wenn ein Versagen den Status gefährdet. Sie ist die Basis jeder Neurose und wird im normalen Bereich menschlicher Aktivität häufig »eingesetzt«. Sie führt entweder zu verstärkter Bemühung und Konzentration oder zu Umwegen, dem Zurückziehen in sich selbst oder wachsenden Forderungen nach Mitgefühl und Hilfe. Außerdem leiden wir zwar alle unter Ängsten und geben vor, uns von ihnen befreien zu wollen, nützen aber zeitweise unsere Fähigkeit, sie zu empfinden, nach Kräften aus. Tatsächlich entwickeln viele Leute angesichts der Möglichkeit, ihre Ängste zu verlieren, eine gewisse Besorgnis. Sie stellen sich die schrecklichen Dinge vor, die geschehen könnten, wenn die Menschen und unter ihnen auch sie selbst, aufhörten sich zu fürchten.

Damit sind wir zu der wirklichen Ursache der Angst, zu ihrer wahren Bedeutung als sozialem Potential gelangt. Wir sind dazu geschaffen, Angst zu haben – nicht aufgrund unserer Natur, sondern weil unsere Mitmenschen es so wollten und wollen. Unsere Aufgeschlossenheit gegenüber dem Empfinden der Angst und unser Bedingtsein davon sind Teil einer autokratischen Tradition. In der autokratischen Gesellschaft wurde Angst bewußt und systematisch ausgelöst, um das Volk den Forderungen der herrschenden Schicht hörig zu machen. Man betrachtete die Angst vor Strafe als das einzige verläßliche Mittel, um Kooperation und Unterwerfung zu erzielen. Reichten die irdischen Mächte nicht zur Einschüchterung aus, dann wurden die himmlischen auf den Plan gerufen. Man betrachtete Angst als den besten Ansporn zu gutem Verhalten. Es entsprach der damals herrschenden, nicht eben hohen Meinung von der menschlichen Natur, daß man den Menschen für unfähig hielt »gut zu sein«, wenn ihn nicht Angst und die Drohung vor Strafe dazu brachten. Heute haben die alten Autoritäten aufgehört, uns zu beherrschen. Unsere Eltern und Lehrer bedrohen uns längst nicht mehr. Aber wir fahren fort, uns unter Drohung zu stellen, und vergegenwärtigen uns Strafen jeder Art, um unseren Idealen und

Wertmaßstäben zu genügen. Wir sind frei von äußerer Unterdrückkung und Einschüchterung, erhalten uns aber die alte Sklavenmentalität. Unsere Selbsteinschüchterung gibt uns sogar die Möglichkeit, Verantwortlichkeit zu meiden und unsere Ansprüche an die anderen – das sogenannte Abhängigkeitsbedürfnis – zu erhöhen.

Ursprünglich war es die Angst vor der »Sünde«, die den Menschen davor bewahrte, »böse« zu sein. Heute tritt immer klarer zutage, daß die »Sünde« des modernen Meschen die Angst selbst ist. Angst beraubt ihn seiner Tatkraft. Sie bestärkt ihn im Gefühl der Schwäche und Minderwertigkeit. Aus seinem Zweifel daran, daß er sich aus eigener Kraft bewahren kann, entsteht die Angst. Aber gerade das ist die an den freien Menschen gestellte Forderung, der er ohne Selbstvertrauen nicht entsprechen kann. Die Angst vor der Strafe versagt uns die ruhige Gewißheit, daß wir gut sein können, weil wir es *wollen,* nicht weil wir Angst vor den Folgen des Vergehens haben.

Aber richtiges Handeln bringt Freude und Zufriedenheit mit sich. Es ist nicht mehr nötig, Verantwortungsgefühl durch Angst zu wekken. Der Mensch hat die Fähigkeit, sich gut zu verhalten, weil er das Gefühl der Zugehörigkeit besitzt, weil er weiß, wohin er gehört, weil er sich seiner Verbundenheit mit anderen, der Gewißheit seiner Stellung und seines vollen Wertes als Individuum bewußt ist.

Die Macht der Erwartung

Wie stark der Druck der Angst ist, zeigt sich, wenn wir erkennen, welche Rolle die Erwartungen und Befürchtungen, unsere stärksten und seltsamsten Motivierungskräfte, spielen. *Wer die Erwartungen der Menschen wandeln kann, kann auch ihr Verhalten verwandeln.*

Wir handeln alle entsprechend unseren Erwartungen. Sie formen den geheimen Plan, der unser Tun bestimmt. Unter Umständen wissen wir gar nicht, daß wir einen Plan haben, oder kennen ihn nicht. Es ist nicht wesentlich, ob wir zukünftige Erlebnisse mit Vergnügen oder Entsetzen ins Auge fassen. Wir gestehen uns nur unsere positiven Ziele ein, aber schmerzliche Erwartungen haben dieselbe Motivationskraft, auch wenn wir nichts von ihrer Richtung wissen. Was immer wir für wahrscheinlich halten, entwickelt sich zu einem inneren Impuls, der zu der Verwirklichung dieser Möglichkeit führt. Darum ist Angst so gefährlich. Glücklicherweise geschieht nicht alles, was wir befürchten, weil äußere Einflüsse gelegentlich dazwischenkommen; aber unsere inneren Kräfte sind auf bestimmte Geschehnisse ausgerichtet, ob wir sie erhoffen oder fürchten. Die Macht der Hypnose erklärt sich aus der Fähigkeit des Hypnotiseurs, neue – oft beinahe unglaubliche – Erwartungen im Menschen zu wecken. Der Hypnotiseur, der sich mit mystischen Kräften zu umgeben weiß, ist lediglich ein überaus tüchtiger Verkäufer, der seine Kunden von der Erfüllung des Vorhergesagten oder von ihm Verlangten zu überzeugen vermag.

Die Macht der ängstlichen Vorwegnahme läßt sich leicht durch Beispiele erhärten. Wir können ohne Schwierigkeit auf einem meterbreiten Brett auf dem Boden gehen. Wenn dasselbe Brett in beträchtlicher Höhe aufgehängt wird, ist es durchaus möglich, daß wir es nur mit Angst und Zögern betreten, und daß wir bei dem Unternehmen tatsächlich das Gleichgewicht verlieren und stürzen. Wir geben dann irgendeiner »Unfähigkeit«, unserer Nervosität und ähnlichem schuld. Aber unserer »Fähigkeit« in solch einem Fall hängt durchaus nicht von der Position der Planke ab, sondern von unserer Selbsteinschätzung, von unserem Glauben oder Zweifel an unserem Vermögen, von unserer Erwartung.

Wir können unsere Leistungen dadurch steigern, daß wir uns mit unseren Erwartungen vertraut machen. Wir können herauszufinden versuchen, was wir erhoffen oder befürchten, obwohl es nicht immer leicht sein wird. Und wir können uns mit uns selbst auseinanderzusetzen und uns davon überzeugen, daß wir nicht unbedingt auf das zugehen müssen, was wir in unserer Erwartung vor uns sehen. Das wird uns aber nur gelingen, wenn wir uns von der Vorstellung befreien, wir seien in die Ecke getrieben, wenn wir das Vertrauen gewinnen, daß wir auch andere Möglichkeiten haben, die wir allerdings durch Befürchtungen zunichte machen können. Wir können unsere Urteilskraft schärfen und unsere Fähigkeit erkennen,

Erfolg zu erzielen, wo wir vorher nur unvermeidlichen Mißerfolg sahen. Um sich so durchzusetzen, braucht der Mensch aber ein gesteigertes Selbstgefühl.

Ermutigung

Wir können nicht vernünftig vorgehen, wenn wir vorher keine gesunde Grundlage in uns geschaffen haben. Solange wir uns als minderwertig und unzulänglich betrachten, können wir vom Leben und von uns nur das Schlimmste erwarten. Unsere Selbsteinschätzung bestimmt mehr als alles andere unsere Zukunft, unsere Möglichkeiten und Begrenzungen. Wenn wir Selbstvertrauen haben, erwarten wir Erfolg und werden ihn auch erlangen. Wenn wir unsere Fähigkeiten bezweifeln, fürchten wir uns vor Mißerfolgen und gehen auf sie zu. *Unsere Selbsteinschätzung ist die Voraussetzung für unser Vorgehen.*

Es ist bekannt, daß Erfolg neuen Erfolg nach sich zieht, weil er das Selbstvertrauen stärkt. Für den Erfolgreichen verschwinden die Probleme, die den Weg des Ängstlichen und des Zweiflers säumen. Unsere Selbstsicherheit wird durch die Anerkennung der anderen und die Folgen unserer furchtlosen Handlungen gesteigert. In der Auseinandersetzung mit uns selbst ist es zweifellos von großer Wichtigkeit, daß wir uns selbst ermutigen. Unglücklicherweise behandeln sich die meisten Menschen wie strenge Eltern und Lehrer ein »unartiges« Kind – und mit denselben negativen Resultaten. Menschen tragen, noch lange nachdem sie das Elternhaus verlassen haben, die Forderungen in ihrem Gewissen, die an sie gestellt wurden, als sie noch Kinder waren. Sie rebellieren vielleicht gegen herrschsüchtige Eltern, nehmen sich selbst gegenüber aber noch immer deren Haltung an.

Was auch der Grund sein mag, wir vermindern unsere Leistungsfähigkeit, wenn wir uns entmutigen. Ermutigung ist im Umgang mit uns selbst so notwendig wie im Umgang mit anderen Menschen. Wir brauchen also die Fähigkeit und den Willen, unsere guten Eigenschaften zu sehen, und sollten es vermeiden, uns immer unsere

Unzulänglichkeiten zu vergegenwärtigen. Jeder Mensch hat schwache Seiten. Aber es verstärkt sie nur, wenn man ihnen zuviel Beachtung schenkt. Es ist möglich, daß wir Selbstkritik für nötig halten, um uns zu vervollkommnen und nicht in alte Fehler zu verfallen. Aber Selbstkritik vermindert unsere Selbstachtung und Selbstsicherheit und erhöht die Wahrscheinlichkeit, daß wir unsere Fehler *wiederholen*. Wenn wir diese lieblose, häufig sogar feindselige Haltung uns gegenüber aufgeben, können wir vielleicht im nächsten Fall anders handeln; wenn wir sie aufrechterhalten, sind wir nicht in der Lage, viel aus unseren schlechten Erfahrungen zu lernen und uns zu bessern.

Selbstkritik und Entmutigung nehmen oft die Form von Schuldgefühlen an. Schuldgefühle sind aber weder notwendig noch nützlich. Wir können Fehler, selbst schwere Fehler begehen, ohne »Schuld« zu fühlen. Das schließt allerdings nicht aus, daß wir unsere Irrtümer bereuen und gutzumachen versuchen. Fehler zu begehen ist menschlich und unvermeidlich. Oft ergibt sich ein Irrtum aus einem schon verringerten Selbstvertrauen. Aber er entsteht häufiger aus unvermeidlichen Fehlkalkulationen, und weil es unmöglich ist, alle Faktoren einer Situation zu erkennen. Ein Mensch, der glaubt, »er tue keinen Schritt, ehe er die Sachlage völlig überschaue«, macht sich entweder etwas vor oder ist jeder Handlung unfähig. Es ist unmöglich, alle Fakten einzubeziehen. Überraschende, im voraus nicht zu erwartende Variationen machen die Berechnungen von Wissenschaftlern und Schuljungen zunichte. Darum sollten wir uns bei »Fehlkalkulationen« wenigstens nur so gering einschätzen, wie es Albert Einstein bei einem Fehler tat, aber nicht noch mehr.

Glücklicherweise sind wir nie sicher, ob wir richtig handeln. Wir wissen nur nachher, ob unsere Entscheidung falsch oder richtig war. Die Tatsache ist nun einmal, daß wir uns unvermeidlich unzählige Male falsch verhalten. Was nützen Schuldgefühle also? Wir können das Geschehene nicht rückgängig machen, und ein selbstsicherer Mensch wird gewiß keine Energie an unnützes Bedauern verschwenden. Er wird sich darauf konzentrieren, die Folgen möglichst vernünftig zu berichtigen und sie auf sich zu nehmen. Ein unsicherer Mensch, der seine guten Absichten und Fähigkeiten unter

Beweis stellen muß, wird es nicht leicht finden, sich so zu akzeptieren, wie er einmal ist. In solch einem Fall sind Schuldgefühle ein bequemer Ausweg. Sie bringen zum Ausdruck, daß trotz des Mißerfolgs gute Absicht vorhanden war, und rechtfertigen unsere Zweifel, später Besseres leisten zu können. Schuldgefühle lenken unsere Gedanken von dem, was wir tun *sollten,* zu dem, was wir *getan haben.* Sie entwickeln sich nur, wenn wir nicht willens sind zu tun, was wir tun sollten.

Manchmal fühlen wir plötzliche Gewissenbisse im Gedanken an etwas, was wir vor langer Zeit getan haben. Diese Rückwendung zum Vergangenen tritt nur ein, wenn die Gegenwart uns Aufgaben gegenüberstellt, denen wir uns entziehen wollen oder denen wir uns nicht gewachsen fühlen. Schuldgefühle sind ein Ausdruck der Entmutigung und Rechtfertigung der dauernden, sich sogar verstärkenden schlechten Meinung, die wir von uns haben.

Wenn wir den Trick erkennen, den wir uns selbst gegenüber anwenden, gestatten wir uns in Zukunft den Luxus des schlechten Gewissens wahrscheinlich nicht mehr. Statt Schuldgefühle, wozu wir geneigt sind, als Zeichen eines hohen Moralstandards zu betrachten, erkennen wir sie, wie Nietzsche es tat, als »unanständig«. Es ist unzweifelhaft, daß wir Böses im Schilde führen, sobald wir Schuldgefühle entwickeln. Wenn wir uns das klar machen vermögen wir aus dem Teufelskreis von Selbstkritik und neuen, einander endlos folgenden Fehlern auszubrechen.

Was aber sollen wir tun, wenn wir einen Fehler gemacht oder Böses begangen haben? Es ist dann dringend notwendig, uns zu ermutigen. Wir können versuchen, wieder gutzumachen, wenn es irgend möglich ist; wenn nicht, müssen wir das Geschehene und seine Folgen als unvermeidlichen Lebensbestandteil hinnehmen. Wenn wir uns nicht zu intensiv mit unserem eigenen Wert oder Unwert beschäftigen, ist es uns nicht so wichtig, ob ein Fehler durch unsere oder die Schuld eines anderen begangen wurde. Wir setzen uns meist durchaus erfolgreich mit Situationen auseinander, die durch die Fehler anderer entstanden, denn dann sind wir nicht übertrieben mit der auferlegten Aufgabe beschäftigt oder durch unsere Eitelkeit bestimmt. Wenn wir aber durch eigene Schuld in Schwierigkeiten kommen, verfallen wir sofort in Herzensängste, geraten in hitzigste Verwirrung, Scham und Zorn auf den Sündenbock, der uns in die mißliche Sache manövriert hat, oder verkriechen uns in Selbstbeschuldigung. Unbefangen Fehler zu machen, ohne sich zu schämen oder gedemütigt zu fühlen, ist jedoch eine notwendige Forderung des Lebens. Wir dürfen unsere Mißgriffe nicht als unbedeutend betrachten und den Sündenbock entweder in unserer Umgebung oder in uns selbst suchen. Nur dann sind wir imstande, ohne den speziellen Erfolg auszukommen, der unser Mißlingen »ausgleicht«. Wenn wir den *Mut aufbringen, unvollkommen zu sein,* können wir ohne Komplikationen weiterleben, weiterarbeiten und wirken.

Mut

Wenn wir uns selbst ermutigen, können wir Mut und damit die wesentlichste Kraft des Lebens gewinnen. Mut allein ermöglicht den vollen Einsatz unserer inneren Kräfte in irgendeiner gegebenen Situation, zu irgendeinem Zweck. Wenn wir unsere Energie nicht damit verschwenden, unseren Wert zu beweisen, können wir uns wesentlichen Zielen zuwenden. Wenn wir nicht unter der Furcht des Mißlingens stehen, sind wir imstande, eine Situation richtig zu beurteilen und den Umständen entsprechend zu handeln.

Mut ist der Ausdruck des Selbstvertrauens und erwächst aus dem Glauben an unsere Befähigung. Er ist eine natürliche Eigenschaft aller Lebewesen, wenn die Angst sie nicht lähmt. Aber er ist nicht mit Tollkühnheit und Dreistigkeit zu verwechseln. Mut steht in Wechselbeziehung zum Verantwortungs- und Zugehörigkeitsgefühl, denn er bringt unser Vertrauen zum Ausdruck, uns allem stellen zu können, was uns im Leben entgegentritt. Mut ist das Gegenteil von Angst, die die Wurzel allen Übels ist. Mut ermöglicht vernünftiges Urteil und damit erfolgreiches Handeln. Er befähigt uns zum vollen Einsatz unserer physischen Stärke, unseres Intellekts, unserer Empfindungskraft und schöpferischen Macht. Er gibt uns die Fähigkeit, in Frieden mit uns und anderen zu leben, weil wir uns selbst und unsere Umwelt nicht mehr fürchten.

Die Möglichkeit, mit uns und unseren Mitmenschen in Harmonie zu leben, scheint in einer Welt, die keinen Frieden kennt, nicht allzu groß. Es kommt uns unmöglich vor, ist aber nicht unmöglich. Unser innerer Frieden hängt nicht von den Zufälligkeiten unserer Umwelt ab. Wenn der Mensch je das Paradies besaß, besitzt er es heute nicht mehr. Das Leben ist voller Konflikte, Nöte und Mißlichkeiten. Aber ein Furchtloser fühlt, daß er zu diesem Leben gehört, daß er einen bestimmten Platz darin hat. Er betrachtet es als das Element, in dem er existiert, handelt, produziert, dessen Teil er ist, und das er hervorbringt. Er braucht kein Paradies. Er findet Befriedigung in seiner eigenen Erfüllung, seinem eigenen Wirken, seiner Brauchbarkeit innerhalb der Gemeinschaft. Auch er wird unter Unglücksfällen, Krankheiten und inneren Nöten leiden. Aber seine Lebenskraft wird dadurch nicht gebrochen, denn es gibt immer etwas zu tun, eine Aufgabe, der er freudig die Kraft zuwenden kann, die das Leben ihm verlieh. Und es gibt stets etwas, dessen man sich freuen kann, wenn man Augen dafür hat. Die Welt ist dem zueigen, der sich ihr als Ganzem zugehörig betrachtet. Wenn wir leben, sind *wir* das Leben.

Zwei sich scheinbar widersprechende Geschichten zeigen, wie wichtig solcher Lebensmut ist, wie verschieden er sich äußern und erfahren werden kann. Einmal gibt es da die Fabel von dem Frosch, der in der Milch ertrank, weil er nicht glaubte, er könne sich retten. Sein Kamerad dagegen strampelte kräftig, wehrte sich gegen sein Geschick und war am Ende imstande, von der Oberfläche der von ihm geschlagenen Butter abzuspringen und sich in Sicherheit zu bringen.

Dies ist nur eine Fabel, aber sie enthält eine große Weisheit. Die folgende Geschichte ist in einem anderen Sinne wahr. Die Donau ist in der Gegend von Wien wunderschön und im Sommer warm. Der Strom fließt durch eine liebliche Hügellandschaft mit Dörfern, und viele Wiener wandern stromaufwärts und schwimmen dann, vom Wasser durch das freundliche Land getragen, zurück. Aber jedes Jahr ertrinken einige Leute in den Wirbeln des Stroms. Diese Unglücksfälle wären durchaus zu vermeiden, wenn die Menschen wüßten, daß sie lediglich den Atem anhalten müssen, solange der

Strom sie nach unten zieht, denn nach wenigen Sekunden trägt er sie wieder nach oben. Stattdessen kämpfen die unglücklichen Schwimmer gegen die Strömung, bis sie, völlig erschöpft, ertrinken.

Die Moral der eben erzählten Geschichten ist einfach genug. Wir müssen an uns und das Leben glauben. Dann können wir beurteilen, was wir in einer bestimmten Situation am besten tun. Unter Umständen müssen wir handeln und dürfen nicht aufgeben; unter anderen müssen wir eine günstige Wendung abwarten. Aber Angst und hilfloser Ärger bringen uns dazu, das Gegenteil zu tun: wir wehren uns verzweifelt, wenn wir uns besser ruhig verhielten, und verhalten uns passiv, wenn Aktivität am Platze wäre.

Die im Leben notwendige Weisheit findet vielleicht am klarsten Ausdruck in dem Gebet, das so bekannt wurde, weil es der Leitspruch der *Alcoholics Anonymous* ist:

> Gott gebe mir die Heiterkeit,
> Unvermeidliches hinzunehmen,
> Den Mut, Wandelbares zu wandeln,
> Und die Weisheit, zwischen beidem zu unterscheiden.

Wenn wir unsere Energie nicht verschwenden, indem wir zu tun versuchen, was unmöglich ist, wenn wir nicht gegen unwandelbare Lebensumstände kämpfen, wenn wir das Unvermeidliche hinnehmen, erlangen wir die Fähigkeit, unsere Energie dem zuzuwenden, was getan werden kann, und das ist meist mehr, als wir glauben. Wir sind innerlich durch Ketten gefesselt, die nur in unserer Vorstellung existieren – durch Beschränkungen, die wir uns selbst auferlegen –, weil wir nicht imstande sind, die Tür zu sehen, die aus dem Gefängnis führt. Wir haben durch die Entwicklung zur Demokratie politische Freiheit erlangt, haben uns aber nicht von den Fesseln einer autokratischen Tradition zu befreien vermocht. Wir sind freie Menschen mit der alten Sklavenmentalität, denn wir können uns die Freiheit nicht vorstellen, von der wir keinen Gebrauch machen, obwohl wir sie besitzen.

Es gibt keine Richtschnur, keine absolute Gewähr, die uns zur Illusion der Sicherheit führen kann, aber in der Freiheit, unseren Weg zu wählen, ist immer eine Hoffnung enthalten. Wir können nicht gegen den Strom schwimmen, aber der Strom des Lebens, die Kraft der Entwicklung trägt uns. Wir haben nichts zu tun, als ihrer Bewegung zu folgen.

Der Kampf um das Prestige

Das goldene Kalb unserer Kulturperiode ist das »Prestige«. Es gab einmal eine Zeit, in der dieses Kalb tatsächlich »golden« war, in der Prestige von Besitz bestimmt wurde. Aber gleichgültig, ob wir Prestige in Reichtum, Macht, Talent, irgendeiner Errungenschaft oder Form des Erfolgs sehen – es ist noch immer das Goldene Kalb der Bibel, ein Götze, ein Surrogat dessen, was das Leben lebenswert macht: teilzunehmen am Leben der Gemeinschaft durch sinnvolle Mitarbeit. Wir finden keine wirkliche Befriedigung in einer nützlichen Aktivität, solange wir uns davon abhängig machen, daß wir uns über andere emporarbeiten, daß wir »Erfolg« haben. Wenn wir uns lediglich um Erfolg bemühen, ist nichts, was immer wir erringen, genug, denn unser Minderwertigkeitsgefühl haftet uns an und treibt uns endlos weiter. Viele in den Augen anderer äußerst erfolgreiche Menschen sitzen im Sprechzimmer des Psychiaters. Dieser Psychiater ist oft der einzige, der weiß, wie es innerlich um diese Magnaten und Großkapitalisten steht, welche Angst sie haben abzugleiten, wie sie sich davor fürchten, den hohen sozialen Status nicht aufrechterhalten zu können, den sie oft buchstäblich durch Blut, Schweiß und Tränen errungen haben. Alt zu werden ist für einen Menschen unerträglich, der der *Erste* sein muß, um *überhaupt jemand* zu sein. Solche Leute können sich nicht damit begnügen, beiseite zu sitzen, ihren Wein zu trinken und den Tanzenden zuzuschauen. Sie haben das Gefühl, daß sie von ihrer Position »über« den anderen »hinab«steigen, wenn sie das tun; damit aber verlieren sie in den eigenen Augen jeden Wert.

Die Gier nach Aufstieg und destruktives Streben nach Kompensation führt zu vollkommener Demoralisation. Moralische Verderbnis, Selbstsucht und Mißbrauch anderer Menschen sind nichts Neues, aber heute kennt die Sucht voranzukommen anscheinend keine Grenzen. Menschen, die gegen irgendein »Establishment« kämpfen und sich über die ungerechte Behandlung beklagen, die sie dabei erfahren, sind nur allzusehr geneigt, sich genau so zu benehmen, wenn *sie* zur Gruppe der Herrschenden gehören. Und weder der Sieger noch der Unterliegende in diesem Kampf um Überlegenheit kann sich je sicher fühlen. Sie haben alle Angst und machen sich Sorge. Wer im Wettkampf um die soziale Überlegenheit erfolglos ist, flüchtet sich in abstruse Formen der »Errungenschaft«. Der kleine Verbrecher steigt von einer kurzen Haft zu höheren Schichten der Kriminalität empor, bis er zur »Aristokratie« der Lebenslänglichen gehört. Die Sucht nach Rauschgiften greift um sich, weil sich der irre Trieb nach leicht zu erlangendem Genuß und Sichgehenlassen darin ausleben kann. Das Sexualleben gewinnt überragende Bedeutung und offeriert unvorstellbare Eroberungen und Genüsse.

Solange wir nicht erkennen, wie töricht unser Verhalten ist, können wir nichts daran ändern. Ehe wir uns bemühen, die Dinge zu wandeln und zu verbessern, müssen wir die Überzeugung erlangt haben, daß wir mit unserem alten Verhalten weder zu innerem noch zu äußerem Frieden kommen können. Aber es ist beinahe unmöglich, einen Menschen davon zu überzeugen, wie zwecklos es ist, ausschließlich um Prestige und Aufstieg zu kämpfen, selbst wenn ihn diese Einstellung noch so unglücklich macht. Der wegen seines Mißerfolgs Niedergeschlagene beruft sich auf das Vorankommen und den »Erfolg« anderer. Er weiß nicht, welch hohen Preis selbst diese »Erfolgreichen« für ihren Aufstieg bezahlen, und wie elend sie oft sind, weil sie in der Angst leben, was ihnen geschehen könnte, wenn sie in ihrer Jagd nach Prestige innehielten.

Wenige wissen, daß jeder von uns schon seinen Platz in der Welt innehat, und dort, wo er ist, Befriedigung finden könnte, ohne mehr zu werden, als er ist.

Ehe wir von diesem unserem Kampf um Prestige ablassen, müssen wir uns über etwas anderes klar werden. Die Macht gesellschaftlicher Konvention ist tatsächlich zwingend, und es erhebt sich die Frage, ob wir, allein auf uns gestellt, die Werte der Gemeinschaft ablehnen können, ohne gesellschaftsfeindlich zu werden und die

Ächtung und Demütigung durch die Allgemeinheit auf uns zu lenken?

Die Antwort darauf ist, daß wir es können und dazu verpflichtet sind. Um der von uns gewählten demokratischen Lebensform willen müssen wir uns gegen die herkömmliche Tendenz stellen, daß jeder Mensch gegen seinen Mitmenschen kämpft. Das ist heute, da die Epoche wachsender individueller Privilegien und des Kampfes aller gegen alle, in der jeder Mensch sich durchschlagen mußte, so gut es eben ging, mehr oder minder hinter uns liegt, durchaus möglich. Neue soziale Vorstellungen sind im Entstehen und werden Teil unserer allgemeinen Einstellung. Noch immer kann ein Mensch, der allein seinem Aufstieg lebt und seine Vorteile verfolgt, seiner Leistungen wegen bewundert werden, aber wir fangen wenigstens an, den über ihn zu stellen, der seinen persönlichen Nutzen dem allgemeinen angleicht und mit den Rechten der anderen in Einklang bringt.

Natürlich bemühen wir uns alle primär um die eigenen Vorteile. Aber der Egoist unterscheidet sich vom Altruisten durch die Art und Weise, in der er die Befriedigung der eigenen Bedürfnisse sucht. Der Egoist meint, seinem Vorteil zu dienen, wenn er die Rechte der anderen ignoriert. Der Altruist dagegen geht seinen Zielen nach, indem er sie dem Allgemeinwohl unterordnet. Gemeinschaft der Interessen und Bestrebungen verbürgt Sicherheit. Es gibt innerhalb dieses Bereiches zwei Pole: das Streben nach Sicherheit in der Bekämpfung anderer oder in der Zusammenarbeit mit anderen.

Sicherheit durch Anpassung?

Die Bemühung um soziale Integration und Zusammenarbeit erzeugte die Tendenz des modernen Menschen sich anzupassen. Das Verlangen nach Zugehörigkeit führte zur Verschmelzung des Individuums mit der Gruppe. Wir versuchen uns im Aussehen, in der Kleidung und im Benehmen der Schicht anzugleichen, der wir uns zugehörig fühlen. Das gibt uns eine Position in der Gesellschaft und ein Empfinden von Gemeinschaft. Und ist nicht eben das die demokratische Idealvorstellung eines Zusammenlebens von Gleichwertigen? Ist es nicht der Ansporn, der den einzelnen in eine bestimmte Richtung streben läßt, weil er die Anerkennung und Leitung durch andere braucht – entweder der Menschen seiner unmittelbaren Umgebung oder derjenigen, die »etwas gelten«? David Riesman hält die Entwicklung des Anpassungsstrebens für eine Folge der ökonomischen und sozialen Bedingungen. Auch Erich Fromm teilt diese Ansicht. Er definiert den Anpassungszwang innerhalb der demokratischen Gesellschaft im negativen Sinn als »Automatisierung« des modernen Menschen. Fromm gibt dem »Wertsystem des Bedarfs«, der »Marktorientierung« schuld an dieser Entwicklung[4].

Das Problem ist aber im Grunde kein ökonomisches. Die neue Neigung zur Gruppenkonformität verhindert die Anerkennung eines Mitmenschen als gleichberechtigtes Wesen ebenso wie der handfeste Individualismus zu Beginn des Jahrhunderts. Ein Polarisierungsprozeß stellt eine Gruppe gegen die andere, und jede Gruppe verachtet den Nichtzugehörigen. Die sich daraus ergebende Freiheitsbeschränkung ist nun nicht mehr die Folge eines autokratischen Regierungssystems, sondern die Auswirkung des ebenso harten und hemmenden Drucks der Gruppe, eines Druckes, der die individuelle Meinungs- und Handlungsfreiheit erstickt.

Die Unerwünschtheit dieses Anpassungszwanges ist offensichtlich. Er hindert den Menschen, frei zu sein. Sein Ursprung ist in vielen Gegebenheiten zu suchen.

Es handelt sich zunächst um eine verständliche Reaktion auf die frühere Überbetonung des Individualismus. Das »Wir« ist nun wichtiger geworden als das »Ich«. Diese Entwicklung ist an sich ein notwendiger Schritt in Richtung auf eine soziale Integration, vor allem – und das ist sehr wesentlich – in Richtung auf soziale und Gruppenverantwortlichkeit. Der wünschenswerte und notwendige

---

[4] D. Riesmann, Die einsame Masse. Eine Untersuchung der Wandlungen des amerikanischen Charakters, rde 72/73, Reinbek 70. Aufl. 1965; Erich Fromm, Die Furcht vor der Freiheit, Zürich 1945.

Evolutionsprozeß, der zu einer befriedigend integrierten demokratischen Gesellschaft führt, ist aber im gegenwärtigen Zustand der demokratischen Entwicklung durch denselben Mangel lahmgelegt oder pervertiert, der ursprünglich die Gründung einer wahren politischen Demokratie und die Realisierung einer erfolgreichen wirtschaftlichen Planung in den Vereinigten Staaten verhinderte. Eine wirksame Demokratie kann nur existieren, wenn die soziale *Gleichwertigkeit* errungen und erhalten wird, die bisher fehlte. Dieser Mangel hat, mindestens bis heute, die soziale Anpassung pervertiert oder verhindert, daß eine wahre politische Demokratie in Wirkung trat.

Andererseits scheint dieser Mangel an Individualität und Freiheit aber nicht die Folge, sondern im Gegenteil Ursache des Konformismus zu sein. Die Tendenz zu voller sozialer Integration und Partizipation kann sich nur dann verwirklichen, wenn jedem einzelnen der gleiche Status zuerkannt wird. Der Mensch kann nicht frei werden, kann nicht er selbst und deshalb anders als die anderen sein, solange seine soziale Stellung ungewiß ist. Nur soziale Gleichwertigkeit kann ihm das Recht und die Möglichkeit geben, er selbst zu sein.

Die Flucht in den Konformismus ist nicht, wie Erich Fromm annimmt, ein Entkommen aus der Einsamkeit, sondern der falsche Versuch, einen Platz zu finden. Es ist die Angst, nicht »dazuzugehören«, die viele Menschen dazu treibt, ihre Ähnlichkeit mit denen hervorzuheben, mit denen sie sich identifizieren möchten oder die »prominent« zu sein scheinen – die also Status verleihen können.

Die Unterwerfung unter eine bestimmte Gruppe gibt jedoch eine trügerische Sicherheit, denn sie läßt ein fundamentales Bedürfnis des unabhängigen Menschen – seine Freiheit zu wählen, seine Freiheit im Denken und Tun – außer acht. Der Mensch kann keine Lebenserfüllung finden, kann die ihm angemessene Rolle im Dasein nicht spielen, wenn seine »Anpassung« lediglich darin besteht, daß er sich der Autorität, der öffentlichen Meinung oder den Maßstäben einer Gruppe, unterordnet. Anpassung an den status quo, Gehorsam gegenüber den bestehenden sozialen Sitten und Werten, ist unmöglich geworden. In der Vergangenheit, als die soziale Beweglichkeit beschränkt und die Entwicklung langsam war, war diese »Anpassungsform« die einzig mögliche. Heute herrscht größere Bewegung innerhalb der Gesellschaft, die Evolution ist beschleunigt, und keine festen Normen binden den freien Menschen, der berechtigt und verpflichtet ist zu werten, zu wählen und die Lebensbedingungen zu ändern. Anpassung ist nun mehr als Bejahung des Bestehenden. Sie schließt die Verantwortung ein, Änderungen in Gang zu setzen, mit der Gruppe fortzuschreiten. Die Vorstellung, die jeder einzelne in bezug auf die Gesellschaft, die Menschheit und ihre Bestimmung hat, ist eine Triebkraft innerhalb der Gemeinschaft. Wenn der Mensch sich lediglich den Konventionen und Maßstäben der Gruppe anpaßt, vernachlässigt er seine individuelle Verantwortlichkeit. Der Status, den Anpassung zu verleihen vermag, ist oberflächlich und vergänglich, denn der Einzelmensch innerhalb einer beweglichen Gesellschaft bewegt sich von Gruppe zu Gruppe, ist vielfältigem Druck von ihrer Seite ausgesetzt und wählt oder lehnt eine Zugehörigkeit nach der andern ab, während er durch das Leben geht.

Auf welchem anderen Weg kann man aber Sicherheit finden? Es gibt Menschen, die sie durch Geld oder Macht zu erreichen suchen; andere versuchen sie in der Liebe oder im Glauben an Gott zu finden. Alle diese Bestrebungen verleihen, so lange sie dauern, in höherem oder geringerem Maß, bestimmten Menschen innerhalb gewisser Grenzen eine sichere Stellung. Die Vorteile, die Geld, Macht und Prestige verleihen, sind leicht zu erkennen: sie sichern den gesellschaftlichen Status. Menschen, die in der Liebe Sicherheit suchen, legen größte Bedeutung auf die Erfüllung ihrer emotionalen und sexuellen Bedürfnisse. Sie fühlen sich nur sicher, wenn ihr ganzes Verlangen in einem engen und vertrauten Verhältnis zu einem anderen Menschen zur Befriedigung gelangt [5].

---

[5] Der Prototyp der Vorstellung »Sicherheit durch Liebe« ist die Annahme, daß Kinder Liebe brauchen, um sich gesichert zu fühlen. Es ist gewiß nicht zu bezweifeln, daß ein Kind das Bedürfnis nach Zuneigung und Wärme hat, aber ist ihm dadurch das Gefühl der Sicherheit gewährleistet? Ganz und gar nicht. Kinder können noch so sehr geliebt werden und doch unzufrieden und rebellisch sein. Die Liebe einer Mutter genügt oft nicht, um ihre Kinder davon abzuhalten, ihre besten Absichten zunichte zu machen. Verwöhnte Kinder verlangen häufig immer mehr elterliche Liebesbeweise und Nachgiebigkeit, um am Ende alles tun zu können, was sie wollen.

Aber viele, die Geld, Macht, Ansehen oder Liebe besitzen, sind von einem Gefühl der Unsicherheit gepeinigt. Wie ist das möglich, da diese positiven Umstände doch zweifellos Status verleihen? Der Irrtum all jener Menschen liegt in der Annahme, daß sie von außen durch etwas, das gegeben oder erlangt werden kann, Sicherheit gewinnen können. Solange aber unsere innere Sicherheit von äußeren Dingen abhängt, müssen wir fürchten, entweder zu wenig zu haben oder zu verlieren, was wir besitzen. Unter solchen Umständen kann Sicherheit nichts sein als eine Illusion. Wer vor allem finanzielle Sicherheit anstrebt, wird sich selbst dann nicht gesichert fühlen, wenn sein Besitz immens ist. Er wird sich vor Angriffen auf seine Macht und sein Ansehen in Bereichen fürchten, wo Geld allein keine Rolle spielt. Selbst der Reichste kann sich bedroht fühlen, und sehr einflußreichen und angesehenen Menschen fehlt oft die innere Sicherheit.

Der Glaube an Gott wirkt sich ganz anders aus. Er ist ohne Grenzen. Daß Gott über einen wacht, ist ein Empfinden, das nicht so leicht in Frage gestellt werden kann. Der tiefreligiöse Mensch hat ein starkes Gefühl der Sicherheit, und sein Bewußtsein, im Einklang mit allem Geschehen zu sein, kann nicht ernstlich gefährdet werden. Selbst der Tod ist keine Bedrohung. Was solch einem Gläubigen widerfährt, ist der Wille Gottes, der seiner Weisheit entspringt. Für den Menschen, der nicht an die Existenz des Übernatürlichen zu glauben vermag, erhebt sich allerdings die Frage, ob es einen wirksamen Ersatz für das tröstliche Vertrauen auf eine göttliche Vorsehung gibt.

Ein Mensch, der wahrhaft an Gott glaubt, verdankt sein Sicherheitsgefühl, was immer die Form seiner Religiosität sein mag, nicht Gott, sondern seinem eigenen Glauben. Es spielt keine Rolle, ob es tatsächlich einen Gott gibt; für den Gläubigen ist Er da, weil er an Ihn glaubt. Es ist der Mensch, der die Existenz Gottes, Seinen Willen, Seine Weisheit und Seine Vorsehung determiniert. Wenn der Einzelmensch Sicherheit in seinem Denken und im Glauben an Gott findet, *liegt* der Ursprung dieser Sicherheit *in ihm selbst*. Er ist imstande, innere Gewißheiten zu schaffen, die ihm entweder ein Sicherheitsgefühl oder Zweifel an der Möglichkeit einer Sicherheit geben. Das Wort, mit dem man meist die Haltung bezeichnet, die solch ein Empfinden verleiht, ist »Glaube«. Glaube wird als das Charakteristikum wahrer religiöser Hingabe betrachtet. Die Frage bleibt, in wen wir solchen Glauben setzen können.

Das ist kein Problem für Menschen, die an Gott oder Seine Stellvertreter auf Erden glauben. Aber in welchem Glauben können die anderen leben? Es ist naheliegend, daß die Ära der Demokratie, den Glauben an den *Menschen* verlangt. Ohne diesen Glauben ist weder Demokratie noch Gleichwertigkeit und Gleichberechtigung möglich. Aber wer – oder was – ist der Mensch? Der Mensch ist wir, jeder von uns, du und ich. Wenn wir nicht an uns glauben, können wir auch nicht an andere glauben. Wir können dann überhaupt nicht glauben. Vertrauen in uns selbst ist die wesentliche Forderung unserer Zeit.

Und was für ein Mensch ist es, an den wir glauben? Zweifellos der Mensch, der an sich glaubt. Wie ist dieser Mensch beschaffen? Er ist sich seiner Stellung innerhalb der Gemeinschaft sicher, weil er trotz seiner Mängel und Schwächen seinen Wert kennt. Er bezweifelt ihn nicht und muß ihn auch nicht beweisen. Er hat eine lebendige Vorstellung seiner eigenen Kraft, deshalb kann er ohne Aufhebens akzeptieren, was ihm begegnet. Er hat keine Angst davor, zu unterliegen, weil er sich keine Gedanken um sein Ansehen macht. Er betrachtet die Schwierigkeiten des Lebens als Forderungen, als Gelegenheiten, seinen Geist, seine Muskelkraft, seine inneren Fähigkeiten zu mobilisieren. Die Vorstellung des »Mißlingens« ängstigt ihn nicht. Er findet vielleicht auf jede neue Forderung eine bessere oder schlechtere Antwort, wird aber immer versuchen, sein Bestes zu tun, und zwar nicht, um seinen Wert zu beweisen, sondern um zu überleben, tätig und nützlich zu sein, sein Leben mit Sinn zu erfüllen. Dies, der Glaube an uns selbst, an unsere Kraft und Fähigkeit, auf alles was geschieht, möglichst gut zu reagieren, uns ruhig dem zu stellen, was auf uns zukommt, ist die einzige Basis eines wahren Sicherheitsempfindens. Es ist keine egoistische Haltung, denn das Selbstvertrauen ermöglicht uns, zu partizipieren, unser Teil zu tun und anderen von Nutzen zu sein.

II

GRUNDLAGEN DES GEISTIGEN UND EMOTIONELLEN LEBENS

DRITTES KAPITEL

Der Zusammenklang von Seele, Geist und Körper

Wir haben bisher die Schwierigkeiten des modernen Menschen, die Wirrnis, in der er lebt, und seine vergeblichen Versuche beschrieben, einen ihm gemäßen Platz im Dasein zu finden. Wir wollen in diesem Kapitel versuchen, den psychologischen Mechanismus zu analysieren, der uns zum Verstehen des Menschen, seiner Empfindungen und Handlungen, seiner Einstellung und Beziehung zum Nebenmenschen verhilft.

Bewußtsein und Erinnerungsvermögen

Wir haben die Grenzen der Selbsterkenntnis schon erörtert. Es fällt uns oft schwer, anderen eine wahre Vorstellung dessen zu vermitteln, was wir denken, fühlen und glauben. Es geht so vieles in uns vor, von dem wir kein klares Bewußtsein haben.

Die Grenzlinie zwischen dem, was wir wissen, und dem, was wir nicht wissen, ist nicht leicht zu erkennen. Adler behauptete, daß kaum etwas in uns ist, von dem wir überhaupt nichts wissen, und nichts, dessen wir vollkommen bewußt sind. Was wir von uns wissen, zeigt verschiedene Grade der Klarheit. In jedem von uns aber besteht eine Verbindung zwischen dem Bewußten und dem Unbewußten. Wir bedienen uns in dieser Hinsicht eines ökonomischen psychologischen Prinzips: wir wissen von uns nur das, was wir brauchen oder was wir wissen wollen. Was nicht für unser Leben notwendig ist, oder was wir lieber nicht wissen, bleibt uns ganz oder teilweise unbewußt. Möglicherweise gestehen wir uns auch nicht ein, was zu wissen oder nicht zu wissen wir uns entschieden haben. Eine gute Vorstellung dieser Abstufung des Bewußtseins vermittelt das Sehvermögen. Die Retina nimmt den visuellen Eindruck auf, aber nur ein kleiner zentraler Teil gibt uns ein in Form und Farbe klares Bild des Gesehenen. Die Wahrnehmungen werden unklarer, je weiter sie sich vom Zentrum entfernen. Wir brauchen ein weites Blickfeld, um zu sehen, was um uns vorgeht. Wenn etwas interessant, wichtig oder bedrohlich wird, richten wir das Auge darauf, benützen also den kleinen Teil, der ein scharf umrissenes Bild vermittelt. Wir können dieses klarsichtige Zentrum mit der bewußten Wahrnehmung und die übrigen verschwommenen Eindrücke mit den verschiedenen Graden des Bewußtseins vergleichen. Wir sehen mehr, als wir uns vergegenwärtigen, und wir wissen mehr, als wir in Worte fassen können.

Unsere Fähigkeit, fast alles über uns zu wissen, ist zwar theoretisch unbegrenzt, aber dieses Wissen ist uns weder erwünscht noch notwendig. Unserem Erinnerungsvermögen sind zum Beispiel alle Erfahrungen, die wir je machten, eingeprägt. Sie können unter Hypnose erweckt werden. Wenn wir sie aber immer im Bewußtsein hätten, wären wir nicht nur überbürdet, sondern könnten unserem gegenwärtigen Erleben nicht genug Aufmerksamkeit schenken. Unser Gedächtnis ist deshalb so angelegt, daß wir seinem »Archiv« eben das entnehmen können, was wir im Augenblick brauchen. Wir erinnern uns an einen Namen, ein Datum, ein Geschehnis, solange es sinnvoll für uns ist. Wenn wir es nicht mehr nötig haben, versinkt es in Vergessenheit, bis wir es wieder ins Bewußtsein rufen.

Die Rolle, die das Erinnerungsvermögen spielt, ist nur verblüffend, wenn es unseren bewußten Absichten widerspricht. Manchmal versuchen wir vergeblich, uns an etwas zu erinnern. Der Eindruck des zunächst Vergessenen war aber immer vorhanden, wie wir entdecken, wenn wir uns, vielleicht zu spät, daran erinnern. Im Gegensatz dazu gibt es Gedanken und Vorstellungen, die von uns Besitz ergreifen und die wir nicht abschütteln können, sosehr wir uns bemühen, sie zu »vergessen«.

Ist das Erinnerungsvermögen also eine unabhängige Fähigkeit, über die wir keine Kontrolle haben? Was in uns hemmt oder stimuliert es zur »falschen« Zeit und in »falscher« Weise? Unsere Erinnerungen stehen uns immer zur Verfügung; sie tun nur das, was wir wollen. Aber manchmal wissen wir nicht, was wir von unserem Gedächtnis verlangen, oder, besser gesagt, wir gestehen uns nicht ein, warum wir uns, scheinbar gegen unseren Willen, an etwas »erinnern« oder »nicht erinnern«. Wenn wir diesen inneren Konflikt verstehen wollen, müssen wir uns die beiden verschiedenen Schichten vergegenwärtigen, auf denen wir uns alle in dieser Hinsicht bewegen.

Vernunft und private Logik

Als Glieder der menschlichen Gesellschaft besitzen wir bestimmte gemeinsame Begriffe und Überzeugungen, Wertmaßstäbe und Überlieferungen. Unser in der Kindheit entwickeltes Gewissen repräsentiert Verhaltensregeln und Vorschriften, die wir akzeptierten. Das Gewissen gibt uns die Fähigkeit, »Gut« und »Böse« zu erkennen. Das Gewissen eines Menschen mag sich von dem eines anderen unterscheiden, aber die meisten einer sozialen oder kulturellen Gruppe Zugehörigen haben dieselben Vorstellungen von Gut und Böse – sie könnten sonst nicht zusammenleben. Und da wir alle als »gute« Mitglieder einen bestimmten Status in der Gruppe haben wollen, versuchen wir, unsere guten Absichten zu verwirklichen, das heißt – wir versuchen, den Impulsen unseres Gewissens zu folgen.

Aber wie wir schon feststellten, handelt kaum ein Mensch so, wie er eigentlich sollte, oder unterläßt alles, was er nicht tun sollte. Wie ist das möglich, da wir alle gut sein und an unseren guten Willen glauben möchten? Adler erklärte diesen Widerspruch aus dem Vorhandensein einer »privaten Logik«. Die private Logik ist der Ausdruck unserer *wahren* Absichten. Jeder einzelne von uns hat Ziele, die nicht mit den Forderungen seines Gewissens zu vereinbaren sind; wir versuchen, sie zu erreichen und trotzdem an unseren guten Vorsätzen festzuhalten. Dazu bedarf es einiger Intelligenz, aber wir besitzen sie ja. Das Kind möchte vielleicht besondere Beachtung erwecken oder seine Macht zeigen. Es möchte vieles tun, von dem es weiß, daß es verboten ist. In unserer Kulturperiode mit ihrer oberflächlichen Moral erkennt es bald, wie vorteilhaft es ist, eine gute Entschuldigung vorbringen zu können. Wenn es sein schlechtes Benehmen irgendwie »entschuldigen« kann, wird es sich die Mißbilligung der Eltern oder anderer Autoritäten nur in einem geringeren Grad zuziehen, denn nichts versetzt sie in größeren Zorn als das offene Zugeständnis seiner bösen Absicht. Das Kind kann, um die Eltern zu strafen, ein Fenster einwerfen und behaupten, es sei ein Zufall gewesen. Und da das Kind die Gebote und Verbote der Eltern in sein Gewissen aufnimmt, bedient es sich der Entschuldigungen, mit denen es lernte, seine Eltern zu beschwichtigen, schließlich um das eigene Gewissen zu besänftigen.

Unsere persönlichen und privaten Lebensziele stimmen nicht immer mit den Impulsen unseres Gewissens überein, aber es sind unsere Lebensziele, die unsere Handlungen bestimmen. Wenn wir uns unrichtig benehmen, versuchen wir unser Verhalten zu »rationalisieren«, es so in den eigenen Augen und vor anderen hinzustellen, als seien wir nicht dafür verantwortlich. Wir wissen zum Beispiel, daß wir für eine bevorstehende Prüfung lernen sollten, fühlen aber, daß Bemühungen sinnlos wären, weil wir uns doch nicht auszeichnen können. In solch einem Fall entwickeln wir Kopfschmerzen, Konzentrationsschwierigkeiten oder ähnliche neurotische Symptome, um zu »entschuldigen«, daß wir nicht lernen können, und unsere schlechten Resultate zu »begründen«.

Wir gestehen uns nicht ein, daß wir uns dieser privaten Logik bedienen. Wenn wir es täten, müßten wir die volle Verantwortung für unsere Handlungen auf uns nehmen und könnten keine guten Absichten vortäuschen. Niemand verliert gern das Gesicht. Wir müssen *unsere wahren Ziele* also vor dem eigenen Bewußtsein verbergen und haben die verschiedensten Methoden entwickelt, um die Dichotomie zwischen dem, was wir in unserer Vorstellung wollen, und dem, was wir wirklich beabsichtigen, zu erhalten. Die wirksamsten Entschuldigungen sind in einem Fall, in dem wir keine volle Verantwortung für unsere Handlungen auf uns nehmen wollen, unsere

Gefühle oder jedenfalls die Art, in der wir sie erleben. Da sie ein wesentliches Element unserer Selbsttäuschungen sind, rechtfertigt sich eine genauere Erörterung.

Die Funktion der Gefühle

Das Gefühlsleben ist ein wesentliches Teil des menschlichen Seins. Das Wesen des Menschen umschließt drei miteinander zu einem Ganzen, dem Individuum, verbundene Bereiche: dem der körperlichen, der geistigen und der gefühlsbestimmten Prozesse. In allem, was der Mensch tut, wirken sich diese drei Funktionen aus, obwohl es möglich ist, daß er in einer gegebenen Situation ausschließlich von einer beherrscht erscheint. Während der Ablauf der körperlichen und geistigen Prozesse relativ leicht verständlich ist, sind es die Prozesse des Gefühlslebens nicht. Viele Menschen haben auf Grund sogenannter wissenschaftlicher Erklärungen keine oder eine falsche Vorstellung über gefühlsmäßige Vorgänge.

Emotionen werden heute nicht hoch bewertet. Wenn man einen Menschen »emotionell« nennt, ist das im allgemeinen kein positives Urteil. Man mißtraut Gefühlen mehr oder weniger, betrachtet sie als irrational und als Impulse, die übereilte Handlungen auszulösen vermögen. Sie sind nicht leicht zu »kontrollieren«, entstellen Wahrnehmungen und führen zu Fehlinterpretationen des Wirklichen. Wir können beobachten, wie oft antisoziales Verhalten auf Emotionen zurückgeführt wird. Man betrachtet das Fühlen im Gegensatz zum Denken, das zu den »höheren« Daseinsprozessen zählt, als »niederen« Teil der menschlichen Natur. Nach der Ansicht vieler degradiert das Gefühl den Menschen, während der Verstand ihm höheren Wert verleiht.

Wie kam man zu solch einer universell anerkannten, aber irrigen Vorstellung? Der Fortschritt in der menschlichen Entwicklung wurde vor allem der Intelligenz des Menschen zugeschrieben. Die zugrundeliegenden Gefühle, die zu den wissenschaftlichen und intellektuellen Errungenschaften der vergangenen Jahrhunderte führten, wurden kaum beachtet. Die Vernunft war das wesentlichste Werkzeug im Ringen des Menschen um seine Befreiung von den

Elementarkräften und den mystischen Mächten, die man bisher als die sein Schicksal beherrschenden Elemente betrachtete. Der Glaube an die Vernunft wurde dem an mystische Kräfte gegenübergestellt. Wissenschaftliches Vorgehen war der einzige untrügliche Weg zur Wahrheit. Objektivität wurde zu einem hohen Wert; subjektiv zu sein verdächtig.

Die Unfähigkeit des Menschen, den von ihm selbst gestellten hohen Forderungen an seine Intelligenz und Vernunft entsprechend zu leben, findet überzeugende »wissenschaftliche« Begründung in den Denksystemen, die den Menschen als ein von animalischen Trieben und Nöten bedingtes Wesen darstellen. Dieser neue wissenschaftlich formulierte Mystizismus aber erniedrigt den Menschen durch die Annahme, daß sein Inneres ein Pfuhl verdrängter Triebe und Süchte sei, dem feindselige und zerstörerische Gefühle entsteigen, die seine besten Bestrebungen zunichte machten. Wenn diese Annahme der Wahrheit entspräche, könnte der Mensch niemals zu seiner vollen menschlichen Würde oder Verantwortlichkeit über sich selbst gelangen. Merkwürdigerweise wird diese pessimistische Sicht von vielen akzeptiert. Es wäre der Würde des Menschen jedoch angemessener, zuzugeben, daß nicht die Gefühle an sich seine soziale Funktion stören, sondern sein Unvermögen, sie zu verstehen und sinnvoll einzusetzen, sie also nicht als Entschuldigungen, sondern als wesentliche Triebkräfte zu benützen.

Die Funktion der Gefühle wird klar, wenn wir uns vorzustellen versuchen, wie ein Mensch wäre, der keine Gefühle besäße. Sein Denkvermögen würde ihm Kenntnisse vermitteln und ihm ermöglichen, allgemeine Schlüsse aus ihnen zu ziehen. Er könnte das Für und Wider jeder Handlung objektiv beurteilen. Aber er könnte keine bestimmte Haltung einnehmen oder mit Nachdruck handeln, denn vollständige Objektivität führt nicht zu energischem Tun. Überzeugtes Handeln fordert eine starke persönliche Neigung, die Unterwerfung bestimmter Beweggründe zugunsten anderer. Ein vollkommen unemotionaler Mensch wäre kalt, beinahe kein Mensch. Er wäre unfähig, Freundschaft und menschliche Nähe zu erleben. Er könnte nichts begehren und nichts erstreben. Er wäre, kurz gesagt, in hohem Grade untauglich.

Gefühle sind die Kraft, man könnte sagen, der Dampf, der die Triebkraft unseres Handelns ist: die Energie, ohne die wir impotent wären. Empfindungen treten immer in Aktion, wenn wir uns entschlossen haben, kräftig vorzugehen. Sie geben uns die Möglichkeit, an unseren Entscheidungen festzuhalten, für etwas einzutreten, eine bestimmte Haltung zu entwickeln, Überzeugungen zu formen. Sie sind die einzige Basis starker persönlicher Beziehungen, die sich auf gemeinsamen Interessen und Wünschen gründen. Sie befähigen uns, etwas zu würdigen oder nicht zu beachten, zu bejahen oder abzulehnen, etwas mit Freude oder Widerwillen zu betrachten. Sie machen uns, kurz gesagt, zu menschlichen, nichtmechanischen Wesen, zu Menschen statt Maschinen.

Die Vorteile und der Zweck von Gefühlen sind relativ leicht zu erkennen, wenn sie positiv, aufbauend und nützlich sind, dagegen ist es sehr schwer, beunruhigende und verwirrende Gefühle richtig zu bewerten. Dann hindern sie uns scheinbar an dem, was wir tun wollen, an dem Handeln, zu dem wir uns verpflichtet fühlen. Nur in solchen Lagen kommt es uns vor, als könnten wir unsere Gefühle nicht meistern. Wir distanzieren uns dann von ihnen, als seien wir nicht für ihr Dasein verantwortlich. Wir sind aus eben diesem Grund nur zu sehr geneigt, Gefühle als irrationale, uns überwältigende Mächte zu betrachten. Früher glaubten die Menschen deshalb an den Teufel, wie sie heute an das Es und das Unbewußte glauben.

Gefühle, die uns stören und verwirren, unterscheiden sich im wesentlichen nicht von den positiven und aufbauenden. Sie sind auch nicht irrational, ihr Grund wird nur nicht erkannt und akzeptiert, vor allem nicht von dem, der sie erlebt. Der Mensch oder die Gruppe, gegen die sie sich richten, erkennt jedoch meist ohne weiteres ihre Feindseligkeit.

Gefühl und Verstand

Man nimmt im allgemeinen an, daß ein klar wahrnehmbarer Unterschied zwischen Intellekt und Gefühl besteht, als weise uns etwa der Verstand in eine Richtung und unsere Empfindungen trieben uns in die andere. Tatsächlich hängen Verstand und Gefühl aber zusammen, ergänzen einander und dienen in verschiedener Weise demselben Zweck. Körperliche Funktionen, Verstand und Gefühl »beeinflussen einander« nicht, wie das mechanistische Denken es darstellt, sie sind lediglich verschiedene Aspekte desselben Vorganges. Der *Körper* »paßt sich« dem Stand des *Empfindens* an, in das der Mensch sich auf der Basis eines bewußten oder unbewußten *Verstandesprozesses* manövriert. Jeder Vorgang im Leben des Menschen erzeugt parallele Regungen auf dem körperlichen, intellektuellen und emotionellen Sektor. Die Einheit der Persönlichkeit wird dabei immer bewahrt, denn jeder Mensch ist eine Ganzheit. Körper und Geist sind untrennbar. Sie sind nur Teile des ganzen Menschen, der all seine Funktionen in Richtung eines bestimmten, selbst gewählten Zieles aktivieren kann. Das Individuum als »Ganzes« benützt seinen Körper und seinen Geist nach eigenem Ermessen, wie der Mensch seine Hände in verschiedener Weise bewegt, die Bewegungen aber *einem* Zweck unterordnet. Man kann nicht sagen, daß die Arme sich unabhängig voneinander bewegen oder daß eine Hand die andere »beeinflußt«, obwohl sie eine entgegengesetzte Bewegung machen, wenn sie einen Gegenstand ergreifen. Genauso unmöglich ist es, anzunehmen, daß Geist und Körper in ihrem Wirken und Sein unabhängig voneinander sind oder einander »beeinflussen«. Der Mensch bedient sich all seiner Funktionen, obwohl er sich unter Umständen nicht bewußt ist, was er mit ihnen tut. Verstand und Gefühl als divergierend zu berachten ist an sich schon eine »Rationalisierung«, eine Selbsttäuschung, die durch die allgemeine negative Haltung gegenüber dem Gefühl ausgelöst wird. Wir setzen Verstandesabsichten voraus, die wir tatsächlich gar nicht haben. Zwischen »emotionalem« und »intellektuellem« Begreifen zu unterscheiden ist, wie die klassische Anekdote zeigt, nichts als ein Trugschluß:

Der Vater geht mit Hannes spazieren. Ein Hund läuft ihnen nach und bellt sie an. Hannes ergreift die Flucht und versteckt sich hinter einem Baum. Der Vater ruft: »Hannes, weißt du nicht, daß bellende Hunde nicht beißen?« Hannes antwortet aus seinem Versteck: »Ja ich weiß es, und du weißt es, aber weiß der Hund es auch?«

Das ist eine typische Illustration des Unterschieds zwischen verstandes- und gefühlsmäßigem Begreifen. Verstandesmäßig akzeptiert er es nicht. Was er tut und was er sagt beweist, daß er die Ansicht des Vaters hinnimmt, weil er keine Gegengründe anführen kann, daß er aber nicht wirklich daran glaubt. In anderen Worten, was wir gefühlsmäßiges Ermessen nennen, ist die Reaktion auf das, wovon wir *wirklich* überzeugt sind. Intellektuelles Begreifen bedeutet eine generelle Bejahung bestimmter Ideen, schließt aber den ernstlichen Zweifel ein, ob sie auch anwendbar sind. »Ich *weiß,* daß ich eigentlich still sein sollte, aber ich *möchte* doch ein bißchen angeben.« Das »Wissen« um das, was man tun *sollte,* ist »Vernunft«. Die »private Logik« ist etwas ganz anderes. Sie basiert auf unseren wirklichen Überzeugungen, auf dem, was wir glauben und wünschen, und ist deshalb der wahre Grund unseres Handelns.

Die private Logik ist, sobald wir sie als solche erkennen, keineswegs unlogisch. Sie erscheint nur so, weil wir es vorziehen, unsere wirklichen Motive, Absichten und Ziele nicht zu kennen. Überlegung und rationales Erwägen sind durchaus mit unseren Gefühlen verbunden. Sie sind sogar die Wurzel unserer Empfindungen.

Zum Denken gehören nicht unbedingt volle Bewußtheit und volle Vergegenwärtigung, aber alle Gedanken, ob wir klar um sie wissen oder nicht, erwecken bekräftigende und sie unterstützende Gefühle. Durch bloßes Denken an etwas Bestimmtes lösen wir Gefühle aus, die verschwinden, wenn wir die Richtung unseres Denkens ändern. Gedanken und Gefühle gehen immer parallel: das eine vermittelt die Ausrichtung, das andere den Impetus unseres Handelns.

Die Fabrik der Gefühle

Da wir für jede kraftvolle Handlung Gefühle brauchen, ist uns eine Apparatur an die Hand gegeben, die die Empfindungen schafft, deren Kraft uns in Richtung unserer selbstgewählten Ziele trägt. Wir haben zum Beispiel alle eine Reihe symbolischer Worte, die Gefühle verschiedener Art in uns wecken. Die Worte an sich können trivial sein, aber die Obertöne und Assoziationen, die sie für uns haben, machen sie zu machtvollen Einflüssen in unserem Leben. Wir lösen Gefühle sozusagen durch Knopfdruck aus, wenn wir sie in uns wecken wollen.

Wir haben viele Möglichkeiten, innerlich Gefühle zu »schaffen«, die uns in unseren Bestrebungen unterstützen. Träume zum Beispiel dienen diesem Zweck. Adler nannte Träume die »Fabriken der Gefühle«. Im Schlaf können wir unserer privaten Logik ohne Einmischung der Realität oder Zensur unseres Gewissens die Zügel schießen lassen. Wir gestalten unsere Träume so, daß sie unserer privaten Logik entsprechen. Im Traum erleben wir nach eigener Wahl Geschehnisse und Situationen, die geeignet sind, uns in unserer Haltung zu bestärken. Wir bereiten uns in unseren Träumen auf den nächsten Tag, auf die künftigen Dinge vor. Wir rüsten uns für die Probleme, die auf uns zukommen. Wir realisieren nicht, daß wir unsere Träume »erschaffen«, wie wir es ja auch nicht bewußt und überlegt tun. Trotzdem sind wir Herr unserer Träume, denn es ist keine von außen kommende Macht, die uns träumen läßt. (Selbst stärkste Reize von außen werden in unseren Träumen entsprechend unserem Interesse und unserer Einstellung umgewertet.)

Wir können lernen uns vollkommener zu verstehen, unsere private Logik und unsere Motivationen zu durchschauen, wenn wir unsere Träume zu verstehen vermögen. Aber das gelingt uns nicht ohne Hilfe. Selbst einem geschulten Psychotherapeuten, der durchaus fähig ist, die Träume seiner Patienten zu verstehen und zu deuten, ist es meist unmöglich, die eigenen Träume zu analysieren. Und dieser verwirrende Umstand hat gute Gründe. Wenn wir in der Lage wären, unsere Träume zu verstehen, und zu erkennen vermöchten, daß wir sie selbst zu einem bestimmten Zweck schaffen und gestalten, verlören sie ihre Wirksamkeit. Das ganze Problem hängt davon ab, daß wir im Leben eine persönliche Ausrichtung brauchen. Wenn wir diese Ausrichtung als solche erkennen, sind wir nicht mehr imstande, sie aufrechtzuerhalten. Deshalb müssen wir uns betrügen, und unsere Träume sind die Mittel unserer Selbsttäuschung.

Die Notwendigkeit der Subjektivität

Subjektivität ist als die Grundlage unserer Haltung, unserer Gefühle und unseres Glaubens ein notwendiges Lebenselement. Wir könnten ohne sie im komplizierten Bezugssystem unseres sozialen Lebens nicht existieren und wirken. Wir müssen eine bestimmte Stellung einnehmen, die unseren Interessen, Ansichten und Vorstellungen entspricht. Ohne diese definitive Einstellung wären wir alle Roboter ohne Phantasie und schöpferische Kraft. Der bloße Akt des Hervorbringens setzt ein Vorurteil, eine persönliche Neigung oder Abneigung voraus. Wir müssen unsere Einstellung als eine allen anderen Haltungen entgegengesetzte betrachten, aber gleichzeitig alle unsere Neigungen dem Wohl des Ganzen unterordnen, das von der Verbindung aller sich bekämpfenden Kräfte innerhalb der Gesellschaft abhängt.

Aus diesem Grund ist es keinem Menschen möglich, sich selbst ganz und gar zu kennen. Wir müssen unser objektives Denken vor unserem Gewissen und unserem Bewußtsein verbergen, weil wir sonst unsere Position schwächen, unseren Impetus und unsere Wirksamkeit verringern. Dieser Mangel an voller Erkenntnis muß jedoch keine Beeinträchtigung sein. Es ist durchaus möglich, daß wir eines Tages dahin gelangen, ein »psychologisches Unsicherheitsprinzip« zu definieren, das dem von Heisenberg aufgestellten Prinzip entspricht[1].

---

[1] Die »Unschärferelation« oder »Unbestimmtheitsrelation« Heisenbergs bezieht sich darauf, daß wir Ort und Impuls eines Elektrons nicht gleichzeitig feststellen können. Man kann eines oder das andere bestimmen, aber nicht beides.

Wir müssen uns an die Vorstellung gewöhnen, daß es weder möglich noch notwendig ist, alles zu wissen. Die klare Erkenntnis des eigenen Wesens wird im allgemeinen sehr überschätzt und überbewertet, und unsere Fehler und Mängel werden oft zu Unrecht Prozessen des Unterbewußtseins zugeschrieben. Wir erleben unsere individuelle Kraft ohne jede Einmischung bewußten Denkens. Das Bewußtsein ist häufiger eine Störung unseres Wohlbefindens und unserer Tatkraft als die Impulse und Motivationen, die dem weiten Bereich unseres Unbewußten entspringen. Tatsächlich können wir nur erfolgreich handeln, wenn wir aus dem eigenen Wesen heraus handeln, gleichgültig, ob wir darum wissen.

Richtig verstanden, sind unsere Ungewißheiten positive Werte: sie geben uns nicht nur das »Recht«, sondern auch die Gelegenheit, subjektiv und voreingenommen zu sein. Wenn wir uns so akzeptieren, wie wir sind, ohne Auflehnung oder sogenannte Selbstkontrolle, können wir unsere inneren Kräfte vollkommen einsetzen und nach unserem Wunsch und Willen zum allgemeinen Wohl und zum Fortschritt der Menschheit beitragen.

Die Grenzen der Selbsterkenntnis

Wir sind nun in der Lage, klarer zu definieren, was wir nicht über uns zu wissen vermögen. Wo immer sich unsere persönlichen Neigungen auswirken, können wir natürlich nicht objektiv sein. Wir sind nicht imstande, unsere Voreingenommenheit, unseren Hang zu »erkennen«, ohne daß sie sich verlieren und mit ihnen unsere persönliche Eigentümlichkeit. Die ersten fundamentalen Neigungen bilden sich schon im Kind. Die Interpretation unserer Position innerhalb der Familie und die Auslegung der frühesten Erlebnisse, denen wir ausgesetzt sind, unterscheiden uns von allen anderen Menschen. Diese ersten Eindrücke bilden die Grundlage unseres Selbstverständnisses und unseres *Lebensstils.* Wir leben alle in dieser Welt, aber unsere individuellen Vorstellungen von ihr sind sehr verschieden. Es sind jedoch eben die individuellen Vorstellungen, die uns zu dem machen, was wir sind. Wenn wir unser Selbstverständnis ändern, ändern wir uns selbst. Aber keiner von uns kann sein Selbstverständnis allein wandeln. Die Begrenzungen der Selbsterkenntnis wirken sich nicht nur auf das unserem Lebensstil zugrundeliegende Selbstverständnis aus. Wir müssen außerdem viele unserer Motivationen vor unserer Erkenntnis verbergen, weil wir sie sonst nicht erhalten können. *Unsere Motivationen aber können wir nie mit Sicherheit erkennen.*

Auch hier ist die Begrenzung als ein Kraftgewinn der menschlichen Natur zu betrachten und nicht als eine Abschwächung. Weil unsere Motivationen subjektiv sind, haben wir das Recht zu handeln, ohne ständig nach dem »Grund« zu fragen. Wir müssen unsere Impulse als einen Teil unseres eigenen Wesens und unserer Absichten akzeptieren. Wir brauchen den Mut, um die volle Verantwortung für unsere Handlungen tragen zu können, obwohl wir vielleicht nie ihre Gründe erkennen werden. Wenn wir diesen Mut aufbringen, besteht für uns keine Notwendigkeit mehr, bis zur Selbstvernichtung mit uns zu kämpfen und dabei in äußerste Unfähigkeit zu versinken. Wenn wir den nutzlosen inneren Konflikt aufgeben, gewinnen wir den Frieden, den alle suchen und so wenige finden.

Es ist jedoch, sollten sich unsere persönlichen Strebungen als schädlich oder störend erweisen, durchaus möglich, sie zu untersuchen und etwas an ihnen zu ändern. Aber diese Prozedur erfordert äußere Hilfe, die Beratung durch einen Experten, der imstande ist, die Dynamik unserer Strebungen zu erkennen, und eine Änderung in Gang zu setzen. Nur durch dieses Vorgehen, das man gegenwärtig Beratung oder Psychotherapie nennt, können wir Einblick in unsere grundlegenden Vorstellungen und die resultierenden Motivationen gewinnen. In anderen Worten, nur durch Beratung oder Psychotherapie, die zu neuem Erkennen unseres Wesens führen, kann eine begrenzte Einsicht und ein Erfassen unserer Strebungen erlangt werden. Nur wenn ein anderer Mensch noch objektivere Maßstäbe anlegt, kann der Versuch einer objektiven Bewertung unserer inneren Dynamik und unserer Motivation unternommen werden.

Aber selbst wenn bestimmte schädliche Aspekte unseres Handelns eliminiert wurden und wir uns andere, angemessenere zu eigen gemacht haben, leben wir mit den neuen in derselben Unwissenheit unserer Motivationen weiter. Trotz der Beschränkung unseres Wissens über uns selbst stehen uns auch ohne Hilfe der Psychotherapie einige Wege offen, etwas Einsicht zu gewinnen. *Die Analyse des eigenen Wesens* führt oft nur zu vagen und unbestimmten Ergebnissen, die *Selbstbeobachtung* jedoch kann von großem Nutzen sein. Wir können uns sozusagen über die Schulter schauen und betrachten, was wir tun. Solch eine beobachtende Haltung ist die einzige Möglichkeit, zu einem gewissen Selbstverständnis zu gelangen. Wir können unsere *Handlungen* betrachten, aber wir vermögen nicht zu sehen, was hinter ihnen steht. *Wir können die Richtung unseres Tuns feststellen und daraus Schlüsse auf unsere Vorsätze ziehen.*

Die Bedeutung unseres Handelns

Die Motivationen unseres Tuns liegen, wie schon gesagt, im Dunkel, aber sein Ziel ist im allgemeinen ersichtlich. Wir wissen zwar nicht um den Zweck unseres Handelns, sehen aber seine Ergebnisse. Wenn wir willens sind, Rationalisierungen beiseite zu lassen, gelangen wir vielleicht zu einer ganz neuen Perspektive hinsichtlich unserer Selbsteinschätzung. Wir können ein Prinzip anwenden, das wir alle, oft unbewußt, in der Bewertung anderer benützen. Wir beurteilen andere nach ihren *Handlungen,* nicht nach dem, *was sie sagen.* Wenn jemand beteuert, wie gern er uns habe, uns aber unfreundlich behandelt, beeindruckt seine Zuneigung uns nicht sonderlich. Wir haben den Eindruck, daß sein Handeln seine wirklichen Motivationen klarer dartut als seine Worte.

Wenn wir uns selbst einzuschätzen suchen, wählen wir im allgemeinen den umgekehrten Weg. Wenn unsere Handlungen nicht befriedigend sind, berufen wir uns auf unsere Motive: wir haben, was wir sagten oder taten, nicht so gemeint. Es liegt ein Irrtum vor, oder es handelt sich um einen Zufall. Mit anderen Worten, wir verleihen unserem Tun geringere Bedeutung als unseren Absichten. Und damit belügen wir uns.

Der erste Schritt in Richtung einer wahreren Selbsteinschätzung ist getan, wenn wir erkennen, daß wir uns etwas vortäuschen. Was wir zu tun *beabsichtigen,* spielt keine Rolle, alles was zählt, ist das,was wir wirklich *taten.* Wenn wir unsere Handlungen als das akzeptieren, was sie sind, gelangen wir vielleicht zu der inneren Bereitschaft, volle Verantwortlichkeit für sie zu übernehmen, statt uns hinter unseren guten Absichten zu verstecken. Haben wir unser Tun einmal als den wahren Ausdruck unserer Intentionen erkannt, können wir etliches über uns selbst erfahren. Wenn wir unser Handeln und seine Resultate beobachten, sehen wir, ob es zur Zusammenarbeit oder zu Reibungen mit anderen führt; ob es dem Allgemeinwohl dient oder anderen schadet; ob unser Tun zum Mitmenschen führt, sich gegen ihn richtet, oder von ihm wegführt; ob es zu Mitmenschlichkeit oder Abwendung von anderen anregt. Das nämlich sind die fundamentalen Ziele all unseres Tuns. Sie offenbaren seine soziale Bedeutung und damit unsere soziale Einstellung. Wenn wir lernen, unsere Handlungen zu erkennen, können wir sie ändern – und mit ihnen uns selbst.

Der Begriff »Handlung« oder »Tun« muß dabei im weitesten Sinn verstanden werden. Alles, was wir tun, ist eine Handlung, selbst wenn wir dazu nicht unsere Muskeln gebrauchen. Auch Denken ist eine Handlung. Durch bloßes Denken handeln wir und bewegen uns in einer bestimmten Richtung. Unsere Gedanken geben uns in hohem Grad die Möglichkeit, unsere wahren Absichten zu erkennen.

Es wird oft angenommen, daß Gedanken lediglich die Vorbereitung für bestimmte Handlungen sind. Denken kann jedoch auch an die Stelle von Handlungen treten. Die Gedanken, die einer Handlung vorausgehen und sie vorbereiten, unterscheiden sich in bezeichnender Weise von dem Denken, durch das wir vermeiden, etwas zu tun. Vorbereitendes Denken hat eine bestimmte Ausrichtung und ist progressiv. Wir stellen uns die Voraussetzungen vor Augen und ziehen Schlüsse aus dem Gesehenen. Der Denkprozeß, der als *Ersatz* für die Handlung dient, ist vollkommen anders. Wir tun, als suchten wir eine Lösung, während unser Denken uns hindert, dazu zu gelangen. Unsere Gedanken bewegen sich im Kreis; sie wiederholen sich und führen dadurch zum Stillstand.

Wir erwägen unaufhörlich dasselbe Für und Wider und gelangen zu keinem Entschluß.

Wenn wir uns dabei ertappen, daß wir immer wieder dieselben Gegebenheiten überdenken, können wir sicher sein, daß wir eben einen Prozeß des Selbstbetrugs in Gang setzen. Wir tun, als suchten wir eine Lösung, während wir tatsächlich vermeiden, etwas zu tun. Hinter unserem scheinbar so großen Eifer, zu einem Entschluß zu kommen, verbergen wir unsere Unlust zu handeln. Wir denken so intensiv, daß wir nicht damit aufhören und handeln können. Es ist durchaus möglich, solche typischen Denkvorgänge und Scheinabsichten als das, was sie sind, zu erkennen. Sie können an und für sich zu nichts Gutem führen.

Eine ähnliche, sehr häufige Form des Selbstbetrugs ist Unentschlossenheit. Auch dabei finden wir eine Fülle eifrigen Nachdenkens, ohne den Impuls zu handeln. Im Gegensatz zu dem bekundeten Wunsch, etwas zu tun, steht das tatsächliche Verhalten, aus dem sich dergleichen nicht erkennen läßt. Unentschlossenheit ist immer Selbstbetrug, weil sie das Bestreben zu handeln als gegeben betrachtet, während der dahinterliegende Wunsch meist das Gegenteil ist. Unter dem *Vorwand* der *Entschlußunfähigkeit* entschließen wir uns dazu, nichts zu tun.

Nehmen wir das Beispiel eines Mädchens, das sich nicht dazu entschließen kann, ob es einen Bewerber akzeptieren oder seine Werbung ablehnen soll. Obwohl es den Grund seines Verhaltens nicht kennt, ermöglicht die Unentschlossenheit ihm, sich der Verantwortung für alles Folgende zu entziehen. Seine Haltung schafft im voraus Ausflüchte und Entschuldigungen für jede mögliche Entwicklung. Wenn es sich am Ende zu einer Heirat »bewegen läßt«, kann es sich und andere immer daran erinnern, daß es eigentlich nicht die Ehe mit diesem Mann eingehen wollte, und deshalb auch nicht verpflichtet ist, das beste daraus zu machen. Wenn der Bewerber es dagegen, durch das Zögern entmutigt, am Ende verläßt, kann es ihm immer dafür die Schuld geben, unverheiratet geblieben zu sein.

Aber die diesem Verhalten zugrundeliegende Dynamik ist noch interessanter. Der Beweis, daß das Mädchen sich tatsächlich schon entschlossen hat, und es sich nur nicht eingestehen möchte, ist leicht zu erbringen. Wenn man es fragt, ob es den jungen Mann heiraten möchte, wird es ohne Zweifel die Antwort geben, daß es das nicht wisse. Kann es sich vorstellen, daß es – sagen wir – in einem Jahr mit ihm verheiratet oder nicht verheiratet ist? Was ist wahrscheinlicher? Entsprechend seiner Grundhaltung, nämlich der, daß es sich nicht entschließen kann, wird es selbstverständlich die Frage dadurch umgehen, daß es antwortet, das wisse es einfach nicht. Aber es gibt so etwas wie das Gesetz der Wahrscheinlichkeit: wir wissen nicht, was uns der nächste Augenblick bringt, aber wir können bestimmte Dinge für gegeben nehmen, weil sie höchst wahrscheinlich sind. Wenn wir das Mädchen fragten, ob es nach dem Verlassen unserer Räume wohl sicher nach Hause kommen werde, kann es das zwar auch nicht wissen, aber es kann annehmen, daß es heil heimkommt. Es hat zwar keine volle Sicherheit, daß es so sein wird, kann sich aber durch den hohen Grad der Wahrscheinlichkeit trösten. Dasselbe gilt für die eventuelle Eheschließung. Fällt es ihm leichter, sich vorzustellen, daß es in einem Jahr mit dem jetzigen Bewerber verheiratet ist? Oder liegt der Gedanke näher, daß dies nicht der Fall ist? Wenn seine Abneigung gegen das Übernehmen einer Verantwortung nicht zu groß ist, wird es etwa zu diesem Zeitpunkt erkennen, daß die eine oder andere Möglichkeit ihm wahrscheinlicher vorkommt. Welche Alternative, sei es auch nur mit dem Unterschied zwischen 51 oder 49 Prozent, den Grad größerer Wahrscheinlichkeit besitzt, ist seine gegenwärtige »Entscheidung«. Die Möglichkeit, die seiner Vorstellung näher liegt, reflektiert seine heutige innere »Absicht«. Das Mädchen kann natürlich seine Meinung ändern, aber für den Augenblick hat es seinen Entschluß gefaßt. Allerdings so, daß es sich, was immer geschieht, auf seine Schuldlosigkeit berufen kann, weil es nach keinem bestimmten Plan vorging. Tatsächlich hatte es eine vorgefaßte Absicht, die es aber zu verbergen suchte.

Eine andere Methode, unsere Einstellungen und unser Benehmen zu kaschieren, ist die, sich scheinbar still zu verhalten. Es gibt Menschen, die wirklich glauben, stillzustehen und nichts zu tun. Das ist offensichtlich irrig. Da das Leben sich als Ganzes bewegt, kann kein Lebender stillstehen. Schon der Versuch es zu tun, ist eine *gegen* das Leben, *gegen* die Teilnahme am Sein gerichtete Aktion. Der Fluß des Lebens trägt uns wie eine Rolltreppe; wir bewegen uns mit und in ihm. Die Unvermeidbarkeit des Fortschreitens führt die Fiktion des Stillstehens ad absurdum. Was immer wir tun oder nicht tun, ist der Ausdruck unserer Stellungnahme.

Eine dritte Art, unsere gegenwärtige Lebenseinstellung zu verheimlichen, ist die überstarke Beschäftigung mit der Vergangenheit oder der Zukunft. Die Beschäftigung mit der Zukunft vor allem gibt uns freizügig die Möglichkeit, zu tun, als nähmen wir unsere Verantwortlichkeit ernst, während wir uns ihr in Wirklichkeit entziehen. Die wirkliche Bedeutung übergroßer Sorge um Vergangenheit oder Zukunft ist nicht schwer zu erkennen. Man setzt sich damit am leichtesten über die Tatsache hinweg, daß wir ausschließlich jetzt, heute und hier leben. Unser ganzes Leben setzt sich aus einer Reihe von Augenblicken zusammen. Nur der gegebene Augenblick umschließt das Leben mit all seinen Verpflichtungen und zwingenden Bedürfnissen. Natürlich entfließt die Gegenwart der Vergangenheit und mündet in die Zukunft. Sie ist die Verbindung zwischen Vergangenheit und Zukunft. Wenn wir an Vergangenes denken, um Gegenwärtiges richtig zu beurteilen, um anzuwenden, was wir gelernt haben, ist es eine sinnvolle gedankliche Rückwendung. Wir können auch an die Zukunft denken, um künftige Handlungen vorzubereiten und Pläne zu schmieden. Keine dieser inneren Aktivitäten ist eine übersteigerte Beschäftigung mit der Vergangenheit oder der Zukunft auf Kosten der Gegenwart. Aber eben das ist der Zweck der ausschließlichen Zuwendung. Das Vergangene oder Zukünftige scheint wichtiger als die Trivialitäten des heutigen Tages – vor allem wenn die Forderungen der Gegenwart mehr oder minder lästig sind. Uns um das zu sorgen, was die Zukunft bringt und was wir *dann* zu tun haben, gibt uns das angenehme Empfinden eines hohen Verantwortungsgefühls und verbirgt unsere Unlust, die Verantwortungen der Gegenwart auf uns zu nehmen. Die einzige Weise, in der wir für die Zukunft sorgen können, ist, die Forderungen von heute zu erfüllen. Wenn unsere gegenwärtigen Pflichten uns nichtig erscheinen, können wir nicht erwarten, daß die Zukunft uns besseres bringt; denn auch morgen ist ein Alltag mit all den Pflichten und Bindungen, die ein ehrgeiziger Mensch als unter seiner Würde betrachtet.

Der Grund unserer Empfindungen

Sowohl Handlungen als Gedanken zeigen, in welcher Richtung wir uns bewegen. Wenn wir sie beobachten, vermögen wir auf die Kräfte zu schließen, die in uns wirken. Ebenso können Emotionen uns Einsicht verleihen, denn auch sie haben ja ein Ziel oder einen Zweck und richten sich positiv oder negativ gegen jemand oder etwas. Wir können nicht gegen unsere Empfindungen kämpfen, denn sie repräsentieren unser wirkliches Wesen und unsere wahren Absichten. Aber wir können lernen, um sie zu wissen und sie zu verstehen. Dieses Verstehen muß unsere Emotionen nicht unbedingt ändern, könnte es aber allenfalls. Wenn wir unsere Pläne und Absichten überdenken, werden unsere Emotionen sich in der Richtung, die wir wählen, entwickeln.

Natürlich sollte solch eine Beobachtung des eigenen Wesens nicht zum täglichen Brot werden. Wenn Selbstbeobachtung zur Gewohnheit wird, lenkt sie unsere Aufmerksamkeit von den Lebensproblemen ab, denen wir uns stellen, und die wir lösen müssen. Wir werden dadurch in zu hohem Maß selbstbezogen und introspektiv, und das stört unser Wohlbefinden und unser erfolgreiches Wirken. Außerdem ist es möglich, daß intensive Selbstbeobachtung die Spontaneität eben der Gefühle lähmt, die unserem Leben Impuls und Richtung geben. *Übertriebene Beobachtung des eigenen Wesens* kann sogar zu einer ähnlichen Ausflucht werden, wie die übersteigerte Beschäftigung mit Vergangenheit oder Zukunft. Der Versuch, sich über sich klar zu werden, sollte sich auf die Krisensituationen beschränken, in denen wir wesentliche Entscheidungen treffen, in denen wir erwägen müssen, wo wir gegenwärtig stehen, und worauf wir uns zubewegen. In solchen Situationen, wenn wir uns in die Ecke getrieben oder am Ende unserer Kraft fühlen, Situationen also, in die jeder Mensch einmal gerät, kann uns Selbstbeobachtung wirklich helfen.

Es wäre keine übertriebene Behauptung zu sagen, daß die gesamte Menschheit sich heute in solch einer Krise befindet. Die Vergangenheit, die vor der Epoche der Gleichwertigkeit liegt, ist nicht mehr zu ändern. Aber unsere Begriffe und Einstellungen gründen sich noch in hohem Maß auf traditionelle autokratische Voraussetzungen. Wir müssen unsere Ziele in immer neuen Richtungen suchen, zu neuen Entschlüssen über sie gelangen. Was wirklich nottäte, wäre eine Selbstprüfung aller, eine Selbstprüfung unserer ganzen Gesellschaft. Angesichts dieses Ziels ist es wohl der Mühe wert, einige heute vorherrschende Grundbegriffe und -haltungen zu überprüfen, die den Übergang zu demokratischen Lebensformen zu einer so stürmischen und turbulenten Passage für uns machen.

VIERTES KAPITEL

Wechselwirkungen und zwischenmenschliche Beziehungen

Es gibt Einstellungen und Begriffe, die so fundamental sind, daß sie unser ganzes persönliches Leben und unser Dasein in der Gesellschaft bestimmen und es in seiner Eigenart formen. Sie führen entweder zu harmonischem Zusammenleben und Zusammenarbeit oder hindern uns daran. Sie sind Anlaß unserer Erfolge oder unseres Versagens, unserer Fähigkeit, miteinander zu leben.

Grundlegende Haltungen

Zwei Gruppen von Verhaltensformen stehen einander gegenüber, und jede dieser Gruppen enthält vier sich gegenseitig ergänzende Attribute. Vier konstruktive Eigenschaften bilden die Grundlage des Zusammenwirkens innerhalb der Gemeinschaft. Vier korrespondierende gegensätzliche Haltungen sind die Ursache von Konflikten und Reibungen. Auf einer Seite stehen Gemeinschaftsgefühl, Vertrauen in den Mitmenschen, das Gefühl von Gleichwertigkeit und Mut, auf der anderen Feindseligkeit, Mißtrauen und Argwohn, Minderwertigkeitsgefühle und Furcht.

Es klärt den Sachverhalt vielleicht, wenn man sich diese Grundhaltungen im Verhältnis zueinander, als Gegensatzpaare, vor Augen stellt. Es ergibt sich dann folgendes Bild:

Gemeinschaftsgefühl	Feindseligkeit
Vertrauen zum Mitmenschen	Mißtrauen und Argwohn
Empfinden der Gleichwertigkeit	Minderwertigkeitsgefühl
Mut	Angst

Diese fundamentalen Haltungen führen zu bestimmten Verhaltensformen, die man oberflächlich als Charakterzüge bezeichnet.

Haß, Neid, Eifersucht, Arroganz und die Herabsetzung der anderen sind Abwehrmechanismen, die den Forderungen des Lebens entgegengestellt, die angewandt werden, um die natürliche menschliche Neigung zu unterdrücken, am Leben der Gemeinschaft teilzunehmen. Toleranz, Güte und Großzügigkeit dagegen sind der Ausdruck des Willens zur Zusammenarbeit und geben diesem Willen Kraft.

Gemeinschaftsgefühl

Gemeinschaftsgefühl ist die wesentlichste menschliche Eigenschaft. Es ist nicht angeboren. Angeboren ist dem Menschen nur die Fähigkeit, es zu entwickeln. Das Gefühl der Gemeinschaft ist nicht statisch, wir können es in unserem und durch unser Leben verstärken oder verringern. Wenn wir Erfolg haben, vergrößern wir den Bereich, in dem wir uns zugehörig fühlen, und erfüllen ihn mit stärkerem Lebensgefühl. Wenn wir unglücklich sind oder in irgendeiner Weise versagt haben, reduzieren wir ihn. All unser Mißlingen ist ein Zeichen eines Mangels an Gemeinschaftsgefühl. Nur wenn wir uns zugehörig fühlen, haben wir ein hohes Toleranzvermögen und können ohne weiteres akzeptieren, was uns das Leben entgegenstellt. Die Qualität unseres Gemeinschaftsgefühls wird ständig durch die Mißlichkeiten des Lebens auf die Probe gestellt. Wir sehen die Menschen, die außerhalb des Umkreises unseres Gemeinschaftsgefühls stehen, als Feinde, vor denen wir uns hüten müssen. Das Empfinden der Feindseligkeit und des Argwohns, das sich daraus ergibt, verhindert wiederum das Zusammenwirken.

Zugehörigkeitsgefühl setzt also das Vertrauen in andere voraus, die wir als Mitmenschen sehen, als Menschen, die wie wir dem Gemeinwohl dienen. Wenn wir kein Vertrauen zum Menschen haben, zerstört unser Argwohn das Band unserer gemeinsamen Interessen. Unser Mißtrauen ist zum großen Teil nicht einer Kollision des Gewinnstrebens zuzuschreiben, sondern der Überbewertung unseres Status. Nur wenn wir unserer Stellung als eines Gleichwertigen sicher sind, können wir unseres »Bruders Hüter« sein. Minderwertigkeitsgefühle untergraben unseren Mut und wecken Ängste, die das wesentlichste Hindernis für ein Zusammenwirken sind. Dem

Menschen, der seine Freiheit gefunden und seine Gleichwertigkeit mit anderen entdeckt hat, ist Angst ein Vergehen, eine sklavische Eigenschaft. Unsere Anfälligkeit gegenüber Ängsten ist eine letzte Spur der Sklavenmentalität, die wir noch zu überwinden haben, Minderwertigkeitsgefühle sind im Hinblick auf ein Wirken in der Gemeinschaft und inneren Frieden das stärkste Hindernis. Ohne Angst und das Empfinden persönlicher und sozialer Minderwertigkeit, können wir alle Härten des Lebens überstehen, mit anderen zusammenarbeiten und unsere inneren Kräfte für das Wohl der Allgemeinheit einsetzen. Minderwertigkeitsempfindungen beeinträchtigen die Entwicklung des höchst wichtigen Gemeinschaftsgefühls und müssen deshalb als die gefährlichste menschliche Eigenschaft betrachtet werden.

Minderwertigkeitsgefühle

Wir haben es hier mit dem schwierigsten Problem zu tun, das der moderne Mensch zu lösen hat. Er kann in der demokratischen Ära nur als Gleicher unter Gleichen leben und wirken. Er kann es, wenn er sich von der Vorstellung seiner Minderwertigkeit befreit, die ihn versklavt, ihn zu immer neuen Beweisen seiner Kraft zwingt, ihn seiner inneren Unabhängigkeit, seines Friedens und seiner Heiterkeit beraubt. Minderwertigkeitsgefühle bewegen ihn dazu, sinnlose Kriege zu führen, sich seinen Mitmenschen gegenüber defensiv zu verhalten, unwirkliche oder nichtige Siege zu erstreben, statt seine Kräfte zu verwerten, um diese Welt zu einem angenehmen Ort für alle zu machen. Eine unserer wesentlichsten Aufgaben im Streben nach einem stabilen sozialen Gleichgewicht im Geist der Demokratie ist es, die individuellen und kollektiven Minderwertigkeitsgefühle auszumerzen, von denen wir sowohl durch unsere seelische Konstitution als auch durch Tradition bestimmt sind. Kein Mensch ist imstande, sich zu befreien, wenn er sich nicht von seinen Zweifeln an sich selbst zu befreien vermag. Der Mensch neigt dazu, seine Unzulänglichkeit zu empfinden, zunächst wegen seiner biologischen Minderwertigkeit und dann auch wegen seiner Kleinheit und Bedeutungslosigkeit im Universum (seiner kosmischen Minderwertigkeit). Er ist schon durch die ungleichen Chancen im Kampf um das Überleben nur allzusehr geneigt, soziale Minderwertigkeit in einer Gesellschaft zu empfinden, die nicht auf Gleichwertigkeit gegründet ist. Solange nicht jedes Glied der Gruppe als sozial gleichwertig betrachtet wird (und soziale Gleichwertigkeit fordert die Anerkennung durch andere sowohl als die durch das Individuum selbst), ist kein stabiles soziales Gleichgewicht zu erreichen. Wo solche gegenseitige Anerkennung fehlt, ergeben sich Kämpfe innerhalb der Gesellschaft. Aus den Konflikten wiederum ergibt sich für jeden der Antagonisten ein vertieftes Empfinden der Minderwertigkeit. Es sind vor allem die Kinder, die der vollen Wucht des Unvermögens der meisten ausgesetzt sind, ihre Mitmenschen als Gleichwertige zu betrachten. Uns von unseren Minderwertigkeitsgefühlen zu lösen, bedeutet dasselbe wie unsere Befreiung aus der Verstrickung in das kulturelle und soziale Bezugssystem, in dem wir gegenwärtig existieren. Dennoch ist es möglich und muß möglich gemacht werden, wenn wir Freiheit erlangen und innerhalb einer wahrhaft demokratischen Gemeinschaft leben wollen.

Das Minderwertigkeitsgefühl ist tatsächlich gar kein Impuls, der dem Empfindungsleben angehört. Das »Gefühl« ist nur ein äußerer Aspekt, dem ein allgemeiner *Begriff,* eine Meinung, ein gedanklicher Prozeß zugrundeliegt. Wir setzen voraus, daß wir anderen unterlegen sein könnten oder es sind, daß wir nicht dem entsprechen, was wir sein wollen, oder dem, was wir unseren Vorstellungen nach sein sollten. Obwohl keiner von uns vollkommen ist, oder je so stark, fähig oder gut ist, wie er faktisch sein könnte, rechtfertigt das an sich kein Minderwertigkeits- oder Unzulänglichkeitsgefühl. Tatsächlich entspricht das Maß und die Intensität von Minderwertigkeitsempfindungen keineswegs unseren wirklichen Fähigkeiten und Mängeln. Es stimmt gar nicht, daß weniger Befähigte mehr unter Minderwertigkeitsgefühlen leiden. Man könnte beinahe sagen, daß das Gegenteil der Fall ist. Je ehrgeiziger und begabter ein Mensch ist, um so stärker ist sein Empfinden der Unzulänglichkeit, wenn es ihm nicht gelingt zu erreichen, was er als wesentlich empfindet. Gerade Menschen, die in den Augen ihrer Zeitgenossen viel erreicht haben, entwickeln oft die intensivsten Minderwertigkeitsgefühle. Das ist eine wichtige Tatsache. Es nimmt der Vorstellung, daß Minderwertigkeitsempfindungen manchmal berechtigt sind, die Gültigkeit. Der »Überlegene« kann sich als unzulänglich empfinden, und der viel weniger fähige Mensch kennt vielleicht gar keine Minderwertigkeitsgefühle. Das *Gefühl,* geringer zu sein als andere, hat also mit *wirklicher* Minderwertigkeit gar nichts zu tun. Wir haben es hier mit einer subjektiven Einschätzung, einer falschen Bewertung von Tatsachen zu tun, die sich auf einem Vorurteil gegenüber dem eigenen Wesen gründen.

Der Minderwertigkeitskomplex

Der hohe Preis, den wir für unsere Minderwertigkeitsgefühle bezahlen, beschränkt sich nicht immer auf unerfreuliche Resultate, wie allgemeine Anspannung und Angst, Ungewißheit und Unsicherheit. Der Zweifel am eigenen Wert kann so stark werden, daß eine Kompensation gar nicht mehr möglich ist. Dann bleibt uns nichts übrig, als ganz oder auf einem bestimmten Gebiet den Bankrott zu erklären, zu resignieren und uns damit zu beschäftigen, Entschuldigungen zu arrangieren. Die einzige Alternative ist, sich vom Leben in einzelnen oder allen Forderungen zurückzuziehen. Das Minderwertigkeitsgefühl regt zu Kompensationsversuchen dieser oder jener Art an, der Inferioritätskomplex dagegen gründet sich auf einer so intensiven Überzeugung vollkommener Unzulänglichkeit, daß ein Ausgleich gar nicht mehr möglich ist. Kinder und Erwachsene greifen, wenn sie tief enttäuscht sind, zum selben Kunstgriff: sie geben sich schwächer und unzulänglicher, als sie tatsächlich sind. Weder Schmeichelei noch Überredung haben dann die geringste Wirkung. Der Mensch versteckt sich hinter der wirklichen oder vorgeblichen Unfähigkeit, um sich Forderungen zu entziehen, die diese Unzulänglichkeiten unangenehm offenbaren – und sie vielleicht noch peinlicher klar machen würden. Sie erklären ihr völliges Versagen lieber, ehe sie auf die Probe gestellt werden. Manche

Menschen nehmen diese Haltung nur auf bestimmten Gebieten wie ihrer Arbeit, sexuellen Beziehungen oder sozialen Kontakten ein. Auf anderen, nichtzugehörigen Bereichen sind ihre Funktionen vielleicht durchaus ausreichend, weil sie in dieser Hinsicht ihren Fähigkeiten vertrauen. Manche Menschen jedoch geben vollkommen auf. Unsere Nervenkliniken, Gefängnisse und Asyle sind die Verwahrungsorte derer, die jede Hoffnung verloren haben, daß irgend etwas, was sie tun, ihnen Status in der Gesellschaft geben kann.

Die wesentliche Frage ist: Müssen die vom Weg Abgekommenen, die Versager, erst ihre Unzulänglichkeit überwinden, ehe wir sie mit Respekt behandeln, oder müssen wir ihnen Achtung entgegenbringen, ehe sie zur Rehabilitation gelangen? Die folgende kleine Geschichte zeigt unseren gegenwärtigen Umgang mit den Unglücklichen, die krank oder unzulänglich sind, in einem traurigen Licht. Es war Frau Dr. Frieda Fromm-Reichmann, die sie in einer ihrer Reden auf einem Kongreß der American Psychiatric Association erzählte.

Frau Dr. Fromm-Reichmann, Leiterin eines Sanatoriums, war eben dabei, ihre Arbeit nach einem schwierigen Tag zu beenden, als ein junges, an Schizophrenie leidendes Mädchen kam und mit ihr sprechen wollte. Das Mädchen forderte sie irgendwie heraus und weckte ihren Ärger. Frau Dr. Fromm-Reichmann, ein sensibler und mitfühlender Mensch, war äußerst betrübt über den Verlauf des Gesprächs. Sie bedauerte ihr eigenes Verhalten aufs tiefste, denn sie hätte sich keinem *normalen* Menschen gegenüber so benehmen dürfen, geschweige denn einem geistig kranken, der für das, was er tat, nicht verantwortlich war. Als sie aber am nächsten Morgen in ihr Sprechzimmer kam, fand sie unter der Post einen Brief dieses Mädchens, in dem es ihr überschwenglich für ihr Verhalten dankte. Es schrieb: »Es ist lange her, seitdem mich jemand wie ein normales menschliches Wesen behandelt hat.«

Wir können alle etwas von dieser Episode lernen, nämlich jeden Menschen – die Patienten, alle die unter unserer Obhut stehen, alle die in Schwierigkeiten sind – wirklich wie menschliche Wesen zu behandeln. Sie gleichen den Normalen in viel höherem Grad, als wir zunächst annehmen. Sie haben lediglich falsche Vorstellungen. Sogar die Selbsttäuschungen und Halluzinationen des Psychopathen sind wie die Träume des Normalen. Der einzige Unterschied ist, daß der Schizophrene »mit offenen Augen« träumt. Neuere Studien über Traumbehinderung zeigen, daß ein Mensch, den man einige Tage am Träumen hindert, wie ein Psychopath zu handeln, also im Wachen zu träumen beginnt.

Geistige Erkrankung – ein Ausweg

Wir unterscheiden gemeinhin drei wesentliche Formen der Psychopathologie: Neurosen, Psychosen, und was man früher psychopathische Persönlichkeit nannte und jetzt psychische Störungen nennt. Es hängt von der Ausrichtung des Therapeuten ab, wie er diese drei sogenannten krankhaften Zustände erklärt und interpretiert. Szasz [2] ist der Ansicht, daß es Geisteskrankheit gar nicht gibt; andere betrachten beinahe jede Abweichung vom normalen Benehmen und von der normalen Funktion als Krankheit, vor allem wenn es sich um Kinder handelt.

Man nennt die immer größere Zahl von Kindern, deren Funktionen nicht normal sind, heute » emotionell gestört«. Ich bin aber der Ansicht, daß solche Kinder oft nicht emotionell sondern lediglich in ihrer sozialen Anpassung gestört sind. Eine spezialisierte »Kinderpsychiatrie« zu entwickeln, ist unseres Erachtens eine grobe Übertreibung. Die »Patienten«, die dem Kinderpsychiater gegenüberstehen, bedürfen der Leitung und Erziehung, nicht der Therapie. Natürlich gibt es auch geistig kranke Kinder, aber sie sind wirklich psychotisch und stellen eine relativ kleine Gruppe dar. Viele neurotische Störungen haben eine organische Ursache. Vor allem Psychosen werden im allgemeinen einer funktionalen Störung im Gehirn zugeschrieben. Diese Annahme gewann Boden, als man bestimmte chemische Prozesse bei vielen Schizophrenen fest-

---

[2] Th.S. Szasz, The Myth of Mental Illnes, Harper & Row, New York 1961.

stelte. War das nicht ein Beweis für den organischen Ursprung der Störungen? Selbstverständlich nicht. Wenn wir bei Angstzuständen Stoffwechseländerungen feststellen, bedeutet das, daß die Änderungen Angst herbeiführen? Keineswegs, die Änderungen sind nur die Begleitumstände, nicht die Ursache.

Die Neigung, Erklärungen für abnorme Verhaltensweisen in organischen Faktoren zu suchen, ist meist durch die politische Einstellung des Beobachters bestimmt. Man findet zum Beispiel sehr häufig, daß konservative, autokratisch denkende Menschen bei solchen Fällen erbliche und physische Ursachen suchen, während liberale, demokratisch orientierte Menschen das Hauptgewicht auf psychologische Faktoren legen [3].

Ich bin der Ansicht, daß psychopathologische Zustände auf den Versuch einer Flucht vor sozialen Forderungen hinweisen, und daß jede seelische Störung einen charakteristischen Ablauf hat.

Die Neurose ist nur eine Vorspiegelung von Krankheit, ein subjektives Krankheitsgefühl, während die Psychose ein Zustand extremer Fehlfunktion ist, wobei der Patient nicht mehr zu erkennen vermag, daß er krank ist. Die Art der Reaktion auf bestimmte Konflikte unterscheidet die verschiedenen Typen psychiatrischer Störungen.

Der Neurotiker entkommt seinem Gefühl des Versagens dadurch, daß er Symptome schafft, die ein Versagen entschuldigen. Die Symptome zeigen sich immer, wenn der Mensch nicht mehr sinnvoll auf der Basis seines Lebensstils wirken kann. Jede einzelne Person hat deshalb ihre eigene Gefahrenzone: ein Mensch wird krank, wenn er nicht mehr arbeiten kann; ein anderer, wenn er eine früher selbstverständliche Unterstützung verliert und deshalb arbeiten muß. Wir haben den Mechanismus der sich dann entwickelnden Gefühle schon besprochen. Wir können tatsächlich jedes Symptom »wählen«, das wir wollen, wenn wir innerlich mit uns kämpfen. In einer Krise entwickeln sich zahllose Möglichkeiten solch eines Kampfes. Die Symptome werden nach dem Grad ihrer Wirksamkeit gewählt: wenn ein Symptom nicht das gewünschte Ergebnis

---

N. Pastore, The Nature-Nature Controversy, King's Crown, New York 1949.

hervorruft, wird ein anderes ausgesucht. Die große Mehrzahl der Menschen sind Neurotiker, weil jeder sich in einer Situation wähnt, in der er nicht erfolgreich sein oder Schwierigkeiten bewältigen kann. Eine Neurose ist die Nachbildung *einer Erkrankung,* und eine Krankheit wird durch zwei Faktoren charakterisiert: Aktionsunfähigkeit und Unbehagen. Da der Neurotiker – wie wir alle – die Neigung hat zu leiden, ist der Mensch geneigt, sich krank zu fühlen, vor allem wenn Schmerz und Leiden zu einer funktionellen Störung führen. Schlicht gesagt, helfen neurotische Symptome dem Patienten, das Gesicht zu wahren, während er nicht tut, was er (wie er durchaus weiß) tun sollte.

Das Problem liegt bei der Psychose, vor allem bei der Schizophrenie ganz anders. Der Patient ist in diesen Fällen so von seinem Minderwertigkeitsgefühl und seinem vollständigen Mangel an Gemeinschaftsgefühl überwältigt, daß er sich aus der Wirklichkeit zurückzieht und sich mit Hilfe seines Ausweichens und seiner Halluzinationen eine eigene Welt schafft, die seiner privaten Logik entspricht. Wenn wir solch einem Menschen das Gefühl vermitteln können, »verstanden zu sein« und »dazuzugehören«, ist der schizophrene Prozeß aufgehalten.

Sogenannten Charakterstörungen wird zur Zeit große Bedeutung zugeschrieben. Ein Mensch, der nicht mehr daran glaubt, durch seine Leistung innerhalb der Gesellschaft reüssieren zu können, kann dadurch zu »Erfolg« gelangen, daß er die Forderungen der Gesellschaft ignoriert und ihre Gesetze übertritt. Er vertauscht die Situation des Unterlegenen mit der des Überlegenen. Die meisten jugendlichen Delinquenten tragen eine Art »moralischer Überlegenheit« zur Schau. Sie geben durchaus zu, daß sie falsch gehandelt haben, geben aber immer einem anderen, entweder einem Einzelmenschen oder der Gesellschaft, schuld an ihrem Vergehen. Geringschätzung und Nichtbeachtung der sozialen Forderungen bedeuten eine Störung für die Gesellschaft, ob sie dem Idealismus entspringen oder im negativen Sinn abweichend sind. Opposition gegen die herrschenden sozialen Forderungen können zum Fortschritt oder zur Anarchie führen. Der Kämpfer für eine Reform wird im Fall des Mißlingens als Verbrecher, wenn er aber Erfolg hat, als Held betrachtet. Und wer kann voraussagen, was eintritt? In unserer allgemeinen Lage der Anarchie, der Anomie, des Mangels an Ordnung und an Wertmaßstäben ist es zu einem generellen Krieg aller gegen alle gekommen. Der Delinquent und der Verbrecher präsentieren den Typ des antisozialen »Erfolgreichen«. Da sie die von der Gesellschaft etablierten Werte nicht teilen, leben sie entsprechend ihren eigenen Maßstäben.

III

DIE DYNAMIK DES KONFLIKTES
IN DEN ZWISCHENMENSCHLICHEN BEZIEHUNGEN

FÜNFTES KAPITEL

Der Kampf zwischen den Generationen

Wenige Leute sind sich klar darüber, wie schwer es Menschen als Eltern haben, wie pathologisch die Bedingungen sind, unter denen wir leben. Es hat außer den Menschen wohl nie Lebewesen gegeben, die nicht wußten, wie ihre Sprößlinge zu erziehen seien. Die meisten Eltern haben auch nicht die mindeste Vorstellung davon, was sie mit ihren Kindern tun sollen. Meist haben sie die Absichten, aber nicht die Fähigkeit, sie auszuführen.

W.C. Kvaraceous spricht vom Kontinuum »des normverletzenden Verhaltens unserer Kinder«. Wir haben einerseits das Kind, das morgens nicht aufstehen und nachts nicht schlafen gehen will, das zu viel oder zu wenig ißt, sich weigert, Verantwortungen zu übernehmen, das mit seinen Geschwistern streitet, sich um seine Schulaufgaben und um Handreichungen in der Haushaltung drückt – in anderen Worten das Durchschnittskind. Auf der anderen Seite steht der jugendliche Delinquent. Zwischen beiden besteht kein qualitativer, sondern lediglich ein quantitativer Unterschied, das heißt ein stärkeres oder geringeres Maß an Auflehnung gegen Ordnung und Autorität [1]. Wie kommt es zu dieser Lage der Dinge? Kvaraceous schreibt sie dem Eindringen einer Moralität der niederen Klassen in die Familien der mittleren und der Oberschicht zu. Aber es gibt Hunderte vollkommen verschiedener Erklärungen für die Un-

---

[1] W.C. Kvaraceous, Delinquent Behaviour, D.C. National Education Association, Washington 1959.

fähigkeit der Eltern von heute, Einfluß auf ihre Kinder auszuüben. Die Erziehung der Kinder war immer eine Sache der Tradition. Eltern brauchten weder Schulungskurse noch Bücher und Beratungen, um zu wissen, wie sie mit ihren Kindern umzugehen hatten. Die von einer Generation zur anderen weitergegebene Überlieferung zeigte ihnen den Weg. Als Margaret Mead den Gesetzen primitiver Gemeinschaften der Südseeinsulaner nachging, stellte sie fest, daß jeder Stamm seine Kinder verschieden erzog und dadurch verschiedene Typen schuf [2]. Aber es ist durchaus vorstellbar, daß die Kinder des jeweiligen Stammes generationenlang gleich behandelt wurden, und daß Kinder und Erwachsene wußten, wie jeder sich gegenüber dem anderen zu verhalten hatte. Unser Dilemma liegt in den Folgen der Entwicklung zur Demokratie, die – mindestens in den Vereinigten Staaten – nach dem Zweiten Weltkrieg ihren Höhepunkt erlangte. Ein bisher nie erlebtes Maß an Gleichheit verlieh dem Einzelmenschen das Bewußtsein seiner Rechte. Niemand war bereit, das Diktat der früher dominierenden Gruppen zu akzeptieren. Frauen beugten sich nicht mehr den Forderungen der Männer, und während der Gatte die Macht über seine Frau verlor, verloren beide die Herrschaft über ihre Kinder. Die Eltern konnten das Kind nicht mehr »zwingen« zu tun, was es tun sollte, oder hindern, zu tun, was immer es wollte. Dasselbe Verhältnis entwickelte sich zwischen Arbeitnehmer und Arbeitgeber, zwischen Farbigem und Weißem. Die Methoden – vor allem die des Druckes von außen, also durch Lohn oder Strafe – die innerhalb einer autokratischen Gesellschaft durchaus probat waren, sind heute veraltet. Das planmäßige Verfahren aber, das Kind von innen anzuspornen, ist wenigen Eltern und Lehrern bekannt.

Eine der größten Schwierigkeiten, die Eltern von heute bewältigen müssen, entstammt ihrer Unkenntnis demokratischer Methoden, und eben diese Methoden allein können die gegenwärtigen Konflikte schlichten. Das Unwissen hinsichtlich eines wirksamen demokratischen Vorgehens ist innerhalb der Familie so groß wie im weiteren gesellschaftlichen Bereich um sie her. Die Eltern haben

---

[2] Margaret Mead, Leben in der Südsee, Szczesny Verlag, München 1965.

das volle Gewicht dieser kulturellen Unzulänglichkeit zu tragen, denn sie akzeptieren wohl ihre Verpflichtung, Ordnung und Harmonie innerhalb des Familienkreises zu erhalten, müssen aber feststellen, daß die traditionellen Methoden – die einzigen, die sie kennen – vollkommen unwirksam sind.

Aber ehe die Eltern erhoffen können, wirksame neue Methoden zur Führung und Beeinflussung ihrer Kinder zu finden, müssen sie sich einem noch verwirrenderen Faktum stellen, dem Kampf, der zwischen Erwachsenen und Kind herrscht [3]. Solange dieser Konflikt besteht, werden nur einzelne Elternpaare sich aus dem gegenwärtigen kulturellen Bezugssystem lösen und Methoden zur Anwendung bringen können, die sich auf gegenseitigem Verstehen, auf Vertrauen und Respekt gründen und ihrerseits diese Eigenschaften erwecken.

Der Kampf zwischen den Generationen

Wir sind heute Zeugen einer Schlacht zwischen den Generationen, die zwar häufig offen, aber nicht weniger häufig versteckt geschlagen wird. Das ist in der menschlichen Geschichte keineswegs neu; der Kampf zwischen den Generationen ist so alt wie der zwischen den Geschlechtern. Wann immer eine Gruppe sich als überlegen etabliert, lehnt sich die unterworfene auf. In einer autoritären Gesellschaft hatte die herrschende Gruppe jegliche soziale Unterstützung, Auflehnung dagegen konnte selten offen zum Ausdruck gebracht werden. Heute stellt sich die Gemeinschaft jedoch nicht unbedingt auf die Seite der Macht, und unsere Generation von Eltern im Belagerungszustand sieht sich öffentlicher Beschuldigung und Anklage gegenüber.

Aber obwohl viele Eltern in der Erziehung ihrer Kinder nicht allzuviel zeigen, liegt der Fehler weniger bei ihnen als bei der Gesamtheit

---

[3] Nur sehr wenige Erzieher und Kinderpsychologen erkennen die Bedeutung des allgemeinen Kampfes, der zwischen allen Erwachsenen und allen Kindern herrscht. Eine Ausnahme ist Maria Montessori, die kurz vor ihrem Tod ergreifend für die »Abrüstung in der Erziehung« eintrat.

der Erwachsenen. Es ist unberechtigt anzunehmen, daß viele Eltern ihre Kinder innerlich nicht akzeptierten. Eltern, die sich so verhalten, fürchten sich vielmehr vor ihren Kindern und fühlen sich von ihnen geschlagen.

Kinder sind gleichwertig

Den meisten Erwachsenen, vor allem denen, die Eltern sind, erscheint es absurd, Kinder als Gleichwertige zu betrachten. Im Kampf gegen unsere Minderwertigkeitsgefühle suchen wir ständig Gründe für die Annahme, daß wir den anderen überlegen sind, und wo finden wir diese Gründe leichter als bei unseren Kindern? Kinder sind klein. »Groß« und »klein« sind wie stark und schwach gegensätzliche Werte innerhalb eines postulierten Maßstabs der Über- und Unterlegenheit. Menschen, die klein sind und nur über beschränkte Kräfte und Erfahrungen verfügen, werden als unbedeutend betrachtet. Selbst wenn wir wissen, daß einem Menschen kein Mangel an Leistungen und Fähigkeiten den ihm angemessenen Respekt und gesellschaftlichen Stand nehmen kann, erhalten wir diese faire Einstellung nur so lange aufrecht, als unser eigener Status nicht bedroht ist. Aber Erwachsene werden ständig von ihren Kindern bedroht und gleichen es dadurch aus, daß sie betonen, wie klein und schwach das Kind ist. Ihre Schwierigkeiten erwachsen aus ihrer Unfähigkeit, die Kinder unter »Kontrolle« zu halten, deshalb sind sie nicht willens, das Kind als gleichwertiges Wesen zu betrachten und als solches zu behandeln.

Das Kind seinerseits hat, welcher Altersgruppe es angehört, alle charakteristischen Merkmale des Menschen: es will seine Stellung innerhalb der Gruppe aufrechterhalten und lehnt sich gegen jede Unterdrückung auf. Der Kampf, der sich aus diesen Fakten ergibt, charakterisiert gegenwärtig die Atmosphäre im Familienkreis und in den erzieherischen Institutionen. In vielen Familien, vor allem denen mit kleinen Kindern, beginnt der Tag mit einem Kampf. Solange wir nicht emotional und intellektuell bereit sind, das Kind als gleichwertiges Wesen anzuerkennen, sind wir auch nicht imstande, ihm in einer demokratischen Umwelt den Weg zu zeigen. Die Bekundung unseres Vorurteiles ihm gegenüber hindert das Kind daran, sich sowohl als Glied der Familie als auch der Schule und der Gemeinschaft zugehörig zu fühlen. Das Kind benimmt sich dann wie ein Fremder, ein Außenseiter, und wird meist auch entsprechend behandelt. Wenige Erwachsene treten einem Kind so gegenüber wie einem erwachsenen Menschen.

Warum wir unseren Kindern mißtrauen

Warum sehen Erwachsene auf Kinder herab und halten sich für berechtigt, sich ihnen gegenüber überlegen zu fühlen? Wir müssen hier wie immer, wenn es sich um Vorurteile handelt, nach einer Bedrohung, einer Furcht nicht zu genügen, suchen, die meist den Wunsch sich zu überheben auslösen. Man findet solch ein Verlangen bei Erwachsenen sehr häufig.

Sowohl Eltern als Lehrer wissen selten, wie Kinder zu beeinflussen sind. Sie sind sich ihrer Verantwortung, für das Kleinkind zu sorgen, das Kind später zu unterrichten und im erzieherischen Sinn zu beeinflussen, bewußt und bejahen sie. Aber Lehrer und Eltern halten meist an den traditionellen, längst nicht mehr wirksamen Methoden fest, und die Kinder reagieren deshalb nicht auf ihre Erziehungsmaßnahmen. Die Erwachsenen ihrerseits fühlen sich dann in ihren Erwartungen enttäuscht und geschlagen. Das vermittelt wiederum die Gegebenheiten für einen neuen Teufelskreis. Sein Verantwortungsgefühl macht es dem Erwachsenen unmöglich, eine Niederlage zu akzeptieren. Er fürchtet die etwaigen tragischen Konsequenzen zutiefst, die sich ergeben könnten, wenn er nicht imstande ist, das Kind im Zaum zu halten, es zum Gehorsam, zum Eingehen auf seine Vorschläge und zur Bejahung seiner Forderung, sich gut zu benehmen, zu bringen. Eltern und Lehrer sind sich häufig nicht bewußt, daß sie nicht im Interesse des Kindes, sondern im Interesse ihrer eigenen, nun angefochtenen Autorität handeln. Dann verstärkt sich die Auflehnung und Herausforderung des Kindes in dem Maß, in dem sich der Druck intensiviert, durch den die

Eltern versuchen, seinen Gehorsam zu erzwingen.

Es gibt noch weitere Gründe für das Mißtrauen der Erwachsenen gegenüber Kindern. Da der erwachsene Mensch sich selbst einer Welt voller Gefahren, Änderungen und Ungewißheiten nicht gewachsen fühlt, nimmt er *a priori* an, daß ein kleines unentwickeltes Menschenwesen noch gefährdeter und unsicherer ist als er. Die offensichtliche Begrenzung der Kraft und Geschicklichkeit des Kindes rechtfertigt scheinbar den Mangel an Vertrauen auf seine Fähigkeit und die Achtung, die ihm zukommt. Es ist, so gesehen, undenkbar, daß das Kind für sich selbst sorgen und seine eigenen Angelegenheiten in die Hand nehmen kann. Außerdem versuchen Vater und Mutter, die ja selbst ihr Prestige in der sie umgebenden Gemeinschaft ständig mit Anstrengung aufrecht erhalten müssen, sich wenigstens zu Hause ihren Kindern gegenüber eine feste Position zu sichern. Dort mindestens können sie erwarten, als die Größeren, Stärkeren und Leistungsfähigeren akzeptiert zu werden. Die Eltern, vor allem die Mütter, versuchen durch ihre Kinder den eigenen Wert zu beweisen. Es ist durchaus möglich, daß sie nicht bemerken, wie oft sie ihre Kinder durch ihre Fähigkeiten zu beeindrucken suchen. Und es ist außerdem befriedigend, alles nur Mögliche für ein kleines, hilfloses Wesen zu tun.

Erwachsene versuchen ihr Leben oft als leuchtendes Beispiel darzustellen. Während die Kinder noch klein sind, lassen sie sich auch häufig vom Wissen, von der Kraft und Fähigkeit der Eltern beeindrucken. Aber die Eltern merken oft mit Schrecken, daß die Kinder nicht nur unbeeindruckt sind, sondern daß die elterliche Überlegenheit sie sogar provoziert. Schlimmer allerdings ist es oft, wenn das Kind weiterhin an die überlegene Fähigkeit von Vater und Mutter glaubt, denn dann ist seine eigene Entwicklung gefährdet. Ein Sohn, der allzusehr von der Männlichkeit seines Vaters beeindruckt ist, kann daran zweifeln, daß er je selbst ein »richtiger Mann« wird. Und eine tüchtige, gebildete Mutter fragt sich vielleicht mit einigem Erstaunen, warum sie ein so faules, langsames und unordentliches Kind hat.

Auch das Sichgehenlassen spielt im Kampf zwischen Eltern und Kindern oft eine Rolle. Wir sind alle mehr oder weniger verwöhnte

Kinder. Wir haben nicht gelernt, Unangenehmes mit guter Miene zu akzeptieren. Wir möchten, daß alles nach unseren Vorstellungen abläuft, sonst fühlen wir uns unterlegen. Speziell in Auseinandersetzung mit unseren Kindern erreichen wir rasch die Grenze der Duldung, die unsere Toleranz beschränkt. Wir können unser Sichgehenlassen dadurch begründen, daß wir es ja nur gut mit dem Kind meinen. Wir schlagen das Kind zu *seinem* eigenen Besten – so stellen wir es uns jedenfalls vor. Tatsächlich können wir aber die Herausforderung des Kindes nicht ertragen. Oder wir geben unvernünftigen Wünschen des Kindes nach, damit *es* nicht leidet und schreit. In Wirklichkeit sind wir die eventuell Leidenden, weil wir sein Schreien nicht ertragen können. Es geht den Eltern also meist mehr um das eigene Empfinden als um das Wohl des Kindes. Ihr Unbehagen führt zu den Feindseligkeiten, die es ihnen unmöglich macht, den Kindern wirkliche Freunde zu sein. Sie kämpfen mit ihnen darum, wer seinen Willen durchsetzt. Beide Teile versuchen den Sieg davonzutragen, und während alledem erziehen wir eine Generation von Tyrannen, von Kindern, die uns nachahmen und es nur zu gut gelernt haben, uns zu besiegen.

Unser Mißverstehen des Kindes

Die landläufigen Vorstellungen davon, wie Kinder sind, beweisen, daß der Erwachsene ihnen gegenüber voreingenommen ist. Bestimmte wissenschaftliche Theorien, die darauf hinauslaufen, daß die Natur des Menschen von tierischen Trieben bestimmt sei, werden allgemein akzeptiert, weil sie dieses Vorurteil erhärten. Das Kind wird als parasitäres, von animalischen Impulsen, Instinkten und Triebkräften determiniertes Wesen betrachtet. Es versucht egoistisch, sein natürliches Verlangen zu erfüllen, und muß in der richtigen Art »unterworfen« werden, ehe es als ein wahrhaft soziales Wesen leben kann. Die meisten Erwachsenen wissen nicht, daß ein Kind vernünftig und verläßlich handeln kann, und verhalten sich ihm gegenüber, als sei es ein nicht verantwortungsfähiges Wesen. Selbst jüngere Kinder haben mehr gesunden Menschenverstand, als ihre Eltern wissen, und oft mehr als die betreffenden Erwachsenen selbst. Sogar Kleinkinder reagieren spontan auf soziale Forderungen, wenn man sie richtig – das heißt mit Achtung und ohne Weichlichkeit – behandelt. Das Kind akzeptiert schon sehr früh Verantwortlichkeit, wenn der Erwachsene ihm nur die Chance dazu gibt. Es experimentiert und richtet sich in seinem weiteren Verfahren danach, womit es die besten Resultate erzielt.

Ein Kind hat nicht nur Intelligenz, sondern macht auch sehr guten Gebrauch davon. Es ist natürlich möglich, daß Eltern es nicht bemerken, weil das Ziel des Kindes sich nicht mit ihrem Ziel deckt. Es setzt seine Intelligenz in solchen Fällen gegen ihre Wünsche ein und nicht so, wie sie es wollen.

Das Kind weiß nicht immer, weshalb es unartig ist, aber einem erfahrenen Beobachter entgeht es nicht, daß selbst das schlimmste Benehmen einen Zweck hat.

Wenn ein Kind sich schlecht benimmt, hat es nach unserer Beobachtung *vier potentielle Ziele.* Sie bringen seinen Irrtum in bezug auf seine Wichtigkeit und Position zum Ausdruck. Es versucht vielleicht, die Aufmerksamkeit der Eltern auf sich zu lenken – Ziel 1; sie in einem Machtkampf zu verwickeln – Ziel 2; sie zu verletzen, wie sie es verletzen – Ziel 3; oder sich Forderungen zu entziehen, denen es sich nicht gewachsen fühlt – Ziel 4. Wir werden uns zwar später noch im einzelnen mit diesen Zielen beschäftigen, zunächst genügt die Feststellung, daß das Kind nicht weiß, was es beabsichtigt. Es reagiert jedoch mit einem »Erkennungsreflex« wenn man ihm seine Absicht enthüllt.

Das Kind zeigt sich in einer Runde nach der anderen den Eltern überlegen. Wenn man sich seine Einstellung zur gegenwärtigen Situation vergegenwärtigt, ist sein Benehmen durchaus logisch und intelligent. Den Eltern aber, die das Aktionsfeld, in dem sie und das Kind sich als soziale Antagonisten bewegen, nicht als das erkennen, was es ist, kommt sein Benehmen sinnlos vor.

Viele Experten wollen uns davon überzeugen, das Kind sei ein parasitäres Wesen. Es stimmt, daß ein Kind sich nicht ohne Hilfe bewegen oder Nahrung finden kann. In dieser Hinsicht ist es tatsächlich von der Mutter abhängig. Aber dasselbe gilt für kranke oder verkrüppelte Menschen, die man selten mit abschätzigen Worten wie »parasitär« oder unreif bezeichnet. Selbst ein Kind kann besser für sich sorgen, als die meisten Eltern denken. Die Begrenzung seiner Muskelkraft, seines Fassungsvermögens und seiner intellektuellen Fähigkeiten machen es nicht zu einem »minderwertigen« Wesen oder unterscheiden es fundamental von anderen Menschen. Viele kindliche Unzulänglichkeiten sind von Eltern, die nichts von den mannigfaltigen Fähigkeiten des Kindes und Kleinkindes wissen, künstlich hervorgerufene Phänomene [4]. Die Eltern »verursachen« zwar weder die Mängel noch das schlechte Benehmen der Kinder, machen sie aber durch ihre Reaktion möglich.

Der trügerische Begriff der »Reife«

Wenn das Vorurteil gegen eine Gruppe überhandnimmt, wird ein passender Ausdruck geprägt, der den entsprechenden Antagonismus verbildlicht. Unsere Kinder haben zum Beispiel die Erwachsenen so vollständig besiegt und in ihren Erwartungen enttäuscht, daß wir, die Erwachsenen, gezwungen waren, uns durch eine abfällige Bezeichnung zu rächen. Es ist charakteristisch, daß wir dabei indirekt attackieren. Wir sprechen vom Kind an sich nicht herabsetzend, sondern nennen den Erwachsenen, der sich schlecht benimmt, »unreif«. Das Attribut gibt zu verstehen, daß die »reifen« Erwachsenen selbstverständlich überlegen sind. Außerdem besagt der Ausdruck, daß der ältere Mensch, dem die soziale Anpassung nicht gelungen ist, sich »kindisch« und folglich minderwertig benimmt. Es gibt keinen Beweis, daß ein reiferes Alter Überlegenheit

---

[4] Wie weit das Kind fähig ist, eine Situation zu beurteilen und sich erfolgreich und intelligent mit ihr auseinanderzusetzen, zeigt das Benehmen normaler Säuglinge taubstummer Eltern. Sie schreien nämlich, da sie die Nutzlosigkeit des Geräusches instinktiv erfassen, lautlos. Das neugeborene Kind Taubstummer schreit ein oder zwei Monate lang so laut wie jedes andere, hört dann aber auf, weil keine Reaktion erfolgt. Wenn solche Kinder älter werden, stampfen sie ärgerlich mit den Füßen, denn die Eltern fühlen das Vibrieren des Bodens und sprechen darauf an.

bedeutet. Aber es ist eine dem Erwachsenen angenehme Vorstellung.

Der Begriff der Reife ist einer der gefährlichsten Irrtümer unserer ohnehin verwirrten Generation. Geängstigte Menschen, vor allem entmutigte Kinder, werden nun herabgesetzt und zusätzlich entmutigt, indem man sie mit dem psychologischen Fachausdruck ››emotional unreif« bezeichnet. Es ist ein Ausdruck, der ihnen nichts bedeutet und ihnen weder das Verständnis erleichtert noch klarere Ausrichtung gibt. Er verschafft ihnen nur einen zusätzlichen Grund, sich schlecht zu benehmen, denn der »unreife« Mensch benimmt sich *eo ipso* »unreif«! Der »unreife« Erwachsene und das Kind haben eines gemeinsam: die Schwierigkeit, die der ››reife« Mensch beiden Typen gegenüber erlebt.

Was versteht man unter »Reife«? Reife bedeutet ein gesundes Gefühl für Realität, Sinn für Proportion, Selbstlosigkeit, emotionale Disziplin, Zuverlässigkeit und Unabhängigkeit – kurz gesagt, ein korrektes soziales und emotionales Verhalten. Zweifellos fehlen vielen Menschen einige dieser Eigenschaften, vielleicht sogar alle. Aber der Ausdruck »Unreife« *unterstellt, daß solche Unzulänglichkeiten bei Kindern normal sind,* bei Heranwachsenden und Erwachsenen dagegen abnorm. Wenn Kinder jedoch undiszipliniert, egoistisch sind und sich schlecht benehmen, ist es unrichtiger Erziehung zuzuschreiben und nicht dem Umstand, daß sie »kindisch« sind. Fehlerhaftes Benehmen eines Kindes wird schließlich zum fehlerhaften Benehmen des Erwachsenen. Erwachsene Menschen, die sich richtig verhalten und für reif gehalten werden, waren meist auch als Kinder nicht anders. Gutes Benehmen und soziale Anpassung, Reife also, haben nichts mit dem Alter und dem Prozeß des Heranwachsens zu tun.

Der Vorgang des Reifens bezieht sich lediglich auf die Entwicklung durch das Wachstum. In bestimmten Bereichen – wie zum Beispiel körperlichem Wachstum, Drüsenfunktion, Geschicklichkeit und Wissen – läuft solch eine Entwicklung ab, während der Mensch seine Kindheit durchlebt und zum Erwachsenen wird. In bezug auf die soziale und emotionale Anpassung findet keine entsprechende Wandlung statt. Das Kind lernt im Pubertätsstadium, daß es besser ist, seine wirklichen Absichten zu tarnen. Es unterscheidet sich vom erwachsenen Menschen weniger durch Mangel an Qualitäten als durch eine Fülle von guten Eigenschaften, die es nur zu häufig im Prozeß des Heranwachsens verliert. Kinder, die noch nicht gelernt haben, »sich zu decken«, können ihre Absichten und Strebungen, viel besser zum Ausdruck bringen; ihre Feinfühligkeit im Hinblick auf persönliche Beziehungen und eine bestimmte soziale Atmosphäre ist größer als die der Erwachsenen. Sie haben im allgemeinen schöpferische Kraft und Fantasie. Diese »guten« Eigenschaften des heranwachsenden Kindes werden durch die heutigen Erziehungsmethoden allzu häufig unterdrückt. Erwachsene Menschen sind oft weniger vielseitig und talentiert, als sie es in der Kindheit waren, aber sie kompensieren diesen negativen Umstand dadurch, daß sie sich als reif betrachten.

Wenn wir nicht so voreingenommen gegen das Kind wären, würden wir es als Lob ansehen, kindlich oder kindisch genannt zu werden und nicht als Beschimpfung oder Demütigung. Jeder, der mit Kindern umgehen kann, wird es bejahen, daß Kinder empfänglicher, verständiger, gewandter, rascher im Verstehen und wandlungsfähiger sind als Erwachsene. Ich finde in der Erziehungsberatung beinah täglich Beweise, daß das Kind seine Rolle innerhalb der Familie viel schneller versteht, wenn sie ihm erklärt wird, viel wendiger die Bedeutung zwischenmenschlicher Beziehungen erfaßt und wandlungsfähiger ist als die Eltern.

Jemand als »emotional unreif« und »kindisch« zu bezeichnen ist nichts als eine Beschimpfung, und Beschimpfung ist eine ansteckende Praktik. Sobald eine abfällige Bezeichnung generell akzeptiert wird, wendet man sie an, wann immer ein Mensch oder eine Gruppe Feindseligkeit erweckt. Man sollte jedoch nicht vergessen, daß kein Erwachsener, den man als infantil betrachtet, sich wie ein normales Kind benimmt. Der Begriff »Reife« ist ein Mittel zur Selbstverherrlichung, den die Menge der Erwachsenen gebraucht, um das Empfinden der Unterlegenheit gegenüber den eigenen Kindern zu kompensieren.

Die Konsequenzen unserer Voreingenommenheit

Viele Methoden, die man heute in der Erziehung anwendet, zeigen, welch falsches Bild sich Eltern von ihren Kindern machen. Die vorherrschende Tendenz ist die, das Kind übertrieben zu beschützen. Weil dafür aber kein wahrer Grund besteht, kann die Übersteigerung sich nur auf die Interessen und Motivationen der Eltern gründen. Oft ist es das Bedürfnis einer Mutter, ihre Bedeutung und ihren Wert zu beweisen, das sie veranlaßt, ihr Kind als hilfloses Wesen zu betrachten, das sich selbst nicht zu beschützen vermag. Sie stellt sich Gefahren vor, um ihre Neigung zu rechtfertigen, ihm Hindernisse aus dem Weg zu räumen. Wenn sie ihm gestattete, die Realität der eigenen Kraft zu erfahren und Widerstandsfähigkeit zu entwickeln, würde sie sich des Gefühls ihrer Bedeutung berauben. Die übertriebene Beschützung nimmt dem Kind aber sowohl Kraft als Selbstvertrauen und bannt es in die Rolle des Abhängigen.

Eine ähnliche Dynamik tritt in Wirkung, wenn Vater oder Mutter das Kind verwöhnen. Verwöhnung kann sich in übertriebenem Beschützen, Anbetung, übergroßer Nachsicht, unangemessener Verhätschelung auswirken, aber die Basis dieser Einstellung zum Kind ist die Annahme, daß das Kind seine Vorrechte jetzt genießen soll und später erst lernen muß, ohne sie auszukommen. Aber dieses »später« kommt nie. Wenn das Kind sich einmal an Vorrechte gewöhnt hat, halt es an ihnen fest, und wenn die Eltern es später zu »entwöhnen« suchen, fühlt es sich mißhandelt und kämpft um den speziellen Status, den es früher selbstverständlich innehatte. Das Kind, das, weil es »nur ein Kind« oder »ein Säugling« war, fürstlich behandelt wurde, erlebt nicht, daß es gleichwertig, daß es wie andere Kinder ist. Es wäre viel glücklicher, wenn es wie die anderen behandelt würde. Verwöhnte Kinder sind im allgemeinen unglückliche Kinder. Sie lernen nicht, sich auf ihre eigene Kraft zu verlassen und damit das einzig mögliche Sicherheitsgefühl zu erlangen. Sie verlassen sich auf andere, erreichen ihren Status durch die Hilfe anderer und gelangen allmählich zu der festen Überzeugung, daß sie selbst an und für sich nichts sind.

Es gibt »Experten«, die das Kind nicht als menschliches Wesen, sondern als ein Bündel von Trieben ansehen, als etwas, das selbstsüchtig ist, das gehätschelt und in jeder Weise befriedigt werden muß, um Mensch zu werden. Sie nehmen an, daß das Kind von Natur »abhängig« ist, und daß es deshalb nur durch die Liebe seiner Mutter dahin gelangen kann, tätig zu sein und ein Gefühl der Sicherheit zu gewinnen. Man betont, daß dieses »Abhängigkeitsbedürfnis« befriedigt werden müsse, damit das Kind später selbständig werden kann. Eben diese Experten betrachten die Nichterfüllung instinktiver Bedürfnisse als Ursache jeder Fehlanpassung. Sie prägen Müttern ein, dem Kind die Erfüllung seiner Bedürfnisse nicht zu versagen, selbst wenn das Bedürfnis die Ordnung stört und das Kind in eine gesonderte Kategorie stellt. Weil die dem Kind angeborene Kraft und seine Fähigkeit zu sozialer Anpassung nicht erkannt werden, zieht man sie auch nicht als Quelle seines sozialen Wirkens in Rechnung. Einer Mutter zum Beispiel, der man riet, ihrem Kind nachzugeben, um »seine Bedürfnisse zu befriedigen«, steht am Ende ein Kind gegenüber, das sie, statt selbständiger zu werden, durch gesteigerte Inanspruchnahme ausnützt. Sie vermeidet zwar für den Augenblick Konflikte und Spannungen, wenn sie die Wünsche des Kindes erfüllt, aber dauernde Harmonie, dauernder Friede können nicht durch Nachsicht und Unterwerfung herbeigeführt werden.

Ein unerzogenes Kind ist auch immer herrschsüchtig. Durch die Weigerung zu tun, was man ihm sagt, zwingt es seine Eltern aufzutreten, wie sie es gar nicht wollen. Im entscheidenden Moment, in dem es die Konsequenzen der gestörten Ordnung zu tragen hätte, tut es den Eltern dann leid, und sie »ersparen« ihm die resultierenden Mißlichkeiten. Statt ihre Aufgaben zu erfüllen, erfüllen sie seine. Wenn es die Mutter jedoch über sich bringt, dem Kind freundlich und geduldig zuzusehen, verliert es die Macht über sie und lernt schon um seiner selbst willen die Ordnung zu respektieren.

Das leise Mißtrauen in Hinsicht auf die Fähigkeiten des Kindes, das hinter seiner Verwöhnung durch die Eltern steht, verbirgt sich häufig auch hinter der Sorge der Mutter um sein Wohlergehen. Wenige Mütter können sich der Versuchung entziehen, bei der Beaufsichtigung ihrer Kinder zu zeigen, wie klug sie sind. Dem Kind wird unzählige Male gesagt, was es tun und was es nicht tun soll, obwohl es jedem objektiven Betrachter klar ist, daß es längst weiß, was ihm oft genug gesagt wurde. Die Eltern erwarten vom Kind oft das Schlimmste und provozieren durch ihre Befürchtungen, daß es wirklich so böse handelt, entweder um sie herauszufordern oder in purer Bestätigung ihrer schlechten Meinung von ihm. Wenn Eltern oder Lehrer nur wüßten, daß dem Kind zu sagen, es solle nicht so ungeschickt, dumm, egoistisch oder böse sein, ihrer schlechten Meinung von ihm Ausdruck verleiht und es veranlaßt, diese zu rechtfertigen! Mangel an Vertrauen vergiftet jedes Verhältnis. Das Kind vertraut seinen Eltern im allgemeinen nicht mehr als sie ihm. Viele Kinder sind der Ansicht – und vielleicht mit gutem Recht – daß ihre Eltern sie weniger verstehen und ihnen weniger gerecht gegenüberstehen als jeder fremde Mensch. Wenige Eltern machen sich klar, wie oft sie ihre Kinder demütigen. Schon der Tonfall kann demütigen. Er kann süßlich oder nörgelnd, pedantisch erklärend, beschuldigend, befehlend oder drohend sein. Wir können auf jedem Spielplatz oder wo immer Kinder und Mütter zusammen sind, beobachten, wie selten Mütter mit ihren Kindern auch nur so sprechen, wie es zwischen normalen Menschen üblich ist. Schelten und Tadeln sind bei vielen Familien der gewohnheitsmäßige sprachliche Austausch.

Die Vergeltung des Kindes

Im allgemeinen sind Kinder zunächst durchaus bereit, an der Hausarbeit teilzunehmen und zu helfen. Die Erwachsenen hemmen sie aber schon früh in ihren Aktivitäten, weil sie fürchten, das Kind könnte sich weh tun oder die Gegenstände, die es handhabt, beschädigen. Was im Familienkreis getan werden muß, wird von den Eltern oder älteren Geschwistern getan; dem kleinen Kind bleiben wenig Möglichkeiten einer Aktivität. Die Entwicklung des natürlichen Verantwortungsgefühls und Gemeinschaftsempfindens wird gehemmt; die Fähigkeit des Kindes, sich nützlich zu machen, wird durch den Mangel an Möglichkeiten, den anderen zu helfen, unterdrückt. Es wird von einem jüngeren Kind gar nicht erwartet, daß es sich nützlich macht. Die anderen erwarten lediglich von ihm, daß es reizend, nett, vergnügt, keck, unterhaltend und im übrigen unaufdringlich ist, damit es die Erwachsenen nicht stört und Unannehmlichkeiten verursacht. Wenn wir die Leistungen unserer Kinder mit dem vergleichen, was von Kleinkindern anderer Kulturen gefordert wird, und was sie tatsächlich tun, wird uns klar, wieviel Fähigkeiten und Bereitschaften wir im Hinblick auf die Kinder der heutigen Generation verschwenden. Unglücklicherweise geschieht das gerade in der wichtigsten Entwicklungsperiode, in der sich die grundlegenden Begriffe des eigenen Wesens und des Lebens im allgemeinen formen. Nachdem das Kind aber daran gehindert wurde, seinen sozialen Beitrag zu leisten, stellt man es plötzlich Forderungen gegenüber, durch die es seinen Wert »beweisen« soll. Man verwehrt es ihm, sich so, wie es ist, gut genug und den Lebensforderungen gewachsen zu fühlen. Nur wenn es sich weiter entwickelt, mehr gelernt, seine Fähigkeiten und sein Wissen vergrößert hat, ist es imstande, seinen Wert zu fühlen. Die Vorstellung, daß man sich speziell hervortun müsse, um zu genügen, wird vielen Kindern eingeprägt, und diese frühen Erlebnisse tragen wesentlich dazu bei, das tiefe Gefühl sozialer Minderwertigkeit zu entwickeln, das für den Erwachsenen von heute bezeichnend ist.

Ich möchte hier ein Beispiel anführen, das darlegt, wie falsch unsere Auffassung vom Kleinkind ist. Ich machte einmal eine Wanderung durch die Hügellandschaft um Wien. Es war um die Mittagszeit sehr heiß, und ich hatte Durst. Als ich, in der Hoffnung auf ein Glas Milch, in ein Bauernhaus trat, fand ich nur drei Kinder zu Hause. Ich fragte sie, wo ihre Eltern seien, und erfuhr, daß sie auf dem Feld arbeiteten. »Und wer paßt auf euch auf?« fragte ich. Das älteste Kind, ein Mädchen, sagte, das tue sie. Auf meine weiteren Fragen erzählte die Kleine, daß sie die anderen anziehe, für sie koche und sie beaufsichtige, bis die Eltern heimkämen. »Wie alt bist du denn?« fragte ich. Sie sagte: »Vier Jahre«.

Als ich diese Geschichte etwa dreißig Jahre später meinen Studenten in den USA erzählte, wunderten sie sich darüber sehr. Aber ein Gasthörer, der Professor der Psychologie und Schweizer war, fand ihre Reaktion typisch für Amerikaner und deren Einstellung zum Kind. Er fragte erstaunt: »Wissen Sie denn nicht, wozu ein vierjähriges Kind fähig ist?«

Weil wir es den Kindern erschweren, durch praktische Teilnahme ihren Platz in der Familie zu finden, versuchen sie auf andere Weise, ein Gefühl der Wichtigkeit zu erlangen. Ihr Mangel an Anpassung und schlechtes Benehmen gründet sich auf dem Versuch, einen Ausgleich für den geringen Status, den sie innehaben, herzustellen. Solche Versuche als »böses« Betragen zu bezeichnen, bringt uns auch nicht weiter. Die abfällige Bezeichnung verstärkt lediglich die Überzeugung des Kindes, daß es minderwertig sei, und das Minderwertigkeitsgefühl seinerseits intensiviert seinen Kampf um eine Kompensation.

Unsere Erziehungsmethoden konfrontieren das Kind mit einer Reihe entmutigender Erfahrungen, und die Kinder selbst nützen ihr »Kleinsein« und ihre angenommene oder wirkliche Unfähigkeit häufig aus, um sich der elterlichen Hilfe zu versichern. Das Kind beginnt unter Umständen in verschiedener Weise, Beachtung zu erzwingen. Es verlangt ständige oder immer wiederholte Liebesbeweise, Geschenke und Hilfeleistungen. Wenn es ihm nicht gelingt, sich durch positives Verhalten, durch seinen kindlichen Reiz oder Lebhaftigkeit in den Mittelpunkt zu stellen, kann es denselben Versuch durch negatives Benehmen machen – zum Beispiel böse sein. Das Kind versucht, durch die eine oder die andere Methode sein Ziel zu erreichen, nämlich das, Beachtung zu erwekken (1. Ziel).

Wenn die Eltern ihrerseits versuchen, den übertriebenen Forderungen des Kindes entgegenzutreten, kommt es zu einem Machtkampf (2. Ziel). Kinder glauben meist, sie hätten ein Recht zu tun, was sie wollen, und jeder, der sie daran zu hindern sucht, sei ungerecht und lieblos. Der Machtkampf zwischen Eltern und Kindern wird immer häufiger. In den letzten Jahren entwickelten sich eine erschreckend hohe Zahl von Kindern, vor allem kleine Jungen, zu wahrhaften Tyrannen, die ihre Eltern in Angst versetzten und dadurch am Ende besiegten.

Das Durchschnittsalter solcher herrschsüchtigen Kinder sinkt im

Laufe der Zeit beträchtlich ab. Früher war es vor allem die Gruppe der Heranwachsenden, die in dem Machtkampf verstrickt war; später waren es in zunehmendem Maß die in der Pubertät und vor der Pubertät Stehenden. Vor einigen Jahren erkannte ich mit Erstaunen, wie groß die Gruppe von Müttern von vier- bis sechsjährigen Jungen war, die sich faktisch vor ihnen fürchteten, obwohl sie ihr Bestes taten, mit ihnen fertig zu werden. Neuerdings nun finden wir Ein- oder Einundeinhalbjährige in dieser Kategorie und allmählich auch Mädchen. Kurz gesagt, der Krieg zwischen den Generationen wird intensiver.

Der Machtkampf zwischen Eltern und Kind führt unvermeidlich zu einem Stadium gegenseitiger Vergeltungsmaßnahmen. Wenn der Kampf heftig wird, steht das Kind oft, nicht ohne Anlaß, so großer Feindseligkeit gegenüber, daß es sich von allen gehaßt fühlt. Es läßt aber, trotz seiner Überzeugung, verfemt zu sein, nicht in seinen Anstrengungen nach, eine Position innerhalb der Gruppe zu erringen. Da ihm jedoch nichts Konstruktives zu tun bleibt, wird ihm die Rache zum Ziel (3. Ziel). Kinder, die sich rächen wollen, wissen genau, wie sie am schmerzhaftesten verletzen können, und setzen dieses Wissen auch in die Tat um. Sie sind »böse« und verhalten sich negativ, veranlassen die anderen also, sie so zu behandeln, wie sie es erwarten. Die darauf natürlich folgende Strafe gibt ihnen neue Rechtfertigung für ihr antisoziales Verhalten.

So stehen die Dinge, aber man darf andererseits nicht vergessen, daß selbst solche Kinder sich auf ihre besondere Weise in die Gruppe einzugliedern versuchen. Sie machen den Fehler nur in der Art, wie sie es zu bewerkstelligen suchen. Wenn wir unser Verhalten Kindern gegenüber nicht ändern, haben wir ein Anwachsen dieser Gruppe schärfster Gegner der etablierten Gesellschaft und dessen, was sie repräsentiert, zu erwarten. Viele Kriminelle, Psychopathen und sozial und geistig abnorme Menschen entstammen der Kategorie von Kindern, die das Gefühl haben, nicht zur Gemeinschaft der Erwachsenen zu gehören, und die ihre Werte und ihre Vorschriften deshalb ablehnen.

Neben diesen drei Gruppen von Kindern, die sich den Folgerungen des Vorurteils der Erwachsenen aktiv entgegenstellen und sie bekämpfen, existiert eine andere Gruppe, deren Opposition ganz und gar passiv ist. Kinder dieser Gruppe sind durch ihren Mangel an Zuversicht so entmutigt, daß sie nur noch vermeiden irgend etwas zu tun, was die gefürchtete Unfähigkeit offenbaren könnte. Sie geben auf, ohne auch nur einen Versuch zu machen. Ihr Ziel ist, wirkliche oder vorgetäuschte Unfähigkeit zur Schau zu stellen und sich dahinter zu verstecken, um sich den an sie gestellten Forderungen zu entziehen (4. Ziel). Sie akzeptieren ihre Unzulänglichkeit scheinbar als dauerndes durch nichts aufzuhebendes Hindernis und machen damit jeden erzieherischen Versuch, sie zum Lernen oder irgendeinem Einsatz anzuspornen, zunichte. Manchmal ist solch eine Passivität eine Waffe im Kampf um die Macht. Ich nenne sie sogar »gewaltsame Passivität«, denn sie versetzt sowohl Eltern als Lehrer in hilflosen Zorn. Eines jedenfalls steht fest, je mehr Druck die Erwachsenen ausüben, desto passiver und unzulänglicher wird das Kind.

Ein Kind kann irgendeinen dieser vier Wege einschlagen, entweder wegen seiner generellen Einstellung zur Welt der Erwachsenen oder aus einer bestimmten Position im Rahmen eines Gruppenverhaltens heraus. Niemand kann hoffen, sich ihm gegenüber richtig zu verhalten, ohne die Zielsetzung eines Kindes und den Zweck seines Tuns zu verstehen. Eine moralische Stellungnahme ist dabei sinnlos, weil sie weder auf das Ziel des Kindes noch auf seine Position innerhalb der Gruppe einwirkt.

Die Schwierigkeiten des Lehrers

Wir mußten feststellen, daß Eltern ihren Kindern oft nicht gewachsen sind. Sie vergegenwärtigen sich meist nicht, wie sie ihrerseits von ihnen beeinflußt werden. Sie sind auch nicht mit den Mitteln vertraut, mit denen man im Rahmen der Demokratie auf Kinder einwirken kann. Sind die Lehrer in einer besseren Lage? Kaum. Auch sind sie sich weitgehend nicht bewußt, wie ihre Schüler auf sie einwirken. Infolgedessen versuchen Lehrer, ihre Schüler in der traditionellen Weise zu leiten, die in einer autokratischen Gesellschaft wirksam war, die aber angesichts der Probleme, mit denen der Lehrer heute konfrontiert wird, vollkommen unzulänglich sind. Lehrer glauben zum Beispiel noch immer, daß Strafe zu günstigen Ergebnissen führt, daß der Versuch, demokratisch vorzugehen, übergroßer Nachsicht und Lässigkeit entspringt und nur zu Anarchie führen kann.

Es gab eine Zeit, und sie liegt noch gar nicht weit zurück, in der die Lehrer verpflichtet waren zu lehren und die Schüler zu lernen. Taten sie es nicht, dann war der Teufel los. Heute kann man davon nicht mehr ausgehen. Die Zeiten haben sich gewandelt. Wie sehr, sehen wir zum Beispiel am Widerstreben unserer Kinder, einen Lehrer zu akzeptieren, der sie langweilt. Er kann ihre Aufmerksamkeit nicht fesseln, und sie reagieren auf dieses Unvermögen damit, daß sie nicht lernen.

Daß Schüler ihre eigenen Rechte geltend machen, ist ein verhältnismäßig neues Phänomen. Bei der Umfrage in einer bestimmten Schule waren alle Schüler sich darin einig, daß ihre Großväter eine solide Tracht Prügel bekommen hätten, wenn sie sich benommen hätten wie Schüler von heute. Aber das Kind der Gegenwart spricht nur an, wenn seine Teilnahme geweckt ist, und es ist unsere Aufgabe, entsprechende interessante und anregende Lehrmethoden zu entwickeln.

Es gibt Lehrer, die Kinder ohne weiteres verstehen und sie zu fesseln wissen. Das sind die sogenannten Naturtalente. Aber sie lernen, was sie dabei einsetzen, nicht in Seminaren. Wir bereiten Lehrer darauf vor, bestimmte *Stoffe* zu lehren, nicht wie man *Kindern* den Stoff vermittelt. Viele Lehrer sind, solange das Kind lernbereit und lenkbar ist, ausgezeichnet. Aber wenn es das nicht ist – und eine wachsende Zahl von Kindern entscheidet sich, weder das eine noch das andere zu sein – dann weiß der durchschnittliche Lehrer sich keinen Rat. Es ist sein eigener Fehler, wenn er seine Schüler nicht zu beeinflussen und korrigieren vermag, ebenso wie es der Fehler der Eltern ist, wenn sie nicht imstande sind, auf ein Kind einzuwirken, das sich schlecht benimmt. Sowohl Eltern als Lehrer sind Opfer einer mißlichen kulturellen Situation, die von ihnen fordert, Einfluß auf ihre Kinder auszuüben, ohne ihnen die Mittel dazu zu geben.

Eine Folge dieser Lage ist, daß unsere Schulen ihre Aufgaben nicht erfüllen. Es hat keinen Sinn, einige Milliarden mehr für Erziehung auszugeben, und sie denen zu bringen, die bisher keinen Zugang dazu hatten. Wenn wir nur mehr von dem geben, was wir schon immer hatten, wird es nie genug sein. Wir vergeuden unsere Zeit in der Diskussion potentieller Erziehungsziele und sind nicht imstande, die Studenten für die Mitarbeit auf alle diese Ziele hin, die wir ihnen gesetzt haben, zu gewinnen. Wir haben die Kontrolle über die jungen Menschen verloren.

Wie kam es dazu? Wir sind auf die erschreckenden Wandlungen innerhalb unserer Gemeinschaft nicht vorbereitet. Man weiß zwar um diese raschen Änderungen, aber nicht, wie sie beschaffen sind. Deshalb kann man sich ihnen auch nicht schnell anpassen. Es ist der Arbeit Deweys zu verdanken, daß keine Berufsgruppe sich der Notwendigkeit demokratischen Vorgehens so bewußt ist wie die Lehrer. Aber selbst Lehrer sind nicht mit den Methoden vertraut, die eine demokratische Umwelt fordert. Sie versuchen noch immer, Kinder durch Strafen zu beeinflussen. Sie können sich ein Schulleben ohne Zeugnisse gar nicht vorstellen. Unser ganzes System ist auf den *Fehler* hin ausgerichtet; das Ziel ist, Fehler zu vermeiden oder zu korrigieren, statt aus ihnen zu lernen.

In den Vereinigten Staaten ist die Einstellung der meisten Oberschüler – selbst der sogenannten guten Schüler – ihren Lehrern gegenüber sehr kritisch und oppositionell. Ein Oberschüler erzählte uns einmal, seine ganze Klasse habe eine bestimmte Lehrerin mit Abneigung betrachtet, bis sie eines Tages in Begleitung einer älteren Frau in den Unterricht gekommen sei und sie der Klasse als ihre Mutter vorgestellt habe. Die Schüler nahmen plötzlich eine veränderte Haltung ein und begannen ihr Sympathie entgegenzubringen. Sie war plötzlich zum Menschen für sie geworden, sie hatte ja eine *Mutter*. Das Vorurteil, das Schüler und Lehrer einander entgegenbringen, hindert sie daran, einander als Menschen zu sehen. Sie sind ja Feinde und können sich deshalb mit aller Feindseligkeit behandeln, die die Lage mit sich bringt.

Ein anderes Beispiel: Ein Junge, der seine Arbeit in der Unterrichtsstunde nicht zu Ende brachte, mußte länger in der Schule bleiben.

Während er an seinem Pult saß, arbeitete die Lehrerin an ihrem Schreibtisch. Er wurde nach einiger Zeit fertig, und sie sagte ihm, er könne nun gehen. Als er schon im Weggehen war, fügte sie noch hinzu, sie sei überrascht, wie nett er sei, wenn er allein mit ihr zusammenarbeite, und wie unerträglich er sich innerhalb der Klasse benehme. Da sah er sie erstaunt an und antwortet: »Dasselbe habe ich eben über Sie gedacht.«

Wir werden unser ganzes Erziehungssystem gründlich ändern müssen, ehe wir erzieherische Erfolge haben. John Dewey erkannte diese Notwendigkeit, aber er verfiel in das entgegengesetzte Extrem. Infolgedessen ist die progressive Erziehung wegen ihrem »Alles erklären« einigermaßen in Verruf geraten. Wir stehen heute einer ähnlichen Gefahr gegenüber. Manche Pädagogen, unter ihnen A. S. Neill – neigen dazu, zuviel durchgehen zu lassen. Mit solchen Lehrern wachsen Kinder wieder wie die Wilden auf. Antiautoritäre Kindergärten führen nur zu verstärkter Widerspenstigkeit, und am Ende kommt es allemal zu dem Ruf nach dem starken Mann, der Ordnung in das Chaos bringen soll – obwohl die Zeit der Tyrannen doch vorüber ist. Dieses Verlangen nach »Gesetz und Ordnung« und allem, was der Begriff umschließt, führt dann seinerseits zu neuer Rebellion.

Da das gegenwärtige System nicht funktioniert, müssen wir neue Lehrmethoden entwickeln. Der programmierte maschinelle Unterricht erzielt beträchtliche Erfolge. Weshalb wohl? Weil das Kind aus eigener Kraft fortschreitet? Das könnte es, wie die Montessori-Schulen beweisen, auch in einer gut organisierten Klasse. Der Erfolg des Lernens durch maschinellen Unterricht basiert wohl vor allem darauf, daß das Kind sich nicht in derselben Weise gegen die Maschine auflehnen kann wie gegen den Lehrer.

Neue Lehrmethoden können schließlich aus einer tieferen Einsicht in die Art entwickelt werden, in der das Kleinkind lernt. Es ist auffallend, wieviel das Kind im Vorschulalter lernt und wie wenig danach. Lehrer finden es zum Beispiel oft schwierig, ein Kind zu unterrichten, das nicht in ihrem Land geboren wurde und deshalb nicht ihre Sprache spricht. Sie betrachten Zweisprachigkeit als ein Hindernis. Aber Kinder im frühen Alter können zugleich und in kürzester Zeit zwei oder drei Sprachen lernen. Allerdings unterscheidet sich die Art, in der Kinder Sprachen lernen fundamental von der, in der sie sie in der Schule lernen. Wenn sie selbständig lernen, spielt Erfolg oder Mißerfolg keine Rolle. Sie lernen, weil sie Freude daran haben.

Schwierigkeiten im Lernen und Verhalten treten oft gleichzeitig auf. Sie zeigen den mangelnden Willen des Kindes, mit dem Lehrer zusammenzuarbeiten. Man hat nachgewiesen, daß 20-25 % unserer Kinder nie richtig lesen lernen. Statt an der Unfähigkeit des Kindes zu lesen, die Unfähigkeit des Lehrers zu erkennen, es lesen zu lehren, sind wir ständig auf der Suche nach speziellen physischen Zuständen, die das Versagen des Lehrers entschuldigen. Zuerst war es der Intelligenzquotient, den man für einen absolut gültigen Maßstab der intellektuellen Fähigkeit des Kindes hielt. Als man erkannte, daß er nicht verläßlich war, tauchte das Problem der Lesefähigkeit auf. Da Jungen sich, wie man annahm, langsamer entwickeln als Mädchen, wurde vorgeschlagen, sie sollten statt mit sechs Jahren (wie die Mädchen) mit acht Jahren lesen lernen, obwohl in anderen Kulturkreisen *alle* Jungen mit vier Jahren lesen lernen. Allerdings weiß man dort auch nichts von der langsamen Entwicklung der Jungen!

Die neueste Entdeckung, mit der man, wenn das Kind nichts lernt, das Versagen des Lehrers entschuldigt, ist die der Dyslexie, einer zerebralen Fehlfunktion. Wir nehmen auch an, daß kulturbedingte Hindernisse oder Wahrnehmungsstörungen vorliegen können und daß Hyperaktivität die Folge eines minimalen Gehirnschadens sein kann, aber die Wurzel all unserer Schwierigkeiten sind falsche Vorstellungen davon, was Kinder zu tun vermögen. Kinder können in ihren ersten zehn Lebensjahren das Wissen eines Abiturienten erwerben.

O. K. Moores Experimente beweisen, daß Kinder im Alter von zweieinhalb Jahren lesen und schreiben lernen können [5]. Moore betont zwar, daß die Fähigkeit bei einem begabten und einem durch-

---

[5] O. K. Moore, Autotelic Responsive Environment and Exeptional Children, Hamden, Conn. 1963.

schnittlichen Kind verschieden sei, aber andere Experimente haben inzwischen aufgezeigt, daß *alle* Kinder in diesem Alter imstande sind, lesen und schreiben zu lernen. Man weist uns sogar darauf hin, daß es das beste Alter ist, lesen zu lernen, und daß es um so schwieriger wird, je später ein Kind beginnt. Glen Doman, der mit zerebral gestörten Kindern arbeitete, fand, daß »Kinder mit einem Jahr Worte, mit zwei Jahren Sätze und mit drei Jahren ganze Bücher lesen können« [6]. Das gilt natürlich auch für gesunde Kinder. Henry Chauncey ist der Ansicht, daß, nachdem das Kind einmal zwei Jahre alt ist, das Lesen immer schwerer gelernt wird [7]. Auch Maria Montessori stellte fest, daß ein Kind, das über sechs Jahre ist, nie mehr die Fähigkeit, lesen zu lernen, gewinnt, die es vorher hatte.

Es ist seltsam, daß Pädagogen uns vor der großen Gefahr frühen Unterrichts warnen, obwohl anzunehmen wäre, daß die Entdeckung des hohen Lernpotentials des Kleinkindes von der Gemeinschaft unserer Erzieher freudig begrüßt würde.

Die Furcht vor schädlichen Folgen gründet sich offensichtlich auf einer übertrieben beschützenden Haltung dem Kind gegenüber. Es ist aber bewiesen, daß die Entwicklung des Kindes optimal angeregt wird, wenn wir es Erfahrungen gegenüberstellen, die weit über sein durchschnittliches Vermögen hinausgehen. Nimmt, wie manchmal angenommen wird, das frühe Lernen dem Kind seine »Kindheit«? Keineswegs. Selbst das Wunderkind, das in speziellen Bereichen die Leistungen eines Erwachsenen vorweist, ist auf allen anderen Gebieten ein Kind. Die in Aussicht genommene Form des Lernens ist lediglich eine besondere Art des Spielens; es stimuliert intellektuelle Aktivitäten, die den Kindern von heute im allgemeinen nicht zugestanden werden.

Einen Einspruch erheben auch die, die gegen die Anregung zu Tätigkeit irgendeiner Form, einschließlich des Lernens, opponieren, ehe die Gehirnzentren sich entsprechend entwickelt haben. Psychoanalytiker warnen schon seit Jahren vor der Gefahr, das Kind zur

---

[6] G. Doman, How to Teach your Baby to Read, Random House, New York 1964.
[7] H. Chauncey, in: Science Newsletter, Bd. 85, 1964, S. 125.

»Sauberkeit« zu erziehen, ehe das Zentralnervensystem ausreichend entwickelt ist. Wir wissen heute, daß die zerebrale Reife nicht Voraussetzung, sondern Folge ihrer Inanspruchnahme ist. Eine zerebrale Reifung erfolgt nur dann, wenn Aktivitäten gefordert werden.

Eine erstaunliche Entdeckung auf einem ganz anderen Gebiet zeigt das Ausmaß der Aktivität, deren ein Kind fähig ist. Anscheinend kann ein Säugling, der noch nicht sechs Monate alt ist, schwimmen, ohne zu ertrinken; er hat einen Würgereflex, der ihn davor schützt [8]. Die weitreichenden Folgen dieser Erkenntnis sind kaum vorstellbar, wenn Eltern erst einmal die Fähigkeit entdeckt und ausgenützt haben. Was bedeutet sie? Nun, daß das Kind kein hilfloses und beinahe bewegungsunfähiges Wesen ist. Es ist imstande, im Wasser seine Muskeln zu benützen und seine Bewegungen in eine bestimmte Richtung zu lenken. Man kann sich leicht vergegenwärtigen, wie sich dadurch das Selbstbewußtsein des Kindes in dieser wichtigsten formativen Periode ändert und wie es auf seine zerebrale Entwicklung wirkt, wenn sie so früh angeregt wird. Niemand kann heute schon sagen, welche Geschicklichkeiten, Fähigkeiten und Eigenschaften dadurch entwickelt werden können. Die Anwendung dieser neuen Methoden fordert nicht nur eine völlig verschiedene Vorstellung vom Kind, sondern die frühe Aktivität des Kindes führt auch zu einem Wandel der Öffentlichen Meinung. Wir stehen wirklich vor der Entwicklung eines neuen Menschen in einer neuen Gesellschaft.

Die Revolte der Heranwachsenden

Solange die Kinder klein sind, findet der Kampf nur innerhalb der Familie und der Schule statt. Beim Heranwachsenden richtet er sich gegen die Gesellschaft im allgemeinen. Die Gesellschaft steht dem Ergebnis ihrer Unfähigkeit, auf die Jugend einzuwirken, ihre

---

[8] M. A. Gabrielson, »Swimming Phenomeon«, Journal of Health & Physical Education Record, Bd. 35, 1964, S. 45.

Handlungen und Werte zu beeinflussen, gegenüber. Man gibt den Eltern und Lehrern die Schuld, aber auch sie sind ja Opfer, wenn Heranwachsende und junge Menschen der Gesellschaft und dem, was sie repräsentiert, den Krieg erklären.

Wenn Kinder heranwachsen, müssen sie sich zu Mitgliedern einer größeren Gemeinschaft entwickeln, aber ihre Aussicht, Anerkennung und Verständnis zu finden, sind nicht allzu groß. Die Atmosphäre unserer Leistungsgesellschaft veranlaßt Eltern, ihre Kinder zum Ehrgeiz zu erziehen, aber wenige Heranwachsende haben die Möglichkeit, ihr Selbstgefühl durch spezielle Talente und Leistungen zu befriedigen. Jedem Teenager, der sich durch Erfolge in der Schule, im Leben der Gemeinschaft, auf dem Sportplatz auszeichnet, stehen buchstäblich Tausende gegenüber, die diese Möglichkeit einfach nicht haben. Trotzdem haben sie das Bedürfnis, sich in irgendeiner Weise bedeutend zu fühlen – sie brauchen das Gefühl. Deshalb versuchen sie sich vielleicht durch ein Benehmen Geltung zu verschaffen, das die Erwachsenen zwar schockiert, das ihre Altersgenossen aber beeindruckt. Rauchen, Genuß von Rauschgiften, wildes Autofahren, »auf die leichte Tour« Geld machen, sich sexuell betätigen, Gesetze zu brechen – all das kann gesteigertes Selbstgefühl verleihen. Aber hier haben wir auch das Stadium, in dem die Auflehnung gegen die hergebrachten Werte zur Entwicklung einer psychopathischen Persönlichkeit führen kann.

Eine steigende Zahl von Heranwachsenden wird zu einer feindseligen Haltung gegenüber der Gemeinschaft der Erwachsenen getrieben, die ihnen keinen Platz einräumt, an dem sie sich nützlich machen können. Junge Menschen, die Rat und Hilfe suchen, finden wenig Erwachsene, die sie als Gleichwertige behandeln und die sie als Freunde akzeptieren. Je mehr sie der Hilfe und Führung bedürfen, desto mehr werden sie »herumgestoßen«, bestraft, herabgesetzt und in ihrem Gefühl bestärkt, daß sie wertlos sind. Viele von ihnen wachsen über dieses Stadium hinaus und finden einen Platz in der Gesellschaft der Erwachsenen, vor allem wenn sie auf eine legitime Weise Geld verdienen und sich Respekt erwerben können. Aber viele bleiben ihr Leben lang Ausgestoßene und setzen den Krieg gegen die Gesellschaft fort, der mit ihrem Kampf gegen Eltern und Lehrer als den Repräsentanten dieser Gemeinschaft begann. Was man die »Kluft der Generationen« nennt, ist der Kampf zwischen den Generationen. Er äußert sich in der Verschiedenheit der Wertsetzung. Erwachsene bedauern den »Mangel an Werten« bei den Jungen; die Jungen ihrerseits lehnen die Werte der Erwachsenen ab. Die Kritik beider Teile ist berechtigt. Viele heute allgemein herrschende Werte sind mehr als zweifelhaft; die Wertmaßstäbe, die unsere jungen Menschen ihrem Handeln zugrunde legen, sind nicht nur zweifelhaft, sondern geradezu gefährlich. Eine ganze Generation junger Menschen kennt nur einen Wert, den sie alle, die Guten und die Schlechten, die Erfolgreichen und die Versager akzeptieren: das Bedürfnis nach dem *Reiz*. Langeweile ist unerträglich, Erregung das ideale Lebensgefühl. Nur wenn man sich das vergegenwärtigt, kann man die um sich greifende Sucht nach Rauschgiften verstehen.

Drogen vermitteln dem jungen Menschen scheinbar alles, war er vom Leben erwartet. Nichts ist aufregender als ein »Trip«. Was immer die Folgen sind, selbst, wenn man sich in lebenslängliches Verderben stürzt, es spielt keine Rolle. Eine Bande von Jungen brach in ein Haus ein. Man fragte sie, warum sie das getan hätten. »Wir hatten Langeweile«. Erregung, Aufregung, Reiz ist das einzige, was zählt.

Der zweite Grund, Drogen zu nehmen, ist der, daß der junge Mensch hofft, dadurch seine »Identität« zu finden. Er muß, um »anders«, zu sein, etwas tun, das die Erwachsenen von Grund auf verurteilen. Dadurch, daß er imstande ist, die Erwachsenen herauszufordern, gewinnt er ein »Freiheitsgefühl«, ohne sich zu vergegenwärtigen, wie sehr er seine »Rechte« mißbraucht. Bei der »Gegenüberstellung« von einer Gruppe Heranwachsender und einigen erfahrenen Beratern in Deleware, wurden die jungen Leute gefragt, warum sie so gerne »Rock and Roll« tanzten (»Rock and Roll« war damals gerade *der* Tanz). Sie waren sich alle darüber einig, daß sie Freude daran hatten, weil die Erwachsenen es ablehnten. Was wäre nun aber, wenn die Erwachsenen auch Geschmack daran fanden. »Dann würden wir uns nach etwas anderem umsehen.«

Auch heute lieben die Jungen Musik, die für Erwachsene geradezu unerträglich ist. Aus einem ähnlichen Grund nehmen sie Rauschgift: Es gibt wenig, was die Eltern so erschreckt und in Furcht versetzt, wie der Umstand, daß ihre Kinder Rauschgift nehmen. Je mehr die Erwachsenen protestieren, desto begehrenswerter werden die Drogen.

Ein dritter Faktor ist: die Drogen versetzen sie in einen Zustand, der einem zeitweiligen Wahnsinn ähnelt. Der Mensch, der Rauschgift genommen hat, steht wie der wirkliche Psychopath den Forderungen der Wirklichkeit und der Gemeinschaft gleichgültig gegenüber. Er lebt abgeschlossen in seiner privaten Welt.

Kann man der Ausbreitung der Rauschgiftsucht entgegenwirken und die Betroffenen retten? Eine Patentlösung gibt es nicht; das Problem wird schlimmer werden, ehe man auf Besserung hoffen kann. Gegenwärtig ist keine Familie und keine Gemeinschaft dieser Gefahr gegenüber immun. Einflußreiche Kräfte innerhalb der Gesellschaft versklaven den Süchtigen. Viele Menschen, die Drogen nehmen, möchten damit aufhören, sind aber nicht willens, ihren Freundeskreis zu verlieren. Der Einfluß der Gruppe ist zu stark, als daß man ihm Widerstand leisten könnte; man kann ihm nur durch Veränderung der Werte innerhalb der Gruppe begegnen. Was das Problem noch schwieriger macht, ist, daß Gewinnmotive hineinspielen. Die Händler, die an dem Geschäft ein Vermögen verdienen, sind nicht geneigt, ihre Macht aufzugeben; und ihre Opfer, die ihre kostspieligen Gewohnheiten nicht aufgeben wollen, sorgen dafür, daß niemand aus dem Kreis ausbricht. Die Gesellschaft steht einem sozialen Problem gegenüber, das durch soziale Maßnahmen bewältigt werden muß. Der Jugend muß auf ihrer »Suche nach einem Sinn des Lebens« eine Alternative gegeben werden. In dieser Hinsicht haben Gruppen, die sich wie Synanon und Daytop auf Selbsthilfe gründen, Möglichkeiten, wo Außenseiter versagen.

Ein Beitrag, den junge Menschen da wirklich leisten können, ist, ihr eigenes Haus in Ordnung zu bringen, neue Ideale und Werte aufzustellen und Verantwortung füreinander zu übernehmen. Es genügt nicht, gegen die falschen Werte unserer Gesellschaft zu rebellieren. Wenn die Jugend sich gegen soziale Mißstände auflehnt und das gegenwärtige Erziehungssystem in Frage stellt, muß sie selbst statt der alten neue und bessere Werte aufstellen. Junge Menschen spielen *wirklich* eine führende Rolle, stellen neue Ideale innerhalb der Gesellschaft auf, verändern die Maßstäbe des sexuellen Lebens, beeinflussen das politische System, aber sie sollten sich davor hüten, sich von denen, die sich lediglich um der Auflehnung willen auflehnen, auf falsche Geleise bringen zu lassen.

Eintracht zwischen den Generationen

Wir können zu keinen befriedigenden Ergebnissen gelangen, wenn wir nicht den Kampf zwischen den Generationen zu einem Ende geführt haben. Es wird nicht von heute auf morgen gelingen, aber wir müssen es versuchen, und wir müssen Eltern und Lehrern helfen, Einfluß auf die ihnen Anvertrauten auszuüben.

Als erstes müssen die Erwachsenen den Kampf niederlegen. Aber sie dürfen sich nicht geschlagen geben. Weder Gewaltsamkeit noch prinzipielle Nachgiebigkeit führen zu positiven Resultaten.

Zweitens müssen sich Erwachsene der Beeinflussung durch ihre Kinder entziehen. Wenn sie nicht wissen, worauf das schlechte Benehmen des Kindes abzielt, bekräftigen sie es nur darin, fügen sich seinen Absichten, statt sie zu berichtigen. Sie müssen die *Motivationen* des Kindes verstehen lernen und eine Technik entwickeln, sie zu ändern.

Drittens müssen sie neue Methoden im Umgang mit Kindern anwenden, da die traditionellen nicht mehr wirken. Wir haben 34 Grundsätze der Kindererziehung in einer demokratischen Gesellschaft festgelegt [9], und einer der wichtigsten Punkte davon ist die Fähigkeit, Kinder zu ermutigen [10]. Zuletzt aber muß, um übertriebene Nachgiebigkeit zu vermeiden und dem Kind Grenzen zu setzen, eine Technik logischer Schlußfolgerungen entwickelt werden [11].

---

[9] R. Dreikurs & V. Soltz, Kinder fordern uns heraus. Wie erziehen wir sie zeitgemäß, Ernst Klett, Stuttgart 17. A. 1986.
[10] R. Dreikurs & D. Dinkmeyer, Ermutigung als Lernhilfe, Ernst Klett, Stuttgart 4. A. 1979.
[11] R. Dreikurs & L. Grey, Disziplin ohne Strafe, 4. A., 1984.

Vielen Erwachsenen fällt es schwer, zwischen Bestrafung und logischem Ablauf der Konsequenzen zu unterscheiden, aber eine feine und sehr scharf definierte Linie trennt eines vom anderen.

Eltern und Lehrer müssen es lernen, sowohl in der Familie als in der Schule eine demokratische Atmosphäre zu schaffen. Wir kommen nicht mehr zu den erwünschten Resultaten, wenn wir die Entscheidung darüber fällen, was die Kinder tun sollen. Wir brauchen ihre Hilfe. Zu einer Unterstützung von ihrer Seite kommen wir aber nur durch Diskussion innerhalb der Gruppe. Eltern müssen lernen, wie man einen Familienrat führt, genauso wie Lehrer imstande sein müssen, eine Gruppendiskussion zu leiten. Für den Lehrer ist es von großem Nutzen, daß er die Klassengruppe einsetzen kann. Im allgemeinen haben Lehrer heute die Vorstellung, daß sie 50 *Kinder* unterrichten und korrigieren müssen. Das ist nicht der Fall. Der Lehrer hat es immer nur mit einer *Klasse* zu tun, gleichgültig ob sie 20 oder 50 Kinder umfaßt. Als Leiter solch einer Gruppe kann der Lehrer eine Atmosphäre schaffen, die das Lernen erleichtert. Aber er muß lernen, die Klasse zu einem Ganzen zu machen, im Gegensatz zur heutigen Situation, in der die Lehrer den Unterschied zwischen den guten und den schlechten Schülern, zwischen denen, die sich durch Leistungen auszeichnen und den anderen, die zurückbleiben, betont [12].

Die Gruppe kann dem Lehrer bei der Lösung der Probleme, die sich in der Klasse ergeben, helfen. Die Gruppe ist es auch, die ihm ermöglicht, den Wertmaßstab der Klasse zu beeinflussen. Durch ihre Unterstützung gelingt es ihm, den Schaden aufzuheben, den die Familie oder die Gemeinschaft dem Kind vielleicht zugefügt hat. In der Gruppendiskussion kann er den Schülern das Bewußtsein ihrer Ziele vermitteln und sich ihre Hilfe und ihr Verstehen sichern. Der Lehrer kann selbst eine demokratische Atmosphäre in einer Klasse herstellen, wenn er sie an der Verantwortung teilnehmen läßt.

Verantwortlichkeit ist der wesentliche Faktor in unserem gegenwärtigen Dilemma. Die Revolution, die sich, von den Vereinigten Staaten

---

[12] R. Dreikurs, Psychologie im Klassenzimmer, Ernst Klett, Stuttgart 9. A. 1980.

ausgehend, über die ganze Welt verbreitet (jedenfalls dort, wo eine demokratische Entwicklung zu erkennen ist), zielt auf *Teilnahme an einer Planung* ab. Nur eine Teilung der Verantwortlichkeit wird den Kampf beenden, und der erste Schritt dazu wäre es, den Schülern das Recht zur Beurteilung und wertmäßigen Einstufung ihrer Lehrer zu geben. (Sie nehmen sich das Recht dazu in jedem Fall, nur wissen die Lehrer nicht, wie sie eingestuft werden.)

In einem Heim für jugendliche Delinquenten wurde jedes Problem der Gruppe besprochen, und die Ergebnisse waren außerordentlich befriedigend. Die jungen Leute lernten und benahmen sich gut. Es war nicht nötig, die Türen abzuschließen. Aber eines Tages traf der Heimleiter eine selbständige Entscheidung. Er war zu dem Schluß gekommen, daß es nicht gut sei, wenn die Jungen vier freie Nachmittage hätten, und ordnete an, von nun an nur noch zwei Nachmittage freizugeben. Es kam zu einem Aufruhr. Die Jungen zerschlugen Möbel, zerstörten, was ihnen in die Hände fiel, und traten in den Hungerstreik. Der Leiter war sich klar, daß er die Reaktion selbst ausgelöst hatte, und beraumte eine offene Diskussion über die Änderung an. Seine Schlußfolgerungen wurden allgemein verstanden und akzeptiert. Die Jungen hatten sich nur dagegen empört, übergangen zu werden [13].

Da wir nur allzu geneigt sind, leere demokratische Gesten zu machen, haben viele amerikanische Schulen einen Schülerrat. Es ist wenigen klar, daß solch ein Schülerrat unter Umständen die bloße Travestie einer demokratischen Institution ist. Er hat im allgemeinen keine große Mitgliederzahl, richtet sich nach Anordnungen Erwachsener und läßt als Repräsentanten nur »gute« Schüler zu. Die Rebellen haben eine geringe Chance, offiziell zu Wort zu kommen. Unsere Schulen müssen demokratische Einrichtungen werden, ehe wir uns Erfolg versprechen können.

Die Gefahr, die daraus entspringt, Schülern größere Mitbestimmungsrechte zu geben, ist die einer zu großen Freizügigkeit. Die Kinder mißbrauchen nur allzu leicht ihre Rechte, übersehen die logischen

---

[13] Ähnliche Experimente waren überall von Erfolg. Eine Volksschule in Tel Aviv, die »Gordon School«, läßt die Schüler an allen Entscheidungen teilnehmen. Die Schüler lösen ihre Klassenprobleme unter Mithilfe des Lehrers selbst.

Forderungen einer bestimmten Situation und vernachlässigen ihre Verantwortlichkeit. Der demokratische Prozeß verlangt Leitung. Herrscher können Eltern und Lehrer nicht mehr sein, sie müßen es lernen, Führer in einer demokratischen Welt zu werden.

Wesentlich ist auch, daß jungen Menschen größere Aktivität in der Gemeinschaft zugestanden wird. Die erste Tätigkeit dieser Art ermöglicht das Schulleben bei Versammlungen von Lehrern, Eltern und Schülern, auf denen Probleme besprochen werden, die über die Schwierigkeiten des Einzelkindes hinausgehen. Bestimmte Standardfragen – wie und wann das Auto benutzt werden darf, wann man nach einer Verabredung nach Hause kommt, was man in der Freizeit tut – ergeben sich aus Meinungsverschiedenheiten zwischen Erwachsenen und Heranwachsenden. Solche Differenzen sollen in Zusammenkünften besprochen werden, in denen »Waffenstillstand« herrscht, in denen jeder das Recht hat, seine Meinung zu sagen, aber gleichzeitig auch die Verpflichtung, dem anderen zuzuhören.

Es ist nicht schwer, sich eine Mitarbeit der Studenten auf jeder Stufe vorzustellen, wenn wir das Prinzip auf das Hochschulleben von heute anwendeten. Unsere Universitäten sind – in der großen Mehrzahl – undemokratisch. Sie werden oft nach den Vorschriften des Rektors und seines Kollegiums geleitet. Die Radikalen innerhalb der Studentenschaft akzeptieren solch eine Autorität nicht. Aber auch sie verhalten sich nicht demokratisch, denn sie versuchen, ihren Willen um jeden Preis durchzusetzen. Weder der Rektor noch der rebellierende Student hat das Recht, eine Entscheidung zu fällen. Wenn eine Universität eine demokratische Verwaltung geschaffen hat, verliert jeder studentische Aufruhr seinen Sinn. Der Vorstand einer Universität sollte sich aus Vertretern der Verwaltung, den Dozenten, Studenten und Hochschulangestellten zusammensetzen. Diese Gruppe allein muß das Recht haben, Entscheidungen zu fällen. Dem Radikalen wären so alle Argumente vorweggenommen. Sie hätten die ganze Universität oder Schule gegen sich, denn sie wären ja schon zu Gehör gekommen.

Selbstverständlich müssen die Aktivitäten und Prinzipien der Universitäten revidiert werden wie die der Schulen, Internate und

Hochschulen. Sind sie wirklich reine Lehrinstitute? Lassen sich die Studenten einschreiben, um zu lernen: Einige bestimmt, aber sicherlich nicht allzuviele. Sie studieren meist, um einen akademischen Grad zu erwerben und eine höhere, besser bezahlte Anstellung zu bekommen. Das Universitätsleben und die Gesamtheit der Wirtschaft sind in einer Weise miteinander verbunden, daß der Sinn des Studiums entstellt wird. Oft ist der Student, der sein Examen gemacht hat, nicht besser ausgebildet als die vielen, die keine Universitäten oder Hochschulen besucht haben. Nur bei Absolventen technischer Hochschulen entspricht der erworbene Grad wirklicher Befähigung. Man promoviert, wenn man gelernt hat, Prüfungen abzulegen. *Was* man gelernt hat, ist oft unwesentlich.

Sollte der Student andererseits nur lernen, was er lernen möchte? In vielen Fällen deckt sich die Frage der Relevanz mit der »sogenannten« Freiheit. Was wir lernen möchten, ist unter Umständen ganz verschieden von dem, was wir lernen sollten.

Den Forderungen der Studenten nachzugeben ist ein Zugeständnis der Niederlage; wenn wir sie zwingen, zu lernen, was sie nicht wollen, machen wir uns zu Diktatoren; ihnen helfen, das zu lernen, was sie brauchen, bedarf es demokratischer Führung.

SECHSTES KAPITEL

Konflikte innerhalb der Familie

Die Familie ist das Testgelände für unser Verhalten anderen gegenüber und unsere Bemühungen um andere. Die engen Beziehungen zwischen Mann und Frau, Eltern und Kindern konfrontieren uns mit den Schwierigkeiten, die unser Gemeinschaftsleben charakterisieren. Alle Mängel der heutigen zwischenmenschlichen Beziehungen treten ans Licht. Unsere Fehler und Irrtümer wirken sich sofort und oft sehr unangenehm auf unser emotionales Gleichgewicht aus. Deshalb ist die Familie die kleinste Gemeinschaft, in der wir lernen können, welche Kräfte zwischen den Einzelmenschen ins Spiel treten. Wir müssen und können hier Methoden entwickeln, die der neuen sozialen Atmosphäre der demokratischen Gemeinschaft entsprechen. Im Kreis der Familie müssen die demokratischen Grundsätze realisiert, unklare allgemeine Ideen so umgewandelt werden, daß wir sie im Alltagsleben anwenden können. Hier ist es uns möglich, eine Methode der Zusammenarbeit zu entwickeln; was wir innerhalb der Familie lernen, hilft oder hemmt uns im Zusammenleben mit anderen. Die Familie, die Kern der alten Kultur war, wird zum Ausgangspunkt der neuen.

Hinter der Verschiedenheit und Verwicklung der Nöte, Konflikte, Reibungen und Unruhen innerhalb der modernen Familie liegt ein grundsätzliches neues Phänomen: der stärkere Wettstreit zwischen ihren Mitgliedern. In der Familie von heute kommt die tragische Verwirrung einer Generation zum Ausdruck, die selbst noch nach den herkömmlichen autokratischen Methoden erzogen wurde, jetzt aber vor der Aufgabe steht, demokratische Mittel zu handhaben. Das kann uns niemand abnehmen; jeder von uns muß sondieren, neue Ideen ausprobieren, seine Phantasie spielen lassen und den Mut aufbringen, alles aufs neue zu überprüfen, was man früher als alleingültige Wahrheit betrachtete. Wir haben keinen festen Grund mehr unter den Füßen, wir müssen lernen, uns im Ungewissen zu bewegen, mit relativen Werten umzugehen. Die klare Trennung zwischen Recht und Unrecht, zwischen Schwarz und Weiß ist für immer verschwunden. Die neuen Vorstellungen von sozialen und psychologischen Wechselwirkungen mögen dem nicht mit ihnen Vertrauten unklar und beängstigend vorkommen, sie vermitteln aber, wenn sie voll erfaßt und ausgewertet sind, die mannigfaltigsten Möglichkeiten erfolgreichen Handelns. Sie geben denen, die sich nicht mehr auf Autorität und feste Bestimmungen verlassen, sondern den Mut haben, sich selbst zu vertrauen, ein bisher unerhörtes Gefühl der Kraft.

Sind wir Opfer?

Eine der Gefahren unserer kritischen Lage ist, daß jeder die eigene Stärke unterschätzt. Was mit uns geschieht, bedrückt uns so, daß wir nicht mehr sehen, was wir selbst verursachen. Wir lassen uns zu sehr davon beeindrucken, daß andere eine bestimmte Macht über uns haben. Es sieht aus, als würde Druck auf uns ausgeübt, um uns zu bestimmten Reaktionen zu bringen. Wir rechtfertigen jede falsche Handlung mit dem, was andere uns angetan haben. Gute Absichten haben wir alle in Fülle, aber sie werden sinnlos, weil wir immer wieder das Gefühl haben, nicht richtig zu handeln. Wir alle, mit Ausnahme weniger, sind davon überzeugt, daß wir nicht so »gut« oder menschlich sein können, wie es in unserer Absicht liegt, weil andere, selbst unsere nächsten Verwandten, uns daran hindern.

Wie falsch solche Vorstellungen sind, wird uns klar, wenn wir uns vergegenwärtigen, daß jeder unserer Angehörigen dasselbe empfindet. Jeder Ehepartner gibt dem anderen die Schuld an seinen Schwierigkeiten. Beide haben das Gefühl, ihre Kinder respektierten sie nicht genug, und die Kinder ihrerseits fühlen sich von ihren Eltern verraten und von ihren Geschwistern angefochten. Sie können nicht alle recht haben, wenn sie sich als arme Opfer fühlen. Jeder hat zwar von seinem eigenen Standpunkt aus recht, aber keiner scheint sich klarzumachen, wie der Gegner empfindet, und was jeder dem anderen bei diesem Widerspiel von Vergeltungen antut. Zwei ehrenwerte Männer begegnen sich zufällig in einer dunklen Straße, jeder der beiden zittert davor, daß der andere sich ihm nähere, keiner erkennt die panische Furcht des anderen. Dies ist ein Bild unserer Lage: Wir fürchten uns alle voreinander, und keiner versteht, daß jemand sich vor ihm fürchten könne. Der erste Schritt zu einer Verbesserung der Lage ist die Erkenntnis, daß wir in jedem Konflikt eine *aktive* Rolle spielen, und daß diese Rolle der einzige Faktor ist, auf den wir einwirken können. Wir können niemand als uns selbst ändern, aber die Rollen aller anderen in den Konflikt Verstrickten wandeln sich mit unserer. Die Lösung einer Schwierigkeit liegt allein in unseren Händen. Es ist sinnlos, darauf zu warten, daß der andere die Initiative ergreift, und die verrinnende Zeit macht die Lage nur schlimmer.

Die Rolle des Prestiges

Hinter unserer Abneigung, den ersten Schritt zu tun, steht meist die Furcht, uns etwas zu vergeben. Jeder in den Konflikt Verwikkelte verlangt von seinem Opponenten, als erster sein zu lassen, was beide als Unrecht erkennen müssen. Jeder würde es aber als Niederlage empfinden und sich gedemütigt fühlen, wenn er als erster eine versöhnliche Geste machte. Es sieht aus, als versuche man »Frieden einzuhandeln«, und das ist nicht das richtige. Jeder weiß, daß zwei falsche Einstellungen nicht zum Rechten führen können, aber wenige handeln danach. Keiner gibt dem anderen einen Millimeter nach. Es ist offensichtlich, daß es dabei um Prestige geht – und ebenso offensichtlich, daß der Kampf sinnlos ist. Wir schieben in unserer blinden Furcht vor Demütigung jeden Gedanken an Liebe, Rücksichtnahme und Verantwortung zur Seite. Oh, gewiß – wir lieben unseren Nächsten, aber wir wagen ihm nicht im geringsten nachzugeben. Wenn wir es je einmal tun, versuchen wir den taktischen Rückzug zur Basis eines strategischen Erfolgs zu machen; wir warten ab, bis wir zum Zug kommen und uns rächen können.

Wir können uns dem sinnlosen Streit nicht entziehen. Wenn es uns gelänge, den Kampf um Prestige als das zu sehen, was er ist, kämen wir vielleicht zu dem Eingeständnis, daß unser Wert nicht von der Anerkennung durch andere, selbst durch unsere nächsten Verwandten, abhängt. Die nächste Phase ist die Erkenntnis, daß wir einen sehr hohen Preis für diesen Kampf bezahlen. Wenn wir uns das klarmachen, gelingt es uns vielleicht, die kämpferische Haltung aufzugeben, uns auf unsere Selbstachung zu verlassen und andererseits unseren Gegner zu achten. Diese Ermutigung macht es ihm möglich, seine feindselige Haltung aufzugeben. Der Teufelskreis ist durchbrochen.

Der Kampf um die Macht

Die fortschreitende Demokratisierung mit ihrem Wettstreit setzte den Drang nach individuellem *Prestige* an die Stelle des autokratischen Strebens nach *Macht*. Das Familienleben von heute spiegelt beides wider: die traditionelle Tendenz, Macht auszuüben, und das Streben unserer Kulturepoche, persönliches Ansehen zu gewinnen – eine nicht eben vielversprechende Mischung! Sie macht gegenseitige Achtung beinahe zur Unmöglichkeit. Jeder Angehörige der Familie bekämpft den anderen. Dadurch wird es unmöglich, die Familie demokratisch zu organisieren. Es entsteht eine Atmosphäre, die das ehrlichste Bestreben, gerecht, freundlich und nachgiebig zu sein, erstickt. Sie weckt im Menschen den Wunsch, in diesem engsten Bereich Herr zu sein, und nur allzuviele Familien haben zu viele Möchte-gern-Herren. Wir haben so große Angst, beherrscht zu werden, daß wir lieber selbst die Herren spielen. Jede Meinungsverschiedenheit wird zu einem Kampf um die Macht.

Viele Menschen glauben noch immer, daß es in einem Konflikt keine Lösung gibt, als zu kämpfen oder nachzugeben. Das aber ist in einer demokratischen Gesellschaft eben keine Lösung. Konflikte, die durch Unterjochung gelöst werden, führen zu neuen Konflikten. Der Verlierende akzeptiert seine Niederlage nicht als endgültig, und der Sieger fürchtet, das Errungene zu verlieren. Beide Teile wappnen sich für die nächste Runde. Jedes Gleichgewicht in einer demokratischen Gesellschaft jedoch setzt gegenseitige

Achtung voraus. Aber der Sieger in einem Konflikt verliert den Respekt vor dem Besiegten und der Besiegte die Achtung vor sich selbst. Niemand ist *gezwungen* zu kämpfen, wenn er nicht will. Ein gelegentlicher Widerstreit der Interessen ist innerhalb des engen Bezugssystems des Familienlebens nicht zu vermeiden. Eine Lösung muß dann gefunden werden. Aber die meisten Menschen sind sich nicht bewußt, wieviele Möglichkeiten es gäbe, einen Kampf um die Macht zu vermeiden und durch Übereinstimmung zu einer Lösung zu kommen.

Der Fehler des Moralisierens

Die Wirkung unserer verzögerten Entwicklung zu einem demokratischen Leben werden in der Beziehung zwischen Eltern und Kindern offenbar. Die Eltern kommen zu der Erkenntnis, daß ein Kind nicht mehr durch den Druck der Autorität unterworfen werden kann. Darum versuchen sie eine andere Form der »Beherrschung« auszuüben, ohne sich vorerst darüber klar zu sein, daß »Beherrschung« und »Beeinflussung« auf dem Bereich der Kindererziehung sehr verschiedene, einander sogar widersprechende Methoden sind. Sie glauben, es müsse dem Kind »gezeigt« werden, was recht und was falsch sei, bedienen sich dazu der Moralpredigt und sind am Ende hilflos erstaunt, wenn solche Versuche sich als erfolglos erweisen. Sie können nicht mehr wie früher Gehorsam erzwingen, das Kind auch nicht mehr durch Moralpredigten im Zaum halten. Infolgedessen sind sie ratlos und wissen nicht, wie sie es auf die ihrer Ansicht nach richtigen Wege leiten und damit ihre von Anfang an zur Wirkungslosigkeit verurteilten Methoden weiterhin anwenden können.

Selbstverständlich müssen Kinder lernen, das Richtige vom Falschen zu unterscheiden, ethische Begriffe zu entwickeln und in ihrem Gewissen aufzunehmen. Aber Kinder lernen nicht vom bloßen Reden. Manchmal ist es notwendig, etwas zu sagen, zu besprechen, aber es ist falsch, durch moralische Lehren eine Verbindung mit dem Kind zu suchen. Kann man mit einem nicht aufnahmewilligen

Kind überhaupt eine Verbindung herstellen? In der Phase der Übertretung eines Gebotes ist das Kind nicht aufnahmefähig. In einer Konfliktsituation sind Worte nicht Verständigungsmittel, sondern Waffen. Sie bringen den Zorn der angefochtenen Autorität zum Ausdruck. Ärgerliche Worte zum Beispiel zeigen dem Kind genau, wo die Eltern verwundbar sind. Es empfindet es in solch einer Lage als eine Heldentat, das Verbotene zu tun. Die Herausforderung an sich ist ein Sieg und durchaus der folgenden Strafe wert.

Die Frage der moralischen Überlegenheit wird durch unsere demokratische Entwicklung noch unklarer. Kinder akzeptieren Wertmaßstäbe, deren Begründung sie nicht einsehen, nicht oder nur zögernd. Der Verhaltensstandard der Eltern, der oft die Maßstäbe ihrer eigenen Erziehung zur Grundlage hat, steht im Konflikt mit dem Standard der jungen Generation. Kinder fühlen sich oft aufgrund ihrer eigenen Erfahrungen und Ansichten gerechtfertigt, den Ansichten der Eltern entgegenzutreten. Man kann einem Kind heute nicht einfach sagen, das oder jenes sei richtig; man muß es *beweisen*. Und dieser Beweis fehlt oft oder die Folgerung ist so trügerisch und logisch unhaltbar, daß die Kinder nicht davon beeindruckt sind.

Die Entwicklung des Menschen zu einem freien, selbstbestimmenden Wesen hat die Bedeutung des Gewissens begrenzt. Wir handeln, wie wir wollen, nicht unbedingt wie wir sollen. Die diktatorischen Mächte um uns her sind schwächer geworden, und das verstärkt die Motivationen, die den Gewissensforderungen entgegenstehen. Die Erziehung muß subjektive Motivationen in Betracht ziehen, die zur Geringschätzung moralischer Vorschriften führen. Man muß dem Kind nicht nur zeigen, was falsch ist, sondern auch, warum es weiter tut, was es als falsch erkennt. *Es ist sehr viel wirkungsvoller, wenn man die private Logik des Kindes wandelt, als wenn man es moralisch verurteilt.* Im Gewissen kommt der soziale Druck von außen zur Wirkung; um eine Wandlung des Verhaltens herbeizuführen, sind psychologische und soziale Beeinflussungen von weit größerem Nutzen als moralische Vorschriften. Wir müssen versuchen, zu einer »Wandlung der Motivationen« zu kommen, um den Kindern eine Alternative zu ihrem Verhalten zu geben.

In vielen Familien ist die Ansicht, moralische Rechtschaffenheit erhöhe die persönliche Überlegenheit, sozusagen tägliches Brot. Jeder denkt, er allein tue »das Richtige«, und alle setzen ihr gesamtes Aufgebot an Intelligenz ein, um es dem Opponenten zu beweisen. Aber man kann mit Logik und Intelligenz jede Sache, sei sie gut oder schlecht, rechtfertigen. Die meisten Menschen können »gute« Gründe für das schlimmste Verhalten anführen. Man kann einen Konflikt nur dann auf der Basis von recht oder unrecht lösen, wenn eine Autorität darüber entscheidet, die ihre eigenen Werte zum Maßstab nimmt und den Streitenden ihr Urteil auferlegt. Das ist die Prozedur in unseren Gerichtshöfen, in denen der Richter ermächtigt ist, die entsprechenden Entscheidungen zu fällen. Jedermann weiß, daß juristische Entscheidungen nicht immer »richtig« sind, denn sie können von einem anderen Richter aufgehoben werden. Wenn es schon so schwierig ist, bei einer festgesetzten Rechtsprechung das »Rechte« zu finden, wie schwer ist es dann bei den komplizierten Zusammenstößen zwischen Familienmitgliedern. Hier gibt es ja keine Autorität, die ein entscheidendes Urteil spricht – hier vertritt jeder einzelne das eigene Recht, wird von allen, die nicht auf seiner Seite stehen und seiner Ansicht sind, verurteilt.

Es ist tatsächlich so, daß kein Problem und kein Zusammenstoß, der den Frieden des Familienlebens stört, logisch auf der Basis von recht und unrecht verstanden werden kann. Die Ursache der Schwierigkeit liegt im psychologischen und soziologischen Bereich. Solange das Verhältnis zwischen zwei Menschen gut ist, wird es von keinem Mißverhalten des anderen gestört. Das Wesentliche ist, daß keiner der beiden sich persönlich angegriffen, übergangen, gekränkt – oder selbstgerecht überlegen fühlt. Eine Mutter wird zum Beispiel das schlechte Benehmen ihres Kindes in der Schule oder auf dem Spielplatz ohne weiteres entschuldigen, indem sie dem Lehrer oder den anderen Kindern die Schuld gibt. Gerät sie aber in einen Machtkampf mit ihm, ändert sich die Lage radikal, dann wird das Kind – in ihren Augen – böse.

Leider sind sich Menschen in einer Konfliktsituation selten bewußt, daß ihr eine psychologische Situation zugrundeliegt, daß einzig eine Störung der Beziehung zueinander die Reibung hervorruft. Alle Anstrengungen, eine Lösung zu erreichen, richten sich deshalb nicht darauf, das Verhältnis zu bessern, sondern auf die Meinungsverschiedenheit, die eine Folge der gestörten Beziehung ist. Meist sind die Argumente, mit denen wir uns zu rechtfertigen suchen, nur Waffen in einem Kampf um die Macht. Selbstgerechtigkeit ist das Banner derer, die sich als die Mächtigen empfinden. Sie fühlen sich als Richter, obwohl sie tatsächlich Angehörige der einen oder anderen Partei sind.

Gegenseitige Achtung

In einem Konflikt müssen alle Erwägungen über die Frage, wer recht oder unrecht hat, beiseitegelegt und durch ein Vorgehen ersetzt werden, das auf eine völlig andere Anschauung gegründet ist. Die Grundlage unserer neuen Einstellung ist die Erkenntnis, wie wichtig mitmenschliche Beziehungen sind. Nichts ist innerhalb dieser Verhältnisse unabdingbar festgelegt, nichts fest begrenzt, sondern alles ist im Wandel. Was sich innerhalb der Gemeinschaft, innerhalb des Familienlebens auswirkt, ist die Folge von Beziehungen und Wechselwirkungen. *Die einzige feste Grundlage sozialer Beziehungen ist das Gleichgewicht, das zwischen gleichwertigen Menschen herrscht.* Unsere Familienprobleme konfrontieren uns mit der Aufgabe, dieses Gleichgewicht zu schaffen; unsere Enttäuschungen und unser Mißlingen entstehen aus unserem Unvermögen, es herzustellen.

Ein gutes Verhältnis zum anderen Menschen ist die Grundlage guten Verhaltens. Zusammenarbeit hängt vom guten Willen, ehrlicher gegenseitiger Teilnahme und von der Achtung vor dem Nebenmenschen ab. Was innerhalb einer Beziehung »richtig« ist, ist innerhalb der anderen »falsch«, denn keine Lage gleicht der anderen vollkommen. Ein Mensch kann ungestraft tun, was einen anderen in eine sehr üble Lage brächte. Die Bedingtheit von Gut und Böse ist zwar verwirrend, aber eine Tatsache, mit der wir uns auseinandersetzen müssen. *Was* wir tun ist weniger wesentlich, als *wie* und unter welchen Umständen wir es tun.

Die wesentlichen Faktoren des Lebens in einer demokratischen Gesellschaft sind, so gesehen, leicht zu verstehen. Es handelt sich dabei um Grundbegriffe, die für alle menschlichen Beziehungen gelten, ob es sich um Verhältnisse innerhalb oder außerhalb der Familie handelt. Auf den einfachsten Nenner gebracht, geht es um gegenseitige Achtung, Achtung vor der Menschenwürde anderer, Selbstachtung. Das Grundgesetz kommt in der Verbindung von Festigkeit und Güte zum Ausdruck. Die Festigkeit ergibt sich aus der Selbstachtung; die Güte aus der Achtung vor dem Mitmenschen. Keine Eigenschaft kann ohne die andere eine harmonische Beziehung zwischen Gleichwertigen herstellen. Wenn wir einen anderen Maßstab anlegen wollen, können wir auch sagen: *es ist möglich, Konflikte zu lösen, ohne zu kämpfen oder nachzugeben* – indem wir uns gegenseitig achten. Befriedigende menschliche Beziehungen ergeben sich, wenn wir standhaft sind, uns nicht als Unterlegene fühlen, Selbstachtung bewahren, aber dem anderen mit Güte und ohne die Absicht ihn zu demütigen entgegentreten.

Der Ablauf eines Konflikts

Konflikte sind in keiner menschlichen Beziehung zu vermeiden, denn Belange und Ziele überschneiden einander häufig. Wir müssen aber zwischen den offensichtlichen Meinungsverschiedenheiten innerhalb eines Konflikts und dem Kräftespiel unterscheiden, das einem gestörten Verhältnis zugrundeliegt. Es genügt nicht, den Wert der Streitpunkte zu kennen oder zu wissen, was wir eigentlich tun sollten. Wir müssen erkennen, was wir tun *wollen* – und warum wir es tun wollen.

Wir dürfen nicht vergessen, daß die grundlegende soziale Motivation jedes Menschen sein Zugehörigkeitsbedürfnis ist, sein Wunsch, Geltung innerhalb der Gemeinschaft zu erlangen. Was immer wir tun, läßt auf die Begriffe schließen, die wir von unserer sozialen Zugehörigkeit und Teilnahme am Ganzen haben. Wenn wir tun, was die Situation verlangt, handeln wir offensichtlich auf der Grundlage einer richtigen Bewertung der Lage. Andererseits weist jeder falsche Schritt, jede störende Handlung auf falsche Vorstellungen vom gemeinschaftlichen Leben und auf eine irrige Auslegung der gegenwärtigen Krise. Wenn wir das im Auge behalten, können wir uns dazu erziehen, eine Meinungsverschiedenheit zu betrachten, wie sie unseren Gegnern erscheint. Wir können lernen, uns in ihre private Logik einzufühlen, wenn wir wirklich den Wunsch haben, sie zu verstehen.

Ob wir imstande sind, Konflikte zu lösen, hängt zum großen Teil von unserer Fähigkeit ab, die Dinge vom Standpunkt der anderen zu sehen. Erfolge auf diesem Gebiet fordern Einfühlung, eine natürliche menschliche Fähigkeit, die von einer feindseligen Haltung aber unterdrückt wird. Es ist jedoch möglich, daß wir den gegnerischen Standpunkt gar nicht verstehen wollen, weil Verständnis und Einfühlung uns hindern könnten, so intensiv zu kämpfen, wie wir es zur Wahrung unserer »Rechte« für nötig halten. Verständnis hindert uns manchmal daran, eine feindselige Haltung einzunehmen.

Um einander zu verstehen, müssen wir an den *Zweck* menschlicher Handlungen denken. Unglücklicherweise können wir einen Menschen nicht nach seinen Zielen fragen, weil er sie nicht kennt. Kinder verfolgen ihre Ziele mit größter Hartnäckigkeit, ohne sich bewußt zu sein, was sie tun. Sie brauchen Hilfe, um zum Verstehen ihrer Ziele zu gelangen.

Wenn der Erwachsene mit den vier Zielen kindlichen Mißverhaltens vertraut ist, kann er sie als das, was sie sind, betrachten und die private Logik des Kindes verstehen, die es veranlaßt, sich so und nicht anders zu benehmen. Unglücklicherweise sind die Ziele Erwachsener nicht so einfach und leicht zu übersehen. Trotzdem können wir sicher sein, daß hinter ihren Feindseligkeiten und Widerständen einige der Elemente stecken, die ein Kind veranlassen, seine Forderungen gegenüber der Mitwelt zu verstärken und sich zu widersetzen. Wenn uns daran liegt, unsere Konflikte zu lösen, müssen wir das Bedürfnis anderer verstehen, sich bedeutend, geachtet und geliebt zu fühlen. Wir können hinter ihre aggressive oder nachlässige Haltung, ihr Gefühl der Niederlage und ihre Vergeltungsmaßnahmen, ihre Angst und ihre Verzweiflung sehen. Kein Mensch verhält sich schlecht oder böse, solange er an seine Fähigkeit glaubt, durch positives Verhalten Erfolg zu erlangen. Entmutigung und Angst sind die Faktoren, die jedes sozial unakzeptierbare Benehmen auslösen. Die überbetonte Äußerung der Überlegenheit verbirgt nur schlecht den Zweifel am eigenen Wert, das Minderwertigkeitsgefühl, das man vor anderen verheimlicht, die unermüdliche Anstrengung, »mehr« oder »besser« zu werden. Wenn wir gelernt haben, diese Unsicherheit in anderen Familiengliedern zu erkennen und zu verstehen, können wir verhindern, daß es zu Vergeltungswünschen kommt, die ihrerseits die schon vorhandenen Ängste, Minderwertigkeitsgefühle und falschen Ausgleichsbestrebungen verstärken. Wir können die Fähigkeit entwickeln, anderen die Überwindung von Schwierigkeiten zu erleichtern – und zwar nicht durch Worte, sondern durch Handlungen [14]. Jemanden zu sagen, er leide an einem Minderwertigkeitskomplex, er wolle sich als Herrscher aufspielen oder seine Überlegenheit zeigen, ist nichts als eine Art der Beschimpfung. Dagegen können wir einem Menschen wirklich helfen, seine Probleme zu lösen, falsche Ziele und Einstellungen zu berichtigen, wenn wir ihn *ermutigen* und in anderer Weise psychologisch vorgehen.

Die Verbesserung der zwischenmenschlichen Beziehungen

Hinter jedem zutagetretenden Konflikt liegt ein gestörtes Verhältnis, und die ernsthaftesten Bestrebungen, einen Widerstreit zu lösen, können zu nichts führen, wenn man sich nicht zuerst bemüht,

---

[14] Das ist bei jedem psychologischen Vorgehen eine äußerst wichtige Vorsichtsmaßnahme. Alles, was sehr wirksam ist, kann sehr gefährlich sein, wenn es nicht richtig angewandt wird. Etwas Wissen über psychologische Dinge kann nicht schaden, selbst wenn es gering ist, solange es nicht in Worten, sondern Handlungen Ausdruck findet. Man kann Familienprobleme durch psychologische Erklärungen zu lösen versuchen, aber nur durch eine Beratung innerhalb der Familie – und auch dann nur mit größter Vorsicht.

eine freundliche Atmosphäre herzustellen. Wir tun sehr viel lieber etwas für Menschen, die uns sympathisch sind, als für Leute, denen wir feindlich gegenüberstehen, mögen ihre Forderungen noch so berechtigt sein. Es ist nicht so wichtig, ob ein Verlangen gerechtfertigt ist, sondern wie wir dem Fordernden gegenüberstehen. Aus dieser Überlegung entwickelt sich eine völlig neue Perspektive. Richtig und falsch gewinnen eine neue Bedeutung. Das *Bereich des Handelns* wird wichtiger als das Ergebnis selbst. Die Gesamtsituation ist der Angelpunkt; *eine Handlung an sich kann nur im Bezugssystem der gesamten Lage gewertet werden.* Es ist sehr wesentlich für beide Teile, Mann und Frau, Eltern und Kinder, zusammen Angenehmes zu erleben. Gemeinsame erfreuliche Aktivitäten führen zu einer Stimmung, in der man zu einer Einigung kommen kann, ohne daß der eine Teil gewinnt und der andere verliert, ohne daß jemand sich hintergangen oder gedemütigt fühlt. Über entgegengesetzte Vorstellungen und Interessen sollte man nur sprechen, wenn alle guten Willens sind. Wenn es sich um Konflikte handelt, sollte die Beratung nur innerhalb des Familienkreises stattfinden, und das erste, das die Beteiligten lernen müssen, ist: zuhören. Jedermann hat das *Recht* zu sagen, was er denkt, aber auch die *Verpflichtung* anzuhören, was die anderen sagen und mindestens den Versuch zu machen, die Empfindungen und Gedanken seines Nebenmenschen zu verstehen. So wird jedes Problem und jeder Konflikt zur gemeinsamen Aufgabe. Anders ist eine Lösung gar nicht möglich.

Ein weiterer wichtiger Punkt bei der Bemühung um eine Lösung ist, nicht nur daran zu denken, was der *andere* tun sollte. Wir kommen dann zu einem Ergebnis, wenn wir darüber nachdenken, was *wir gemeinsam* in einer gegebenen Lage tun können. Selbst wenn der Widerstreit so intensiv ist, daß es keine Möglichkeit gibt, eine vollkommene Lösung zu finden, kann man sich um eine Besserung bemühen. Keine Lage ist so hoffnungslos, daß keine Alternativen gegeben sind. Wenn wir willens sind zu tun, was unter den herrschenden Umständen möglich ist, können wir unversehens auf eine wirkliche Lösung zusteuern.

In vielen Fällen wissen wir vielleicht nicht, was zu tun wäre. Dann gibt es aber unter Umständen eine einfache Hilfe. Wir wissen im im allgemeinen, was wir *nicht* tun sollten. Wenn wir uns dazu bringen, es nicht zu tun, sind wir meist auf dem rechten Weg. Was aber sollten wir nicht tun? Was unsere Verbindungen schädigt, unseren Gegner demütigt und enttäuscht. Es wird uns oft schwer genug fallen, es zu lassen. Aber die Ausübung solcher Selbstdisziplin führt am Ende oft zur Übereinstimmung. Außerdem hebt die Konzentration auf *unser eigenes Verhalten* den Druck auf, der auf dem anderen lastet und macht es ihm möglich, darüber nachzudenken, was er zur Besserung der Lage beitragen könnte. Obwohl wir vielleicht bereit sind, diese Einstellung im Umgang mit Erwachsenen zu bejahen, halten die meisten Eltern sie Kindern gegenüber für unanwendbar. Ihnen gegenüber muß man nach ihrem Empfinden unmittelbar handeln. Aber wenn sie direkt eingreifen, kommen sie im allgemeinen nicht weit, denn für Erwachsene und Kinder gelten dieselben Grundsätze gegenseitiger Beeinflussung. Nur in Fällen der Lebensgefahr ist unmittelbares Eingreifen nötig, und das tritt lange nicht so häufig ein, wie überängstliche Eltern annehmen. Es ist zwar im Umgang mit Kindern möglich oder notwendig, rasch einzugreifen, aber Vergeltungsmaßnahmen – zwischen Eltern und Kindern oft böse Worte der gereizten Erwachsenen – führen selten zu positiven Ergebnissen.

Unsere allgemeine Einstellung Kindern gegenüber bedarf gründlicher Überlegung – und Korrektur. Liebe ist nicht genug. *Liebe verbürgt keine Achtung.* Diese sehr wichtige Tatsache wird oft von den Erwachsenen übersehen, die denken, Liebe allein könne den Kindern ein »Sicherheitsgefühl« geben. Sicherheitsempfinden ist Vertrauen in die eigene Kraft, und das kann die Liebe allein dem Kind nicht vermitteln. Wir müssen lernen, Kinder mit *Achtung* zu behandeln. Diese wesentlichste Voraussetzung einer guten Beziehung fordert, daß sie in Worten und Taten zum Ausdruck gebracht wird, in der Sprechweise und in der Bereitschaft anzuhören, was das Kind empfindet und will, selbst wenn wir nicht mit ihm übereinstimmen. *Achtung bedeutet aber nicht Nachgiebigkeit.* Sie findet darin Ausdruck, daß man dem Kind ein guter Freund ist, daß man weder Vertrauen fordert noch durch Bestechung zu erlangen sucht, sondern daß man seine Freundschaft *verdient.* Und man gewinnt die

Freundschaft und Zuneigung eines Kindes nicht dadurch, daß man es demütigt oder seinen Launen nachgibt.

Ermutigung

Unsere Bemühungen, Konflikte zu lösen, dürfen sich nicht darauf beschränken, daß man gute, freundschaftliche Verbindungen herstellt. Das unerklärlichste Mißverhalten Erwachsener und Kinder entstammt dem Gefühl der Entmutigung. Der Mensch kann wichtige Probleme nur klar betrachten und lösen, wenn er Mut hat. Wir ermutigen und entmutigen unsere Mitmenschen unaufhörlich und beeinflussen dadurch wesentlich ihre größere oder geringere Leistungsfähigkeit.

Da wir selbstbezogen sind, fällt es uns natürlich leichter zu erkennen, welch eine starke Wirkung die Ermutigung hat, wenn sie uns selbst zuteil wird. Wir wissen alle, wie verschieden wir uns in verschiedener Gesellschaft verhalten. Manchen Menschen gegenüber zeigen wir uns von der besten Seite, bei anderen fühlen wir uns gehemmt, können nicht die rechten Worte finden, benehmen uns ungeschickt und fühlen unsere Unzulänglichkeit. Die entscheidende Rolle dabei spielt das Maß an Ermutigung oder Entmutigung, das man uns entgegenbringt. Es ist interessant, daß uns nicht nur Menschen entmutigen, die uns – wie wir glauben – nicht mögen oder geringschätzen, sondern auch die, die zu viel von uns erwarten. Wenn wir nicht einigermaßen selbstsicher sind, mißlingt es uns in einem wie im anderen Fall, unsere inneren Kräfte zu mobilisieren. Kurz gesagt: ein Mensch nimmt uns die Schüchternheit, weil er unser Selbstvertrauen stärkt, während der andere uns befangen macht, weil er es untergräbt.

Es ist nicht schwer, das bei uns selbst festzustellen, aber wir merken es selten, daß wir einen ähnlichen Einfluß auf andere ausüben. Wir können es bei jedem Menschen, mit dem wir in Verbindung treten, bewirken, daß er sich besser oder schlechter empfindet, indem wir ihn ermutigen oder entmutigen. Wir können in den Menschen, denen wir gegenübertreten, das Beste oder das Schlimmste auslösen, je nach unserer Einstellung zu ihnen und dem, was wir von ihnen erwarten. Wir müssen uns darüber klar werden, daß wir nicht nur auf andere Menschen reagieren, sondern sie auch beeinflussen.

Das ist eine im Umgang mit Kindern äußerst wichtige Erkenntnis. Kinder bedürfen der Ermutigung, wie pflanzen Sonne und Licht brauchen. Sie machen in der Phase des Heranwachsens, vor allem in unserem Zeitalter mit seiner Neigung zu verwöhnen oder zu demütigen, eine Reihe entmutigender Erfahrungen. Wenn wir diese Tendenz nicht abfangen und wandeln, versagen wir als Eltern und Erzieher. Wenn das Kind so entmutigt ist, daß es sich schlecht benimmt, ist Ermutigung besonders notwendig. Unglücklicherweise wird dem Kind, je schlechter es sich benimmt, im selben Maß, in dem es also Ermutigung brauchte, weniger zugestanden. Es fällt uns schwer, ein Kind, das sich auflehnt, das stört, zu ermutigen, weil es uns entmutigt. Aber solange wir *unsere* Haltung nicht ändern, können wir unseren Kindern nicht helfen. Die Fähigkeit zu ermutigen, ist gewiß die wichtigste Eigenschaft, die den Umgang mit anderen erleichtert. Darum gelingt es, zum schmerzlichen Erstaunen verantwortungsbewußter Erwachsener, so vielen »zweifelhaften« Menschen, Einfluß auf Kinder und Heranwachsende auszuüben. Man kommt wohl oder übel zu dem Schluß, daß Leute, die Kinder zu antisozialem Verhalten bewegen, mehr darüber wissen, wie man ermutigt, als die, deren Aufgabe es ist, ein gesundes Heranwachsen und die Entwicklung zum Guten zu fördern.

Die Fähigkeit zu ermutigen, setzt Selbstvertrauen voraus. Wenn dieses Vertrauen nicht vorhanden ist, kann das kompensatorische Bedürfnis, den eigenen Wert zu heben, unsere größten Anstrengungen nur zunichte machen. Menschen, die zu freundlich sind, die loben, wo kein Anlaß ist, die viel Aufhebens um eine Sache machen, ermutigen nicht, sie heben nur die Distanz auf. Kinder durchschauen das sofort und fühlen die Unaufrichtigkeit, die dahinter steht.

Die Fähigkeit zu ermutigen, ist die Fähigkeit, Selbstvertrauen einzuflößen. Niemand hat genug Selbstvertrauen. Jeder Mensch hat ein nicht ganz richtiges Bild von sich, und keiner ist ganz von dem Verdacht frei, daß er nicht gut genug ist. Um die irrige Vorstellung, die ein Mensch von sich hat, zu korrigieren, müssen *wir* überzeugt davon sein, daß *er, so wie er ist, gut genug ist.* Wir *könnten* alle besser sein, als wir sind, das heißt aber nicht, daß wir nicht einen gegebenen Wert als Mensch besitzen, solange wir nicht besser werden.

Die treibende Kraft jeder Entwicklung ist Mut. Niemand erwirbt sich Kenntnisse und Fähigkeiten, wenn er nicht fühlt, daß er dessen fähig ist. Aber wir sind der Meinung, daß wir Fehler und Mängel in uns und anderen aufzeigen müssen, um sie zu berichtigen. Wir sind davon überzeugt, daß wir Fehler vermeiden müssen, um nicht gedemütigt zu werden. Die Furcht vor Fehlern ist uns angeboren. Ein Fehler zerstört alles, gleichgültig, wie oft wir richtig gehandelt haben. In einer autokratischen Gesellschaft war Anpassung eine Selbstverständlichkeit, Abweichungen duldete sie nicht. Diese Vorstellungen wurden in die auf Wettbewerb gestellte Atmosphäre von heute übertragen. Man glaubt, jeder Fehler gefährde die Geltung. Die negative Bewertung von Fehlern gibt wenig Spielraum für Ermutigung. Halbherzige Bemühungen, das Kind davon zu überzeugen, daß es Besseres leisten könne, bestätigt nur den geheimen Tadel für seine Unzulänglichkeit. Wir müssen uns klarmachen, daß wir *nur auf Kraft bauen können, nicht auf Mängel.* Wir können unseren Kindern – oder irgendwelchen anderen Menschen – kein Selbstvertrauen vermitteln, solange *wir* nicht an sie glauben.

Selbstachtung

Die Erkenntnis, daß es notwendig ist, die Selbstachtung anderer zu stärken, sollte uns nicht dazu führen, ihre Selbstachtung für entscheidend, unsere eigene aber für unbedeutend zu halten. Solche »Selbstlosigkeit« ist nicht »Güte«, sondern versteckte Überheblichkeit. Wir selbst sind ein wesentlicher Teil jeder Lage, jeden Konflikts. Wenn wir uns selbst versagen, unsere Vorteile zu verfolgen, werden wir keine besseren Mitarbeiter, sondern lediglich willensschwache Menschen. Man kann aber auf der Grundlage der Unterwerfung und Besänftigung kein gutes Verhältnis bauen. Man gewinnt so keinen Respekt, und ohne gegenseitigen Respekt ist weder

Eintracht noch Gleichmaß der Gewichte möglich.

Es ist eine der wichtigsten Aufgaben unserer Zeit, unsere Interessen mit denen der anderen in ein vernünftiges Verhältnis zu bringen, eine Forderung, die noch nie wie heute gegeben war. Der Widerstreit von Ideen und Interessen muß nicht unbedingt zu Konflikten oder »Kompromissen« führen. Ein gütlicher Vergleich bedeutet nicht immer und nicht unbedingt Übereinstimmung; beide Teile fühlen sich unter Umständen geschlagen, hintergangen und sind infolgedessen verbittert. Das Äquilibrium zwischen gleichwertigen Menschen fordert *Einwilligung und Zustimmung* beider Teile. Zwischen Selbstbewußtsein und dem einseitigen Geltendmachen der eigenen Rechte, zwischen Rücksicht und Unterwürfigkeit verläuft eine kaum wahrnehmbare Trennungslinie. Und doch sind die Folgen der einen Haltung Reibung, Haß, Streit, die der anderen Harmonie, Freundlichkeit und Friede, also sehr voneinander verschieden.

Worauf beruht die friedliche Übereinstimmung Gleichwertiger? Auf einem Grundsatz, der sich nur wenig von dem alten Sprichwort: »Kehre vor der eigenen Tür« unterscheidet. Das besagt nicht, daß wir uns nicht um das Wohl der anderen und das Wohl der Allgemeinheit kümmern sollen. Es bringt sowohl eine Verpflichtung als ein Recht zum Ausdruck. Wir müssen Mut und Ausdauer haben um zu tun, was *wir* für richtig halten und gleichzeitig die Interessen und Bedürfnisse anderer zu berücksichtigen, aber wir sind nicht *berechtigt,* anderen zu sagen, was *sie* tun sollten. Unabhängigkeit und die Bedingtheit des einen durch den anderen schließen einander nicht aus, sondern ergänzen sich. Daß ein Mensch starke, fest umrissene Ideen, Interessen und Überzeugungen hat, macht ihn zu keinem schlechteren Mitarbeiter, es bereichert jede Verbindung. Man wird uns dafür achten, wenn wir richtig handeln und Festigkeit zeigen.

Die natürlichen Folgen und ihre erzieherische Wirkung

Der Grundsatz, sich um die eigenen Angelegenheiten zu kümmern, ist auch für Eltern von großem Nutzen, die versuchen, ihre

Kinder zur Ordnung und Rücksichtnahme zu erziehen. Es ist dabei genauso schwer, zwischen den Erfordernissen einer Situation und dem, was wir persönlich vorziehen, zu unterscheiden. Eltern haben meist Schwierigkeiten, zu bestimmen, wo die Grenzlinie zwischen dem Selbstbestimmungsrecht der Kinder und ihrem eigenen Recht verläuft, eine bestimmte Ordnung aufrechtzuerhalten. Aber wenn sie sich um ihre eigenen Angelegenheiten kümmern, und es nicht verhindern, daß die »natürlichen Folgen« einer Lage den entsprechenden Druck ausüben, können sie dazu beitragen, daß ihre Kinder im Respekt für ihre Mitmenschen heranwachsen, ohne sich unterworfen oder gedemütigt zu fühlen. Dieses Vorgehen, in der *die logischen Konsequenzen einer Lage anstelle der elterlichen Autorität treten,* bringt die Kinder dazu, eine gewisse Ordnung in ihrem eigenen Interesse zu akzeptieren, und nicht weil sie den Forderungen der Eltern gehorchen. Statt den Druck von außen zu verstärken, entwickelt es eine innere Motivation. Es macht Belohnung und Strafe überflüssig und ermöglicht ohne Kampf und Niederlage die Übereinstimmung zum Nutzen aller. Das Kind erkennt auf diese Weise, wo die »logischen Begrenzungen« liegen.

Für den Erwachsenen ist es oft schwierig, den Unterschied zwischen Strafe und natürlicher Folge wahrzunehmen; für ihn ist ein unangenehmes Ergebnis unangenehm, ob es durch Umstände ausgelöst oder durch einen Menschen verursacht wird. Bei Kindern ist es anders. Wenn man den Tatsachen ihren natürlichen Ablauf läßt, gibt man dem Kind die Möglichkeit zu wählen, und wenn die Eltern ihm die Freiheit zugestehen, fühlt es sich respektiert. Dann ist es auch bereiter zu tun, was allen nützt. Die Eltern treten geduldig, ohne Moralpredigten und Streit zur Seite und lassen das Kind zum verantwortungsbewußten Menschen heranwachsen.

Es gibt zum Beispiel kein Lebewesen, das nicht essen will – mit Ausnahme unserer Kinder. Eltern verlangen vom Kind oft bei der Mahlzeit, daß es den Teller leer ißt, und zeigen Besorgnis und Ärger, wenn es sich weigert zu gehorchen. Aber niemand hat das Recht, einen anderen zum Essen zu zwingen. Die Ausrede, es gefährde die Gesundheit des Kindes, wenn es eine Mahlzeit oder ein bestimmtes Nahrungsmittel nicht ißt, ist meist nicht stichhaltig.

Der Zwang, den die Mutter auszuüben versucht, weckt den Appetit des Kindes nicht, sondern macht es ihm *unmöglich,* zu essen. Das Kind hat in jedem Fall das Recht, Nahrung abzulehnen. Andererseits hat es nicht das Recht zu verlangen, daß ihm etwas Besonderes zubereitet und vorgesetzt wird. Wenn Mütter, wie es oft geschieht, nachgeben und sich speziell bemühen, das Kind »zum Essen zu bringen«, machen sie sich selbst zu seinem Sklaven, während sie gleichzeitig versuchen, Zwang auszuüben.

Das Kind hat auch durchaus das Recht, mit schmutzigen Händen zu Tisch zu kommen, aber die Mutter ist nicht verpflichtet, ihm das Essen vorzulegen, wenn sie schmutzig sind. Das Kind darf sein Spielzeug oder andere Besitztümer herumliegen lassen, aber es hat kein »Recht« zu verlangen, daß die Mutter an seiner Stelle darauf aufpaßt oder es immer wieder ermahnt aufzuräumen. Wenn ihr die Dinge im Weg sind, kann sie sie – irgendwohin – beiseite räumen, und wenn das Kind sie später nicht findet und sich beunruhigt, hat es sich das selbst zuzuschreiben. All das kann ohne harte Worte und Feindseligkeit in einer durchaus freundlichen Atmosphäre vor sich gehen. Eben daß keine feindlichen Gefühle zugrundeliegen, unterscheidet natürliche Folgen von Strafen [15]. Das Kind weiß von vornherein, was es zu erwarten hat, und kann sich entsprechend einstellen.

Das Prinzip der natürlichen Folgen läßt sich am besten innerhalb der Familie anwenden, kann aber unter bestimmten Bedingungen auch innerhalb der Klasse zur Anwendung kommen. Wenn wir uns einem Menschen unterwerfen, können wir nicht erwarten, daß er uns Achtung entgegenbringt. Wenn wir uns von anderen ausnützen lassen, werden sie aus unserer Schwäche Vorteile ziehen und uns zur Unterwerfung zwingen. Wenn wir keine Angst haben, ist es uns möglich, unsere Rechte freundlich, aber mit Bestimmtheit zu wahren. Kein Vergeltungsversuch kann eine vorige Niederlage auslöschen. Aber auch wir haben kein Recht, in irgendeiner Beziehung von an-

---

[15] Diese Unterscheidung aufrechtzuerhalten fällt den Eltern am schwersten, wenn sie sich geschlagen fühlen und dem Kind ihren Willen aufzuzwingen versuchen. Die beste »natürliche« Folge wird zur wirkungslosen Strafe, wenn die Eltern die Haltung von Strafenden und Vergeltenden einnehmen.

deren Unterwerfung zu verlangen. Wenn wir das Tun eines Menschen nicht billigen, können wir uns zurückziehen oder unser eigenes Verhalten berichtigen, aber beides ohne viele Worte. Wenn keine der Parteien Unterwerfung verlangt, veranlaßt der Druck der Realität alle Beteiligten, den gemeinsamen Nutzen in Betracht zu ziehen.

Gandhis Prinzip des gewaltlosen Widerstands bringt dieses Grundgesetz zum Ausdruck. Wir sind nicht da, um irgendeinem Menschen zu sagen, was *er* zu tun hat, oder um uns vorschreiben zu lassen, was *wir* tun sollen. Wenn wir unmißverständlich darlegen, was unsere Einstellung ist, können wir Kraft zeigen, ohne Herrschsucht auszuüben: wir können unsere Interessen wahren, ohne andere zu mißbrauchen. Wir können ohne zu kämpfen Widerstand gegen Gewalt und Aggression leisten; es ist aber nicht möglich, Gewalt mit Gewalt zu besiegen. Das Recht der Selbstbestimmung ist ein grundlegendes Recht des menschlichen Lebens, das wir bewahren müssen. Es ist nicht mehr als folgerichtig, daß wir es nur für uns in Anspruch nehmen dürfen, wenn wir es jedem anderem zugestehen.

Ordnung und Freiheit

Ein Kind entwickelt durch die Ausübung der eigenen Wahl das Gefühl, über sich selbst bestimmen zu können, das in einer demokratischen Atmosphäre jeder Mensch mit Selbstachtung nicht nur braucht, sondern verlangt. Eltern aber fällt es meist schwer, sich zu vergegenwärtigen, wie groß das Gebiet ist, innerhalb dessen das Kind durchaus für sich selbst entscheiden kann. Sie sind sehr viel eher geneigt, die Freiheit des Kindes einzuschränken und sich dadurch ihrerseits hemmen zu lassen. Beinahe alle Fragen des täglichen Lebens können so zum Brennpunkt von Auseinandersetzungen werden. Zu ihnen gehören auch die simpelsten Entscheidungen: wann man zu Bett geht, was man anzieht, was man in der Freizeit tut, was man spielt, wann und was man liest, wie man spricht, wie man geht, was man sagt und was man nicht sagen darf. Wir alle drängen anderen unseren Willen auf – oder versuchen es zum mindesten. Und keiner von uns hat die Freiheit zu tun, was er will, da immer jemand dagegen ist. Es gibt keine Freiheit – und keine Ordnung »per se«. Wir müssen uns an die Vorstellung gewöhnen, daß Freiheit und Ordnung in einer demokratischen Umwelt nicht voneinander zu trennen sind.

Da dieser Umstand eine neue Erfahrung in der Kulturgeschichte des Menschen ist, kommen wir nur langsam dazu, ihn zu erkennen. In der autokratischen Vergangenheit bedeutete »Freiheit« Nichtachtung der gegebenen Ordnung. »Freiheit« war der Schlachtruf, mit der der Mensch gegen die Willkürherrschaft kämpfte – und am Ende siegte. Heute haben wir ein sehr viel größeres Maß an Freiheit, neigen aber noch immer dazu, sie als Gegenprinzip der Ordnung zu betrachten. Und wir erziehen unsere Kinder zu Menschen, die es für »Freiheit« halten, zu tun, was ihnen eben paßt. Wenn Eltern – vielleicht nicht ausdrücklich, aber durch ihr Handeln – den Eindruck erwecken, Zusammenarbeit bedeute: »Tue, was ich will«, ist es nicht überraschend, daß das Kind sie nachzuahmen lernt und seinerseits durch sein Verhalten von den Eltern fordert zu tun, was es will.

Worte allein können das Kind nicht davon überzeugen, daß Ordnung allen nütze, auch ihnen selbst. Die praktische Anwendung des Prinzips der natürlichen Folgen ist sehr viel wirksamer und überzeugender, wenn die Ordnung gestört ist. Wenn Hannes gegen irgendeine seiner Verpflichtungen meutert, kann die Mutter ihn beiseite nehmen und fragen, was er davon halte, nächste Woche einmal nur zu tun, was er möchte. Jeder Junge betrachtet das als eine äußerst verlockende Aussicht. Es ist zu schön, um wahr zu sein. Die Mutter könnte hinzusetzen: »Wenn du tust, was du willst, macht es dir dann etwas aus, wenn ich auch tue, was ich mag?« Hannes ist bestimmt damit einig, ohne es sich auch nur zu überlegen, denn in den Augen der meisten Kinder tun die Eltern ohnehin nur, was sie wollen. Der nächste – von Hannes mit Freuden erwartete – Tag kommt. Aber wenn er sein Frühstück haben möchte, hat die Mutter keine Lust aufzustehen. Er muß sehen, wie er sich selbst etwas zusammensucht. Das ist aber ein kleineres Problem, das er ohne weiteres löst; er fühlt sich ja frei, und da lohnt sich jede Mühe.

Aber wenn er zum Mittagessen nach Hause kommt und sich herausstellt, daß die Mutter mit einer Freundin zum Essen gegangen und der Eisschrank leer ist, bewölkt sich der Horizont etwas, denn er hat Hunger. Wenn dann im Lauf des Tages immer wieder eine Situation auftritt, in der er etwas von der Mutter haben möchte und sie nicht geneigt ist, in der Sache etwas zu tun, betrachtet er die Lage vermutlich anders. Er hat sogar, noch ehe der Tag vorüber ist, eine andere Vorstellung von dem, was Ordnung bedeutet. Es wird ihm vielleicht klar, daß Ordnung nicht nur, wie die meisten Kinder annehmen, von Nutzen für die Erwachsenen ist.

Unsere Kinder haben aber nur selten eine Chance zu erkennen, daß Ordnung einen logischen Ablauf voraussetzt. Und wir selbst machen es uns nicht oft klar, daß wir Freiheit nur dann genießen und beanspruchen können, wenn wir sie auch anderen zugestehen. Nur wenn jeder in der Familie seiner Freiheit als gleichberechtigtes Glied einer Gruppe sicher ist, kann man von ihm erwarten, daß er sein Bestes für das Allgemeinwohl tut, daß er die Ordnung respektiert, die für alle nötig ist. Wenn das nicht erreicht werden kann, werden Eintracht und Ordnung durch Ärger, Auflehnung und die Anmaßung von Rechten auf Kosten anderer zerstört. Die Gleichberechtigung, die wir uns alle wünschen, und um die wir kämpfen, stellt uns großen neuen Problemen gegenüber. Die Demokratie beginnt zu Hause. Wenn wir nicht innerhalb der Familie Gleichberechtigung erreichen können, wo können wir sie dann erwarten? Die neue Ordnung fordert, daß jeder Mensch mit all seinen Mitmenschen die Verantwortung für das Ganze teilt.

Solche Umstände sind zwar zunächst Wunschbilder, aber durchaus nicht unerreichbar. Ordnung wäre, so realisiert, nicht etwas, das einen oder zwei Menschen angeht, sondern die Angelegenheit aller: jeder trüge dazu bei, sie herzustellen, und versuchte dabei alles, erforschte alle Wege, bis die zum Wohle der Allgemeinheit führenden gefunden sind. Dann ist eine natürliche Ordnung hergestellt, die auf der Freiheit aller und dem Verantwortungsgefühl gegründet ist, die alle freien Menschen, wo immer sie leben, kennzeichnet. Dann kennen wir die Freiheit, die Robert Francis in seinem Gedicht »Möwen« beschreibt.

Worum wir unser ganzes Leben kämpfen,
Was wir erstreben, was sich uns entzieht,
Es ist im mühelosen Flug der Möwe:
Freiheit im Schwung gebunden, dennoch groß.

SIEBENTES KAPITEL

Der Kampf zwischen den Geschlechtern

Die rasche Entwicklung in Richtung einer Gleichwertigkeit ist wohl auf keinem Gebiet so offensichtlich wie in dem der Beziehung zwischen den Geschlechtern. Die Schwierigkeiten, mit denen wir es hier zu tun haben, sind nicht Folgen einer *Minderberechtigung,* unter der die Frau zu leiden hat, sondern der *Gleichberechtigung,* die sie erlangt hat. Es ist wahr, daß gleiche Rechte noch nicht gegeben sind und daß sie erst erkämpft werden müssen. Aber die Frau ist sich noch nicht klar darüber, daß ihre Rechte viel früher und in vollerem Umfang erkannt wurden als die Rechte der Farbigen und der Kinder. (Was die Kinder betrifft, war man zwar durchaus bereit, ihre »Bedürfnisse« anzuerkennen, aber man dachte nicht daran, sie als Gleichwertige zu behandeln.) Unsere Gesellschaft war lange ein Patriarchat. Die alten jüdischen Gesetze gestatten wohl einem Mann, sich wegen Ehebruchs von seiner Frau scheiden zu lassen, aber war er ihr untreu, hatte sie keineswegs dasselbe Recht. In vielen feudalen Gemeinschaften konnte man sich von seiner Frau scheiden lassen, die keinen Sohn geboren hatte. Aber der Mann war nicht immer im Besitz der Herrschaft. Es ist eine historische Tatsache, daß bestimmte matriarchalische Gemeinschaften in Griechenland, Kreta und Ägypten der Frau Rechte gaben, die sie dem Mann nicht zugestanden. Selbst einige primitive Gemeinschaften, die nicht ohne weiteres mit zivilisierten Kulturen zu vergleichen sind, gaben und geben der Frau die Vorherrschaft.
Die Vorherrschaft kann von einem zum anderen Geschlecht übergehen, aber es gab zu keiner Zeit – außer in vereinzelten, im Ausmaß begrenzten Fällen – eine Gleichwertigkeit zwischen den Geschlechtern, wie sie heute herrscht.
Das Maß der Gleichwertigkeit zwischen den Geschlechtern entspricht der wachsenden Tendenz zur Gleichwertigkeit in den persönlichen Beziehungen und im Verhältnis von Gruppen. Wie auch

in anderen Bereichen ist die Entwicklung hier noch im Gang, und die Reibungen, die sich daraus ergeben, sind die Ursachen brennender häuslicher Probleme.

Die vier Vorrechte des herrschenden Geschlechts

Vier Rechte wurden dem jeweils herrschenden Geschlecht ausschließlich zuerkannt: die der politischen, wirtschaftlichen, sozialen und sexuellen Vorherrschaft. Bis vor kurzem wurden sie nur Männern zugestanden. Sie allein hatten politische Macht, mit Ausnahme einiger weniger Herrscherinnen in sonst männerrechtlichen Staaten. Männer allein konnten ein Besitztum haben, vermachen oder ererben. Die gesellschaftliche Geltung einer Frau wurde allein von der des Mannes bestimmt, von dem sie abhängig war, ob es nun der Vater, der Ehemann oder der Bruder war. Die Frau hatte keine sexuellen Rechte; der Mann alle. Strenge religiöse und weltliche Gesetze forderten Reinheit und Monogamie; aber die Einschränkungen galten ausschließlich für die Frau. Die soziale Überlieferung gestatteten dem Mann vor- und außereheliche Beziehungen. Eine Frau aber verlor alles, wenn sie die »Tugend« verlor – Achtung, ihren Stand innerhalb der Gesellschaft, sogar ihren Platz in der Familie und der Gemeinschaft. Bei einem Mann wurde es als ganz natürlich betrachtet, wenn er sexuelle Erlebnisse vor der Ehe hatte.

Gegenwärtig steht es so: durch die Wahlberechtigung ist *politische* Gleichwertigkeit erreicht. Frauen können ein öffentliches Amt bekleiden, obwohl wir uns kaum einen Kongreß vorstellen können, der vorwiegend aus Frauen besteht, und die meisten von uns keine Einwände gegen die gegenwärtige Majorität des Mannes in politischen Ämtern haben. Erst in den letzten Jahren wurde ernstlich erwogen, ob eine Frau Präsidentin der Vereinigten Staaten werden könne. Die politische Gleichberechtigung der Geschlechter nimmt zu, ist aber noch nicht ganz erreicht.

Was die *wirtschaftliche* Gleichheit zwischen ihnen betrifft, so hat man immer wieder hervorgehoben, daß der größte Besitz in den

Vereinigten Staaten in den Händen von Frauen liegt. Frauen können nun erben und vererben. Der Mann ist nicht mehr der Besitzer von allem, was die Frau verdient oder in anderer Weise erhält. *Vollkommene* wirtschaftliche Gleichheit jedoch hat die Frau nicht erlangt. Geld und Gut einer reichen Frau werden meist von Männern verwaltet. Hohe wirtschaftliche Positionen sind beinah ausschließlich von Männern bekleidet. Im allgemeinen ist, trotz bestimmter Ausnahmen, das Gehalt einer Frau geringer als das eines Mannes in derselben Position. In einer Periode der Arbeitslosigkeit wird noch immer von der Frau verlangt, daß *sie* ihre Stellung aufgibt und das mit Begründungen, die man immer anführt, wenn gesellschaftliche Konventionen aufrechterhalten werden sollen, die einer herrschenden Gruppe dienen.

Daß die Frau *sozial noch nicht* dieselben Rechte errungen hat wie der Mann, ist nicht so offensichtlich. Gewiß, ihre soziale Geltung hängt nicht mehr von der ihres Mannes, Vaters oder Bruders ab. Sie kann durch eigene Verdienste gesellschaftlich auf- oder absteigen. Eine Frau, die einen nicht »standesgemäßen« Mann heiratet, sinkt nicht unbedingt auf seinen gesellschaftlichen Stand; es ist durchaus möglich, daß sie ihn zu ihrem eigenen emporhebt. Aber eine Frau nimmt bei der Heirat noch immer den Namen des Mannes an, und das ist eine kennzeichnende Eigenschaft der patriarchalischen Gesellschaftsstruktur. Auch eine Scheidung trifft sie härter, obwohl sich die Bedingungen auf diesem Gebiet rasch ändern.

Eine Erwägung der *sexuellen* Rechte ist eine etwas schwierigere Sache. Die herkömmliche Sexualmoral wird von vielen als so festbegründet betrachtet, daß jede Abweichung, sei sie nun das Ergebnis sozialer Wandlungen oder anderer Umstände, als unmoralisch und anstößig empfunden wird. Moralvorstellungen sind die Spiegelungen legaler und moralischer Überlieferungen und ändern sich in jeder Kulturperiode. Sie sind dem Menschen aber nicht von außen auferlegt, er hat sie selbst geschaffen. Trotzdem führen die sozialen Änderungen der Gegenwart, ihre Wandlungen in Richtung der Demokratie zu neuen moralischen Maßstäben, und keine Macht kann diese Entwicklung aufhalten.

Die wachsende Gleichberechtigung der Geschlechter verursacht den allmählichen Abbau der Doppelmoral, nach der man das Geschlechtsleben von Mann und Frau wertete, und die weitgehend von beiden Teilen akzeptiert wurde. Die auf puritanische Einflüsse zurückzuführende Forderung, daß der Mann geschlechtlich die gleiche Reinheit zu bewahren habe wie die Frau, ist eine Folge der wachsenden Gleichwertigkeit der Geschlechter. Die strengere Einhaltung der Monogamie ist eine der Maßnahmen, durch die man dem Mann seine einseitigen Vorrechte nehmen kann. Die Entwicklung zu demokratischen Lebensformen führte zu größerer Freiheit für die Frau, während sie dem Mann gleichzeitig Einschränkungen auferlegte und ihm heute die Reinheit abverlangt, die man früher nur von der Frau forderte. Die Frau, die in immer größerer Zahl in Industrie und Handel tätig ist und zum erstenmal in der Geschichte gleichrangig mit dem Mann im Heer dient, fordert nun auch die gleiche sexuelle Freiheit wie der Mann. Die Konventionen wandeln sich, und die Gesellschaft beginnt Frauen in ihrer neuen Rolle zu akzeptieren. Ein Kennzeichen dieser Änderung ist, daß man eine unverheiratete Mutter nicht mehr mit solcher Härte verurteilt wie früher und daß eine Frau, die ein Kind zur Welt bringt und erzieht, das nach dem Gesetz keinen Vater hat, nicht mehr ihre Selbstachtung und ihren Stand innerhalb der Gesellschaft verliert. Der sexuelle Kodex der Frau ist innerhalb verschiedener Gemeinschaften sehr verschieden. Es wirken sich da mannigfaltige rassische und nationale Faktoren aus, das wirtschaftlich und erzieherische Niveau, die herrschende religiöse Einstellung. Sie bestimmen weitgehend die Rechte der Frau, und die Frau wiederum ist in ihrem sexuellen Verhalten freier, wo sie als gleichwertig anerkannt wird. Diese Freiheit aber bedeutet nicht nur eine Lockerung, sondern auch die Möglichkeit größerer Aggression. Die Lebensumstände in einer patriarchalischen Gesellschaft verlangen, daß die Frau sich passiv verhält, wartet, erwählt wird, obwohl sie gelernt hat, die Entscheidungen des Mannes durch mannigfaltigste kleine Kunstgriffe zu beeinflussen. Heute fürchten viele Männer sogar, daß die Frau, indem sie Unabhängigkeiten und Rechte gewinnt, zum herrschenden Geschlecht werden könnte. Sie ist es in vieler

Hinsicht – zum Beispiel in der Familie – schon geworden. Der Wandel in ihrem Status hat ihre Einstellung zur Heirat verändert. Solange Frauen nur durch Heirat zu einem bestimmten Stand innerhalb der Gesellschaft gelangen konnten, taten sie ihr Bestes, um einen Partner zu finden. Heute zögern Frauen so häufig vor einer Eheschließung wie Männer – manchmal sogar mehr. Sie sind in ihrer Partnerwahl unsicherer als ihre Schwestern in der Vergangenheit. Damals war die Wahl einfach, vor allem weil sie manchmal gar nicht in den Händen des Mädchens lag. Ihre Eltern handelten und wählten für sie; jeder Mann, der eine Frau ernähren konnte und keine zu auffallenden schlechten Eigenschaften oder Mängel hatte, kam in Frage. Heute wählt das junge Mädchen selbst, und die Maßstäbe sind sehr viel komplizierter. Es wird von zwei Umständen verwirrt: der eine fällt in das Gebiet der bewußten Erwägung und hat mit dem zu tun, was man romantische Liebe nennt, der andere ist ein meist unbewußter innerer Konflikt, der Wettstreit zwischen Mann und Frau.

Romantische Liebe

Eine verwirrende, aber für die zunehmende Gleichberechtigung der Frauen kennzeichnende Tatsache ist die Bedeutung, die man der romantischen Liebe zuschreibt. Soziologen und Psychiater erkannten schon seit langem, daß Liebe keine adäquate Basis für die Wahl des Partners ist. Als dem jungen Mädchen weniger Möglichkeiten gegeben waren und sie praktisch gar nicht die Wahl hatte, waren bei einer ehelichen Verbindung andere Qualitäten ausschlaggebend. Verliebt zu sein, ein Umstand, der oft nichts als der Ausdruck physischer Anziehung ist, war damals – und ist es auch heute nicht – genug, um eine befriedigende Ehe zu sichern. Wenn der erste Rausch vorüber ist und Ehemann und Ehefrau sich als bestimmte Persönlichkeiten, nicht nur als begeistert Liebende gegenüberstehen, müssen sie oft feststellen, daß sie wenig miteinander gemein haben. Die daraus folgende Enttäuschung beeinträchtigt häufig den guten Willen, sich gegenseitig anzupassen. Andererseits können gemeinsame Interessen, ein gleicher Hintergrund, übereinstimmende Charakterzüge sich zu dauernder Liebe vertiefen, die sich auf Zusammengehörigkeitsgefühl gründet und darauf, daß der eine Mensch den andern braucht. Es ist bizarr, daß Frauen, die Männer heiraten, in die sie sich verlieben, die männliche Art der Partnerwahl nachahmen: auf dem Hintergrund einer patriarchalischen Gesellschaft ist die physische Anziehungskraft der Frau meist ausschlaggebend. Unter solchen Bedingungen ist die Persönlichkeit der Frau für den Mann nicht wichtig. Er kann erwarten, daß sie sich seinen Wünschen fügt. Da man annimmt, daß die junge Frau unschuldig und unerfahren ist, liegt es bei ihm, sie seinen Wünschen entsprechend zu formen. Die Sehnsucht nach romantischer Liebe zeigt, wie intensiv die moderne Frau sexuelle und sinnliche Befriedigung sucht. Wir haben reichliche Beweise dafür, daß Frigidität sehr häufig zu finden ist, solange geschlechtliche Befriedigung als das »natürliche« Vorrecht des Mannes betrachtet wird und die Frau nur da ist, um sie ihm zu vermitteln. In den Vereinigten Staaten hielt man es sogar für ungehörig, wenn eine Frau sexuelle Erregung zeigte – selbst ihrem Ehemann gegenüber. »Gute Ehefrauen« hatten keine sexuellen Bedürfnisse und stellten keine sexuellen Forderungen. Der sexuelle Hunger der modernen Frau, die sich von den Fesseln jahrhundertealter Tradition löste, stellt unserer Generation sowohl vor der Heirat als in der Ehe selbst neue Probleme. Männer mit starken sexuellen Wünschen konnten immer willige Partnerinnen finden, sollten Frauen entsprechende geschlechtliche Anforderungen an die Männer stellen, könnte das aber zu sehr viel schwierigeren Problemen führen.

Der Wettstreit zwischen den Geschlechtern

Der zweite Faktor, der viele modernen Mädchen im Hinblick auf eine Eheschließung beeinflußt und verwirrt, ist noch destruktiver. Daß sie das Problem häufig gar nicht erkennen, macht die Lage äußerst schwierig. Die Frau steht deshalb quälenden Eheproblemen oft ratlos gegenüber.

Die moderne Frau ist in einer mißlichen Lage. Einerseits ist sie in vielen ihrer Eigenschaften das Produkt von Jahrtausenden, in denen die Frau sich dem Mann unterwarf. Infolgedessen sucht sie noch immer den überlegenen Mann, auf den sie sich stützen kann, der stark, zuverlässig und fähig ist, sie zu schützen. Als heranwachsendes Mädchen sah sie vielleicht in ihrem Vater solch einen Mann, einen letzten Vertreter männlicher Überlegenheit. Vielleicht sucht sie in ihrem Partner dieselbe Kraft. Aber das ist nicht leicht zu finden. Es ist für jeden Mann schwer, Überlegenheit gegenüber einem Mädchen zu zeigen, das dieselbe Erziehung, Erfahrung und Ausbildung hat wie er selbst und das außerdem in vielen Fällen mehr Erfolg hatte als die meisten Männer ihrer Umgebung. Andererseits ist die moderne Frau auch ein Produkt des zwanzigsten Jahrhunderts, ein Mensch also, der die größte Abneigung hat, gegenüber irgend jemand die Unterlegene und Unterwürfige zu sein.

Die Folgen dieser schwierigen Lage sind oft unglücklich. Die Frau entzieht sich vielleicht einem kraftvollen Mann, der sie unter Umständen beherrschen könnte, und heiratet einen Menschen, der sich ihrer Überlegenheit unterwirft. Sie beklagt es dann bitter, daß ihr Gatte kein »richtiger« Mann sei, den sie achten könne. Es ist auch möglich, daß sie sich einem scheinbar starken, überlegenen Mann hingibt, und später sich selbst und ihm in der Ehe zu beweisen versucht, daß es mit seiner »Überlegenheit« nicht viel auf sich habe. In der darauf folgenden Periode der Ernüchterung sinkt er zum Schwächling ab oder wird zum Tyrannen, wenn er sich mit einigem Erfolg gegen ihre Versuche wehrt, ihm zu zeigen, daß »es nicht weit mit ihm her ist«. In jedem Fall tritt der Machtkampf an die Stelle von Zusammenarbeit und gegenseitigem Respekt und wird zu einer ernstlichen Gefährdung der Ehe.

Ob es die beiden Partner erkennen oder nicht, wie sehr sie den anderen zu beherrschen versuchen, die Tatsache besteht, daß die Ehe heute oft das Schlachtfeld ist, auf dem Mann und Frau, ihrer Geltung ungewiß, um die Überlegenheit des einen über den anderen kämpfen. Alle schwierigen Lagen und Nöte werden unter solchen Umständen zur Prüfung auf Herz und Nieren. Aber was immer als *Ursache* der ehelichen Kümmernisse betrachtet wird – finanzielle

Probleme, die Schwiegereltern, sexuelle Schwierigkeiten, Treulosigkeit oder Unvereinbarkeit der Interessen – ist nicht der tatsächliche Grund, sondern der *Anlaß*, der das Empfinden der Niederlage im einen oder anderen Partner auslöst. Solange die Beziehungen zwischen Mann und Frau freundlich sind, solange sie nicht in Widerstreit miteinander stehen und sich nichts verübeln, bringen Schwierigkeiten und Krisen sie einander näher und geben ihnen die Kraft, in gemeinsamer Anstrengung das Dilemma zu lösen. Wenn sie aber in einer Atmosphäre der Rivalität und des Wettstreits leben, gibt der eine dem anderen dafür die Schuld; jeder der Partner fühlt sich vernachlässigt, gedemütigt, mißbraucht und drängt den anderen in die Rolle des ungerecht Beschuldigten und Zurückgestoßenen.

In der Vergangenheit war es der Mann, der oft auf Trennung oder Scheidung drängte; zur Zeit ist es häufiger die Frau. Darin zeigt sich unter anderem ihre größere Selbständigkeit, ihre Überzeugung, daß sie auch ohne den Mann ihre Geltung innerhalb der Gesellschaft bewahren kann. Aber es kommt auch eine ernstere Schwierigkeit darin zum Ausdruck. Die zunehmende Zahl der Scheidungen ist zum Teil darauf zurückzuführen, daß die Frau den Mann als ungenügend, als den Maßstäben, die sie heute setzt, nicht entsprechend empfindet. Es gab eine Zeit, in der die Frau so gut wie jeder Mann sein wollte; heute will sie besser sein als er. Frauen leisten heute so viel, daß ihre Männer und Kinder oft die größten Schwierigkeiten haben, wenigstens innerhalb der Familie eine gewisse Geltung zu bewahren.

Die Reaktion des Mannes

Es ist für den Mann nicht leicht, sich von der traditionellen Auffassung, daß er der Frau aus *natürlichen* Gründen überlegen sei, zu befreien. Ist er nicht größer, körperlich stärker, hat er nicht eine tiefere Stimme, mehr Gehirnmasse? Obwohl die sportlichen Rekorde der Frau weit über dem liegen, was der Mann früher erreichte, liegen die Spitzenrekorde in beinah allen sportlichen Bereichen noch immer in den Händen von Männern. Sind sie deshalb nicht berechtigt, eine überlegene soziale Rolle zu spielen, und steht ihnen nicht die »natürliche« Rolle des Dominierenden in der Beziehung des einen Geschlechts zum anderen selbstverständlich zu? Die Annahme, daß eine »natürliche« männliche Überlegenheit gegeben sei, war schon immer eine Bedrohung, und zwar sowohl für die Frau *als auch* für den Mann. Adler prägte den speziellen Ausdruck »männlicher Protest« für die Auflehnung der Frau gegen die Annahme einer gegebenen männlichen Überlegenheit und das Unzulänglichkeitsempfinden des Mannes angesichts eines unsinnig hohen Kräftestandards, dem er sich hinsichtlich seines Mutes und seiner inneren Überzeugung, der starke Mann zu sein, nicht gewachsen fühlte. Daß er, zum Beispiel, stärker und größer ist als die Frau, kann das Ergebnis einer überlieferten Partnerwahl sein. Es ist durchaus möglich, daß Frauen sich früher beschämt gefühlt hätten, einen an Statur kleineren Ehemann zu haben, und daß Männer ihrerseits kleinere Frauen wählten. Im Rahmen der »natürlichen Auslese« hatten körperlich große Frauen es nicht leicht, Partner zu finden. Da die Entwicklung zu demokratischen Lebensformen es der Frau gestattet, einen kleineren Mann zu heiraten, und Männer beginnen, ältere und sogar größere Partnerinnen zu suchen, ist es nicht unwahrscheinlich, daß der Größen- und Kraftunterschied zwischen den Geschlechtern sich langsam ausgleicht.

Der Wandel männlicher und weiblicher Verhaltensformen verursacht einige Verwirrung auf beiden Seiten. Auf der Basis intellektueller und moralischer Eigenschaften entsteht die Vorstellung weiblicher Überlegenheit, der zu einem »femininen Protest« führt. Aufgrund dieser Entwicklung fühlen sich nun in zunehmenden Maß die Frauen unfähig, dem weiblichen Ideal zu genügen, das ihnen ihre Mütter oft vorleben, und die Männer stehen der neuen fraulichen Überlegenheit mit Ressentiment gegenüber.

In Wirklichkeit befreit sich der Mann von einer beinahe untragbaren Last, indem er die Verpflichtung aufgibt, immer der Überlegene zu sein. Er weiß es aber meist nicht. Solange er an dem Mythos männlicher Überlegenheit festhält, kann er nie im Frieden mit der Frau leben, die ständig und mit wachsendem Erfolg gegen diese »Überlegenheit« kämpft.

Unter diesen Umständen ist es für beide Geschlechter schwer, ihre wesentliche Gleichwertigkeit zu akzeptieren. Dem Mann fällt es nicht leicht, an dem Glauben festzuhalten, daß er trotz allem geachtet und geschätzt wird; die Frau ist nur allzu geneigt, sich als die Beherrschte und Unterjochte zu fühlen. Jede Meinungsverschiedenheit und Mißhelligkeit gibt Gelegenheit zu der Frage, wer hier der Herr ist, sei es in dem Bereich des Sozialen oder Sexuellen, bei Argumenten auf dem höchsten intellektuellen Niveau ebenso wie bei alltäglichen Problemen. Solange sich der Mann oder die Frau des eigenen Wertes und der eigenen Geltung nicht sicher sind, fühlen sie sich jeweils vom Partner besiegt, der sich genauso geschlagen fühlt. Jedem fällt es schwer zu glauben, daß der andere dasselbe Empfinden der Demütigung hat. Jeder fürchtet den anderen und erkennt nicht, warum dieser andere sich seinerseits vor ihm selbst fürchten könnte. Der unaufhörliche Widerstreit zwischen den Geschlechtern macht sich in jeder unangenehmen Lage, bei jeder Kontroverse und Meinungsverschiedenheit bemerkbar. Er schließt nicht nur die Möglichkeit einer Lösung aus, sondern weckt Feindseligkeit und Mißtrauen zwischen zwei Gruppen, die nicht ohne einander sein können und es noch nicht gelernt haben, friedlich zusammenzuleben.

Das im folgenden Berichtete zeigt, daß der »Kampf zwischen den Geschlechtern« in alle Formen des Zusammenwirkens – mögen sie sein, wie sie wollen – getragen werden kann. Ich hielt vor vielen Jahren vor einer Gruppe von Frauen einen Vortrag über Gleichwertigkeit und Gleichberechtigung der Frau. Die Vorsitzende der Versammlung gab ihrer Freude Ausdruck, einen Mann kennenzulernen, der die männliche Überlegenheit nicht für selbstverständlich hielt. Sie war der Meinung, daß sehr wenige Männer die Frau achteten. Ich bestritt diese Ansicht und versicherte, daß ich viele Männer kenne, die genauso dächten wie ich. Ich deutete an, möglicherweise *erwarte* sie Demütigung, fordere sie vielleicht sogar heraus. Wir hatten zunächst keine Zeit zu einer weiteren Diskussion der Sache. Aber sie war Pädagogin, und wir hatten dieselben Interessen;

sie lud mich also zum Tee ein, damit wir im Gespräch unsere Erfahrungen austauschen könnten. Bei unserer Unterhaltung über die verschiedenen Aspekte der Erziehung und die Entwicklung der Persönlichkeit, stellte sich heraus, daß wir von ganz verschiedenen, unvereinbaren wissenschaftlichen Voraussetzungen ausgingen. Sie war eine Anhängerin Freuds; ich war ein Adlerschüler. Die Diskussion wurde hitziger. Jeder verteidigte die eigenen Ansichten und stellte die des anderen in Frage. Dann unterbrach meine Gastgeberin plötzlich das Gespräch und brachte ihre Enttäuschung über mich zum Ausdruck. Sie habe geglaubt, daß ich – im Gegensatz zu anderen Männern – Frauen und ihre Ansichten achtete, aber nun sehe sie, daß ich ganz wie die anderen nur Interesse daran hätte, meine eigene männliche Überlegenheit ihr gegenüber zu zeigen. Aber wir hatten lediglich entgegengesetzte psychologische Theorien besprochen, wie zwei Männer es getan hätten.

Unvereinbarkeit

Es ist unwesentlich, ob einer Unvereinbarkeit des Denkens oder des Geschlechtlebens schuld am Scheitern einer Ehe gegeben wird. Daß man solche Begründungen so häufig anführt, zeigt, wie sich die Gleichberechtigung im modernen Familienleben auswirkt. Eine Verschiedenheit der Interessen gefährdet eine Verbindung nicht unbedingt. Ein verliebtes junges Mädchen ist durchaus geneigt, die Interessen ihres Partners zu ihren eigenen zu machen, selbst wenn sie ihr ursprünglich fremd sind. Sie geht mit ihm zu einem Fußballspiel oder einer anderen sportlichen Veranstaltung und hat bald soviel Freude daran wie er. Ihr guter Wille, an seinen Interessen teilzunehmen, hängt von ihrer Beziehung zueinander ab. Beide Ehepartner können neue Interessen ineinander wecken. Wenn sie aber in ihren Beziehungen zueinander ein Stadium erreicht haben, in dem sie sich beide als vernachlässigt empfinden, trägt der Unterschied in ihren Neigungen und Geschmacksrichtungen dazu bei, daß der eine sich in erhöhtem Maße verschmäht, der andere mißbraucht fühlt.

Die Diskrepanz der Interessen zwischen Mann und Frau entsteht oft aus dem Wettstreit der Geschlechter. Der Mann versucht, sich noch immer bestimmte Aktivitäten wie zum Beispiel Politik, Wirtschaft und Sport mehr oder minder vorzubehalten. Denn in diesen Bereichen – in »einer Männerwelt« – fühlt er sich sicher. Die Frau ihrerseits interessiert sich für Kunst, Theater, Literatur, Psychologie und Pädagogik. Diese Interessen mögen dem zuzuschreiben sein, daß die Frau zeitlich ungebunden ist, sie vermittelt ihr aber in jedem Fall ein Gefühl der Überlegenheit.

Die Verschiedenheit der Interessen *kann* eine Ehe bereichern, solange das Weltbild eines Partners das des andern erweitert, aber eine Spaltung der Interessen, die eine wesentliche Rolle in einem Kampf um die Macht spielt, ist in höchstem Grad destruktiv. Die Frau mag »versuchen«, den Mann zur Teilnahme an ihren intellektuellen, kulturellen und sozialen Aktivitäten zu bewegen, dabei aber unbewußt ihren Hintergrund und ihre Ausbildung benützen, um sich Überlegenheit zu sichern. Sie ermutigt ihn nicht, sondern macht es ihm beinahe unmöglich, sich ihren Aktivitäten anzuschließen. Seine Unfähigkeit, es ihr gleichzutun, und der Zweifel an seiner »männlichen Überlegenheit« veranlassen ihn vielleicht, Situationen auszuweichen, bei denen er nur die zweite Geige spielen kann. Deshalb scheuen sich viele erfolgreiche Geschäftsleute und führende Beamte vor gesellschaftlichen Veranstaltungen, denn sie können sich nur wohl fühlen und frei handeln, wenn sie an der Spitze stehen, und haben vielleicht kein Geschick entwickelt, sich bei Zusammenkünften und Versammlungen dieser Art hervorzutun.

Literatur und Kunst geben viele Möglichkeiten der Freude und Unterhaltung. Aber der übertriebene Ehrgeiz der Frau, ihre ungeduldige, hitzige Kritik genügen oft, um dem Mann diese Freude zu nehmen. Ebenso kann der mangelnde Geschäftssinn der Frau den Ehemann irritieren, andererseits wird es ihn aber zuweilen ärgern, wenn sie diesen Sinn hat und einsetzt. In einer auf Wettbewerb gestellten Beziehung fällt es beiden Partnern schwer, die Fähigkeiten des anderen anzuerkennen.

Es scheint dem Menschen leichter zu fallen, sexuelle Befriedigung außerhalb als innerhalb der Ehe zu finden. Aber auch hier ist das Ungenügen häufiger die Folge von Unstimmigkeiten als ihre Ursache. Es weist nicht unbedingt auf Disharmonie zwischen zwei Menschen, ihrem Temperament und ihren Neigungen hin; denn dieselben Partner können zu Beginn ihres Zusammenlebens ein sehr befriedigendes gemeinsames Geschlechtsleben haben, später aber unfähig sein, sexuelle Erfüllung miteinander zu finden – und das, ohne daß sie sich menschlich verändern.

Der Ausdruck »Unvereinbarkeit« setzt scheinbar voraus, daß ein grundlegender Zwiespalt vorhanden ist, das ist jedoch häufig gar nicht der Fall. Natürlich hat jeder Erwachsene in sexuellen Dingen ein bestimmtes Temperament und Gepflogenheiten, die sich vielleicht von denen des anderen unterscheiden. Zwei Ehepartner können nicht dieselben, schließlich in der Vergangenheit gebildeten Erfahrungen und Gewohnheiten haben. Aber eben die Unterschiede können von Gewinn für beide Teile sein, ihr Erleben ergänzen und bereichern. Solange zwei Menschen sich gegenseitig Freude geben und einander befriedigen wollen, kann einer sich den Wünschen, den Verhaltensformen und Bedürfnissen des anderen anpassen. Durch den Vorgang der Anpassung verändern sich die Partner unter Umständen und finden eine gemeinsame Basis der Erfüllung. Es ist deshalb keine zufällige Erscheinung, daß in der Spätperiode einer Ehe sexuelle Schwierigkeiten auftreten, wenn sich Gefühle der Feindseligkeit und Reibung gestaut haben: zu dieser Zeit besteht die starke innere Einheit, die volle Hingabe verlangt, meist nicht mehr.

Aber die neuerrungene Gleichberechtigung der Frau ist ein beruhigender Umstand. In früheren Zeiten waren sexuelle Enttäuschungen vermutlich weniger häufig. Der Mann fand seine Befriedigung ohne weiteres und kümmerte sich wenig darum, was die Frau sich vielleicht wünschte. Ein volles Geschlechtsleben war nach sozialer Übereinkunft sein gutes Recht, die Frau war in diesem Zusammenhang nur ein Mittel. Die Frauen ihrerseits erkannten und akzeptierten ihre Verpflichtungen, Gegenstand der sexuellen Wünsche des Mannes zu sein. Es war ihre »Pflicht«, sich hinzugeben, gleichgültig wie sie empfanden. Heute, als gleichwertiges Glied der Gemeinschaft, verlangt auch die Frau die sexuelle Erfüllung.

Es ist unmöglich, daß zwei Menschen immer zur selben Zeit und mit derselben Intensität dasselbe wollen. Solange die Beziehungen gut und harmonisch sind, wird die Verschiedenartigkeit der Wünsche nicht zum Problem. Aber im Kampf um Gleichberechtigung wird sie zum Anlaß der Auseinandersetzung. Die Ehe wird als eine Angelegenheit gleicher Rechte betrachtet, und das ist die Wurzel der meisten ehelichen Probleme. Jeder der beiden Partner wacht darüber, daß er die ihm zustehenden fünfzig Prozent auch bekommt, und fürchtet, er könne nur neunundvierzig – oder noch weniger – erhalten. Aber eine gute Ehe ist nur möglich, wenn jeder der Partner bereit ist, hundert Prozent, also alles, was er hat, zu geben. Nur dann kann er jedes sich stellende Problem als eine Forderung betrachten, der er genügen kann.

Diese einschränkenden Verpflichtungen ehelichen Zusammenlebens wirken sich unmittelbar auf die sexuellen Funktionen aus. Sobald ein Partner auf diesem Bereich mehr will als der andere, fühlen beide sich beeinträchtigt. Der eine hat das Empfinden, zurückgestoßen, der andere das, mißbraucht zu werden. Wenn dieser Zustand einmal erreicht ist, ist es sehr schwer, aus dem Teufelskreis auszubrechen. Der eine verlangt mehr, um seine eigenen Rechte zu wahren und zu beweisen, daß der andere nicht das Seine tut; der wiederum ist gekränkt und um so weniger bereit nachzugeben.

Auch die Neigung, nach Begriffen wie »Erfolg« oder »Versagen« zu werten, stört das Geschlechtsleben. Es ist unmöglich, sich in einer sexuellen Verbindung unbefangen zu geben, wenn der Partner von äußeren Problemen in Anspruch genommen ist, und die Sorge um die eigene »Zulänglichkeit« oder »Unzulänglichkeit« hemmt jeden Menschen sexuell mehr oder minder. Die Tatsache, daß in unserer Zeit wachsender Gleichberechtigung der Frau eine immer größere Zahl von Männern impotent werden oder in homosexuelle Bindungen ausweichen, ist kein Zufall. Wenn er nicht im Umkreis der Frau ist, scheint die sexuelle »Fähigkeit« des Mannes nicht mehr so in Frage gestellt. Homosexualität ist ein kulturelles Phänomen, das – wie in der Zeit des klassischen Griechentums – auftritt, wenn der Prozeß der Demokratisierung die Geltung der Frau wandelt.

Wenn wir um jeden Preis Erfolg haben wollen, wächst auch unser Streben nach Vollkommenheit. Was wir tun, muß »vollkommen stimmen«; sonst betrachten wir uns als untauglich. Diese Haltung macht das sexuelle Zusammenleben in der Ehe sehr problematisch. Was wir tun oder erleben, soll »perfekt« sein. Abweichungen von diesem Standard sind, vor allem für die Frau, beunruhigend. Selbst wenn wir unrecht handeln, muß das Falsche »richtig« getan werden. Auf dem Gebiet intimster Wechselwirkung und gegenseitiger Beeinflussung werden die Mängel der zwischenmenschlichen Beziehungen von zunehmender Bedeutung. Bei der Arbeit und im Gemeinschaftsleben kann man sich noch mit einer begrenzten Zuwendung genügen; es ist ja nicht notwendig, sich *selbst zu geben.* Aber die Ehe erlaubt keinen Vorbehalt dieser Art. Hier müssen wir uns ohne Einschränkung zuwenden, und das ist nicht möglich, wenn wir nervös, ängstlich und empfindlich sind. Sexuelle Erfüllung setzt die Fähigkeit voraus, sich zu entspannen und Freude zu erleben.

Untreue

Durch das gestörte Gleichgewicht in der Ehe, durch die Begier zu »erleben« und sexuell zu »siegen«, wird die Treue häufiger gebrochen. Und Untreue ist heute im Gegensatz zu früher ein immer ernsteres eheliches Problem. In der Vergangenheit wurde der ungebundene Geschlechtsverkehr des Mannes stillschweigend sanktioniert. Heute betrachtet die Frau die »Treulosigkeit« des Mannes nicht mehr als sein Vorrecht. Sie fühlt sich entweder persönlich gedemütigt und vergilt Gleiches mit Gleichem oder betrachtet einen Treubruch als Grund eine sonst gute Ehe zu lösen.

Die Begriffe »Treulosigkeit« und »Betrug« müssen in unserer gegenwärtigen demokratischen Gemeinschaft umgewertet werden.

Früher hatte ein Ehemann, der außereheliche Abenteuer suchte, nicht das Empfinden, seiner Frau »untreu« zu sein. Er behandelte sie als die Herrin seines Hauses, die Mutter seiner Kinder, als seine Gefährtin innerhalb der Gemeinschaft mit Achtung. Seine sexuellen Abenteuer betrachtete man als notwendigen Ausdruck seiner männlichen Bedürfnisse. Man war davon überzeugt, daß Frauen ganz andere Bedürfnisse hätten, und verurteilte bei ihnen eine sexuelle Ausschreitung aufs härteste. Die herrschende Schicht, also die Männer, entschieden, daß die Frau, da ihr ja die Rolle der Mutter zufiel, keusch zu sein hatte. Sie mußte »treu« und »rein« sein – sonst verlor sie jedes Recht auf Rücksicht und Achtung. In dieser Forderung nach einer unbedingten Treue der Frau kam selbstverständlich der Besitzinstinkt des Mannes zum Ausdruck. Der Mann »besaß« die Frau, wie man Vermögen oder Schmuck besaß. Aber nur in dem Bezugssystem des Besitzens hat der Begriff »Untreue« oder »Treuebruch« Sinn. Die Frau der Vergangenheit »besaß« den Mann niemals. Sie war sein Eigentum; seine außerehelichen Beziehungen hatten also nie den Charakter der Treulosigkeit. Was bei ihr als Überschreitung oder Untreue betrachtet wurde, hing ganz von dem Maß der Unterwerfung ab, die man ihr auferlegte. Innerhalb der moslemischen Kultur brach die Frau die Treue, wenn sie ihr Gesicht einem anderen Mann zeigte. In anderen Ländern war es der Frau nicht erlaubt, ohne Begleitung auszugehen; eine verheiratete Frau wurde als untreu betrachtet, wenn sie einen fremden Mann auch nur ansah. Als ihre Unabhängigkeit und Freiheit wuchs, wagte die Frau als unabhängiges Wesen in die Welt hinauszugehen. Aber die Frage, wie weit eine verheiratete Frau gehen konnte, ohne als untreu betrachtet zu werden, war noch immer nicht beantwortet.

Ist es ein Akt der Untreue, wenn wir mit einem Menschen des anderen Geschlechts zum Mittag- oder Abendessen oder ins Kino gehen? Oder hängt es von unseren Empfindungen diesem Menschen gegenüber ab? Begehen wir, so gesehen, nicht eine Untreue, wenn wir romantisch oder in sexuellem Sinne an einen anderen Menschen denken, von ihm träumen, von ihm erregt werden? Ist es ein Akt der Treulosigkeit, wenn wir einen Menschen küssen und in die

Arme schließen, oder beschränkt sich Untreue auf rein physische Kontakte, die damit beginnen können, daß man die Hand des anderen hält? Sind solche Handlungen in Gesellschaft erlaubt, aber nicht, wenn man allein ist? Oder ist nur Geschlechtsverkehr als wirkliche Untreue zu betrachten? Jeder Mensch hat bestimmte Vorstellungen von solchen Dingen, aber sie können sich sehr von denen seines Mitmenschen unterscheiden.

Neue sexuelle Maßstäbe

Unsere Ansichten über geschlechtliche Dinge haben sich offensichtlich geändert, aber viele Menschen klagen einfach deshalb über einen Mangel an Moral, weil sie an den Geboten und Verboten der Vergangenheit festhalten.

Die neue Gleichwertigkeit zwischen den Geschlechtern stellt uns der Aufgabe gegenüber, auch neue sexuelle Maßstäbe zu finden, da die alten Werte mit ihrer Doppelmoral nicht mehr akzeptiert werden können.

Mit der Zersetzung der überkommenen Moralbegriffe aber beginnt das Chaos. Da die starren moralischen Gebote der Vergangenheit von vielen als veraltet abgelehnt werden und neue feste Maßstäbe noch nicht gefunden sind, ist jeder Mensch nicht nur frei, sondern auch beinah verpflichtet, eine eigene Haltung gegenüber sexuellen Dingen und ein entsprechendes Benehmen in dieser Hinsicht zu entwickeln. Dabei spielt die Zugehörigkeit zu einer bestimmten Gruppe eine wesentliche Rolle, aber sie genügt nicht, Klarheit zu schaffen, da die verschiedenen kulturellen, rassischen, nationalen und religiösen Gemeinschaften verschiedene Gesetze des Verhaltens haben.

Wir können aber jederzeit zwischen drei Ebenen der sexuellen Norm unterscheiden. Als erstes haben wir die *öffentlich anerkannte Norm*. Ihre Gebote und Verbote decken sich im allgemeinen mit den mehr oder weniger akzeptierten religiösen und weltlichen Bräuchen. In der Regel ist die Einehe die heute akzeptierte Form des Zusammenlebens, und die Frau wird als das gesehen, was sie in den vergangenen Jahrhunderten war. Man fordert Reinheit und Treue von ihr, und vielen Menschen ist die Jungfräulichkeit der Frau noch immer heilig. Selbst Männer, die ihre Zweifel an der Berechtigung so starrer Forderung haben, halten, was ihre eigenen Frauen: Gattin oder Tochter, betrifft, daran fest. Bei einem Sohn wird im allgemeinen »entschuldigt«, was einer Tochter nie zugestanden würde.

Was die Menschen über Dinge des Geschlechtslebens und der Moral sagen, ist aber nicht immer, was sie für richtig oder falsch halten. Die *private Moral,* an die der einzelne sich wirklich hält, ist die zweite Ebene des Erlebens, und es gibt auch eine dritte Ebene: die des *tatsächlichen Verhaltens.* Viele Menschen tun, was sie selbst nicht für richtig halten. Ihr Handeln deckt sich nicht mit ihren Werten.

Kinseys Studien gereichten dem Menschen von heute in bezug auf seine sexuellen Begriffe nicht eben zum Vorteil. Er zeichnete im wesentlichen auf, was die Menschen taten, und vermittelte den Eindruck, daß im Handeln auch ihre Wertmaßstäbe zum Ausdruck kämen. Das ist ein Irrtum. Ein junges Mädchen kann zum Beispiel durchaus »freie Liebe« akzeptieren, braucht sie aber nicht zu praktizieren. Ebenso kann ein Junge, der masturbiert, im tiefsten Innern glauben, daß es »unrecht« ist. Mit anderen Worten: *die Überzeugungen* und nicht das Handeln liegen den Moralvorstellungen zugrunde. Meinung und Bewußtsein sind es, die am Ende das Werturteil formen. Unglücklicherweise sind sich nur wenige ihrer eigenen Moralbegriffe bewußt und haben von denen der anderen eine einigermaßen klare Vorstellung. Wenige wissen mit Bestimmtheit, was richtig oder falsch ist, weil sie in jeder neuen Lage anders denken. Es ist heute infolgedessen beinah unmöglich, zu einer Norm sexuellen Verhaltens zu kommen, die die Mehrzahl zu bejahen imstande wäre, und die den Gebräuchen der heutigen Gesellschaft entspricht.

Der Mangel eines bestimmten sexuellen Maßstabs wirkt sich vor allem auf junge Menschen aus. Wenige von ihnen bejahen heute noch die eindeutigen Wertvorstellungen der Erwachsenen, besonders da sie sich vollkommen klar darüber sind, wieviel Widersprüchlichkeit und Unsicherheit in der Haltung der Erwachsenen gegenüber geschlechtlichen Dingen zutage tritt. Junge Menschen wollen Antworten, aber wer kann sie ihnen geben?

Es ist unmöglich, sich heute vorzustellen, welche sexuellen Gebote und Verbote sich am Ende herauskristallisieren und allgemein akzeptiert werden. Es ist aber mit Bestimmtheit anzunehmen, daß in der Festsetzung neuer sexueller Maßstäbe auch Frauen und Kinder mitzusprechen haben.

Die Zukunft der Ehe

Viele Menschen bezweifeln, daß die Ehe weiterhin als feste Lebensform möglich ist. Eines ist gewiß, sie kann heute nicht mehr die Aufgaben erfüllen, die sie jahrhundertelang besaß. Sie war vor allem die Grundlage wirtschaftlichen Fortbestehens. Ohne den Ernährer konnte die Familie nicht leben. Heute sind viele Frauen imstande, ohne Hilfe des Mannes eine Familie zu unterhalten. Der zweite Punkt war, daß nur in der Ehe – für die Frau mindestens – eine sexuelle Erfüllung möglich war, und auch dem Mann war sie außerehelich nur gestattet, wenn er »diskret« war. Heute ist ein Geschlechtsleben außerhalb der Ehe nichts Ungewöhnliches. Die dritte Aufgabe der Ehe, die Erziehung der Kinder, stellt uns vor die Tatsache, daß einerseits viele Eltern heute durchaus nicht dazu fähig sind, ihre Kinder vernünftig zu erziehen, andererseits manche Frauen durchaus imstande sind, es ohne Väter zu tun.

Es ist einigermaßen überraschend, in welch hohem Grad die Möglichkeit sexueller Erfüllung außerhalb der Ehe dazu beiträgt, den Zweifel an der Notwendigkeit der Heirat zu verstärken. Für diese Entwicklung werden sehr verschiedene Gründe angeführt, der wichtigste ist wohl, daß außereheliche Verbindungen den Partnern gestatten, einen Teil ihrer Zeit ohne den anderen zu verbringen. Dadurch wird natürlich der Druck vermindert, dem ein Ehepaar ausgesetzt ist. Aber der Reiz des Verbotenen und die Lust nach neuen Eroberungen spielen natürlich auch eine Rolle.

Trotzdem ist kaum zu bezweifeln, daß eine Ehe, in der sich ein Partner dem anderen vollkommen zuwendet – und zwar körperlich und geistig – noch immer zu den höchsten Wünschen des Menschen gehört. Diese enge Verbindung wird aber unglücklicherweise durch unsere Unfähigkeit gestört, als gleichwertige Menschen zusammenzuleben. Aus diesem Grund spielt das Geschlechtsleben eine so verwirrende Rolle innerhalb der Ehe. Man kann jedoch annehmen, daß der Mensch, wenn er einmal gelernt hat, als Gleicher unter Gleichen zu leben, und wenn er nicht mehr durch die Gesellschaft zur Monogamie gezwungen wird, sie als die ideale Lebensform für sich erkennt. Er wird die Einehe wählen, weil sie seine tiefsten Bedürfnisse befriedigt. Nur dann ist es ihm auch möglich, sich auf dem Gebiet des Sexuellen angemessen und befriedigend zu verhalten. Das Sexuelle dient, so erlebt, nicht mehr ausschließlich dazu, zu genießen oder Macht auszuüben, sondern kann als Mittel gesehen werden, die engste Verbindung zwischen zwei Menschen herzustellen.

Es ist schwierig, sich vorzustellen, wie die Ehe aussehen wird, wenn Mann und Frau einmal imstande sind, als Gleichwertige zusammenzuleben. Vor allem werden sie all ihre Wirrnisse und Schwierigkeiten als Probleme erkennen, die sie gemeinsam lösen müssen. Wir sollten uns auch hier vergegenwärtigen, daß, was immer *wir* tun, wir unser Bestes tun müssen. Im Zustand wirklicher Gleichwertigkeit kann keiner dem anderen vorschreiben, was er tun soll, kann keiner sich gedemütigt und enttäuscht fühlen. Es gibt immer etwas, was jeder der beiden Partner tun kann, und es steht seinem Handeln nichts im Wege, denn Ansehen, Sieg oder Niederlage, Erfolg oder Mißlingen sind im Verhältnis gleichwertiger Partner sinnlos geworden.

Wenn die Furcht vor dem Versagen, vor Demütigung, Kritik, wirtschaftlicher Not, einem abträglichen Einfluß auf die Kinder nicht mehr vorhanden ist, gewinnt das sexuelle Zusammenleben eine vollkommen veränderte Bedeutung. Impotenz, Frigidität und Homosexualität sind Folgen dieser Ängste und werden durch sie hervorgerufen. Wenn wir nicht nervös beobachten, was wir tun, beobachten wir auch das Verhalten unseres Partners nicht. Besitzgier und Eifersucht mit ihren unvermeidlichen Folgen – Ärger und Vergeltung – sind dann überalterte Empfindungen. Jeder kann tun, wozu er sich frei entscheidet, da er seinem Partner dieselben Rechte zugesteht. Wenn einer der Gatten sich zu einem anderen Menschen hingezogen fühlt, wird das ohne Ärger und Furcht akzeptiert. Sexuelle Erlebnisse und Gefühle hören auf, ein Vergehen zu sein. Der Wunsch beider Partner zueinanderzugehören, schließt abträgliche Folgen auf die Bewegungsfreiheit sowohl des einen wie des anderen Menschen aus. Ein Ehepaar wird nicht mehr durch Furcht zusammengehalten: die vereinende Kraft ist dann die Entscheidung, frei von den unvermeidlichen Schwankungen des Gefühls beieinanderzusein und miteinander zu leben, den Partner als Teil des eigenen Lebens zu betrachten. Wir können nicht immer bejahen, was der andere tut, aber wir können ihm trotz Meinungsverschiedenheiten und Konflikten Achtung und Zuneigung bewahren.

Die Aufgabe der Eltern

In welcher Weise wirkt die Gleichwertigkeit auf die Funktion des Vaters innerhalb der Familie? Sie tut dies offensichtlich in hohem Maße, denn die Gestalt des Vaters als des starken Mannes existiert in den meisten Fällen nicht mehr. Die fähigsten und männlichsten Väter beeinflussen ihre Kinder meist in einem sehr negativen Sinn. Die Söhne zweifeln an ihrer Befähigung, so männlich und tüchtig zu sein wie sie, glauben also nicht daran, daß sie ein »ganzer Mann« zu sein vermögen. Die Töchter männlicher und starker Väter haben das Bild des überlegenen Mannes vor Augen, wie sie ihn in der eigenen Generation kaum mehr finden. Weder der Sohn noch die Tochter sind sich klar darüber, daß der Vater eine letzte Gestalt aus einer vergangenen Kulturperiode ist, in der der Mann die Vorherrschaft hatte.

Die Annahme, daß der Vater oder die Mutter ganz bestimmte Eigenschaften haben müssen, um ihre Kinder gut zu erziehen, ist irrig. Jeder Vater und jede Mutter, die mit ihren Kindern umzugehen und auf sie einzuwirken verstehen, können darin höchst erfolgreich sein, gleichgültig wie ihre charakterlichen Eigenschaften sind. Ein Vater, der wirkliches Interesse am Leben seiner Kinder hat, kann einen genauso starken Einfluß auf sie haben wie die Mutter. Eines aber ist in einer demokratischen Welt unmöglich: weder kann der Vater der Mutter Anweisungen geben, wie sie handeln soll, noch sie ihm. Aber jeder hat in vollem Ausmaß Möglichkeit, Einfluß auszuüben.

Die veränderte Stellung der Frau wandelt auch die Funktion der Mutter. In den meisten Familien liegt die Erziehung heute in den Händen der Mutter – mindestens versucht sie zu erziehen, zu belohnen oder zu bestrafen. Der Vater wird nicht mehr unbedingt als Familienoberhaupt anerkannt; an seine Stelle tritt häufig die Mutter. Infolgedessen wendet er sich oft von der erzieherischen Aufgabe ab oder kritisiert die Methoden der Mutter. Wir können heute jedenfalls nicht mehr sagen: »Der Vater weiß es am besten«, in vielen Fällen liegt das bessere Wissen auf seiten der Mutter.

Die auf Wettbewerb gestellte Familienatmosphäre beeinflußt die Beziehung zwischen Eltern und Kindern und der Kinder untereinander. Innerhalb der feudalen Gesellschaft lag die Vorherrschaft unter den Kindern beim ältesten Sohn, keines seiner Geschwister konnte sie anfechten. Heute kämpft jedes Kind um die eigene Geltung gegen die übrigen und stellt sich oft auf die Seite eines Elternteiles gegen den anderen. Wir können in der Familie nicht mehr zwischen typisch männlichem oder typisch weiblichem Verhalten unterscheiden. Es sind auch nicht mehr ausschließlich die Jungen, die sich maskulin verhalten. Es ist möglich, daß Mädchen das Benehmen des Vaters nachahmen, Jungen das der Mutter, und daß sich daraus eine Mischung und ein Gewirr ergibt, das man selten in einer festen sozialen Ordnung findet, in der männliche Überlegenheit herrscht [16].

Die Mütter bezahlen ihre Geltung in der Familie teuer. Wenn die Kinder sich ihrer Autorität und ihren Geboten und Verboten nicht unterwerfen, wird ihr Ansehen ernstlich gemindert. Infolgedessen nimmt ihr Minderwertigkeitsgefühl zu. Sie halten jedes schlechte Verhalten und Vergehen der Kinder für ein Zeichen ihres eigenen

---

[16] In vielen romanischen Ländern ist noch immer die weibliche Vorherrschaft in Kraft und kennzeichnet das Verhalten von Jungen und Mädchen.

Versagens. Viele Frauen setzten sich in ihrem Kampf um die Gleichberechtigung einen sehr hohen moralischen und intellektuellen Standard. Das regt ihre Kinder häufig nicht an, sondern hemmt sie. Eine große Zahl ehrgeiziger Mütter, denen nur das Beste gut genug ist, entmutigen ihre Ehemänner und Kinder, weil sie diesen Erwartungen nicht entsprechen können. Diese Mütter und Ehefrauen sind dann über die Unzulänglichkeiten und das Versagen entsetzt, die sie selbst ausgelöst haben. Eine tüchtige Mutter steht der Entwicklung des Kindes oft im Weg.

Am schmerzlichsten müssen solche guten Mütter bezahlen, wenn die Kinder heranwachsen, denn dann verlieren sie ihren königlichen Status. Wenn die Kinder sich allmählich zu Erwachsenen entwickeln, heiraten und ihren Platz in der Gemeinschaft finden, haben die Mütter keine Aufgabe mehr. Die Kinder entziehen sich ihrer Beaufsichtigung und hinterlassen eine große Leere im Leben der Mutter. Der Vater spielt oft nur eine geringe Rolle im Dasein der Kinder, aber die Mutter verliert, wenn diese ihre eigenen Wege gehen, ihre sinnvolle Arbeit im Rahmen der Familie.

Das ist die Ursache des Nervenzusammenbruchs gerade der tüchtigsten Mütter zur Zeit des Klimateriums. »Die Wechseljahre« sind nicht so sehr eine Phase des hormonellen Wechsels als eine Veränderung im sozialen Aufgabenbereich der Frau. Jede Frau von heute, die sich ausschließlich der Familie und der Kindererziehung widmet, hat solch eine Krise zu fürchten.

In dem Maß, in dem die Frau die Gleichberechtigung erringt, muß sie ihren Aufgabenkreis erweitern, kann sie nicht länger ausschließlich im Bereich der Familie tätig sein. Eine Frau, die studiert hat, sich in einem Beruf bewähren mußte, und die dann plötzlich in der Ehe eine gute Frau und Mutter zu sein hatte, kann sich nur schlecht in den Verlust dieser Rolle finden. Beruflich hat sie ihre Fähigkeiten verloren oder sie nicht weiterentwickelt, wie es nötig gewesen wäre; sie kann also keine Anstellung finden, die ihr den Status und die Verantwortung vermittelt, die sie innerhalb der Familie selbstverständlich besaß. Sie ist jetzt ein reifer selbständiger Mensch und kann beruflich nicht ganz von vorne anfangen, ohne an Ansehen und Selbstgefühl zu verlieren.

Mutterschaft oder Beruf?

Die wesentliche, an eine Frau von heute gestellte Forderung ist deshalb, Beruf und Mutterschaft in ein neues vernünftiges Verhältnis zu bringen. Es ist nicht mehr möglich, das eine zu tun, und das andere zu lassen. Viele Menschen, die sich über die volle Auswirkung unserer heutigen kulturellen Entwicklung klar sind, glauben, die Frau könne zwischen Beruf und Familie wählen – sie müsse es sogar. Aber wie töricht wäre es, einem Mann zu sagen, er müsse sich zwischen Beruf oder Familie entscheiden.

Natürlich verlangt die größere Verantwortung, die eine Frau als Mutter hat, einen Einsatz von Zeit und Kraft, wie er vom Vater nicht gefordert wird. Aber die Erfüllung ihrer Pflicht als Ehefrau und Mutter nimmt keineswegs so viel Zeit in Anspruch, wie viele Frauen – und Männer – glauben.

Die technische Entwicklung erleichtert die Hausarbeit wie nie zuvor, und die häusliche Arbeitsbelastung der Frau wird sich in dem Maße verringern, in dem Mann und Frau sie als gemeinsame Aufgabe ansehen – das aber ist ein notwendiges Ergebnis der zunehmenden Gleichberechtigung der Geschlechter. Vielleicht gibt es, wenn Hausarbeit nicht mehr als minderwertige Tätigkeit des »untergeordneten« Geschlechts betrachtet wird, auch einmal wieder Hilfe im Haushalt, die von Fachkräften – nicht von traditionell gering geachteten Dienstboten – geleistet wird.

Es ist in keinem Fall wesentlich, *wieviel Zeit* eine Mutter mit ihrem Kind verbringt. Viel wichtiger ist, *wie* sie sie mit ihm verbringt. Es wurde immer wieder gesagt, das Kind brauche die physische Nähe der Mutter, um sich emotional und sozial zu entwickeln. Wenn die Bedeutung des Fütterns, Entwöhnens, Erziehung zur Sauberkeit und Befriedigung der instinktiven Bedürfnisse überbetont werden, wird die Dauer der Zeit, die die Mutter mit dem Kind verbringt, natürlich zum wichtigsten aller Probleme. Wird dagegen die Bedeutung der sozialen Beziehung erkannt, ergibt sich ein ganz anderes Bild. Dann zählt nicht mehr das lange oder kurze Beisammensein von Mutter und Kind, sondern *wie* die Beziehung beschaffen ist. Außerdem fragt es sich, ob Frauen nicht bessere Mütter sind, wenn sie sich auch außerhalb des Familienkreises beschäftigen und über diesen Bereich hinaus Interessen haben. Wenn sie dem Kind all ihre Zeit und Energie zuwenden, laufen sie Gefahr, im eigenen Wertgefühl von ihm abhängig zu werden, und das Kind mit ihren Erwartungen geradezu zu ersticken.

IV

DER MENSCH IN SEINER WELT

ACHTES KAPITEL

Das biologische, soziale und kosmische
Minderwertigkeitsgefühl des Menschen

Wie wir gesehen haben, kann ein Mensch in einer demokratischen
Gemeinschaft weder in Frieden mit sich selbst noch mit anderen leben, wenn er nicht weiß und fühlt, daß er jedem anderen wirklich
in bezug auf Menschenwürde und Wert gleichsteht. Das Wesentliche ist, daß er selbst diese Gleichwertigkeit empfindet. Aber der
Mensch hat, trotz seines Wunsches, als Gleicher behandelt zu werden, zu viele Erfahrungen gemacht, die scheinbar seine persönliche Unzulänglichkeit bestätigen. Ist dieses Paradox Wirklichkeit
oder Täuschung? Vom Persönlichen gesehen ist es, wie wir feststellten, eine Täuschung. Aber wie verhält es sich auf anderen Gebieten? Wir leben auch im biologischen, sozialen und kosmischen Bereich. Diese Dimensionen der menschlichen Existenz sind miteinander verbunden, verdienen aber eine gesonderte Betrachtung.

Die biologische Unzulänglichkeit des Menschen

Biologisch betrachtet ist der Mensch ein Teil der Natur. Sie umgibt
ihn nicht nur, sondern ihre Kräfte wirken ebenso in ihm wie in jeder
Pflanze, jedem Tier. Trotzdem ist der Mensch mehr als formbarer
Ton in ihren Händen. Auch er ist ein Schöpfer, denn er ist imstande,
seine Umgebung zu wandeln. Der Mensch *wirkt* als Schöpfer und
Geschöpf mit der Natur *zusammen*. Er hat ihre Gesetze entdeckt
und macht sie sich zunutze.

172

Die Beschränkungen, die die Natur ihm auferlegt, können ihn vernichten. Der Kampf, sich am Leben zu erhalten, treibt die Entwicklung und den menschlichen Fortschritt voran. Die Natur ist sowohl der Freund als der Feind des Menschen. Sie bedroht ihn mit Vernichtung, gibt ihm aber gleichzeitig die Möglichkeiten der Schöpfung und Entwicklung. Sie hat ihm weder Angriffswaffen wie Muskeln, Krallen und Fänge gegeben, noch schützt sie ihn gegen seine Feinde, wie die Schildkröte durch ihren Panzer, das Reh durch seine Schnelligkeit oder Fische und Vögel durch ihre Tarnfarbe geschützt sind. Aber sie hat ihm ausgleichende Kräfte gegeben.

Daß der Mensch physisch schwach ist, war eh und je ein wesentlicher Ansporn menschlicher Entwicklung. Der Mensch, der als ein schwaches Wesen so mannigfaltiger Bedrohung gegenüberstand, wurde am Ende Herr der Elemente und unterwarf sich die Natur. Er war in jeder Hinsicht biologisch minderwertig, glich diese seine Schwäche aber dadurch aus, daß er sein Denkvermögen entwickelte. Weil er nicht laufen konnte wie das Reh und keine physischen Angriffsmittel hatte, erfand er den Pfeil, den Bogen und den Speer. Da er nicht durch Fell oder Panzer geschützt war, baute er sich Hütten und Höhlen und kleidete sich in das Fell erlegter Tiere. Durch die Ausgleichsleistungen, die ihm seine biologischen Unterlegenheit abforderte, erlangte er allmählich Herrschaft über die Naturkräfte. Er lernte es, sich die Elemente zu unterwerfen und machte sich die biologischen Gesetze zu Verbündeten, um Krankheit zu bekämpfen. Er erforschte das Geheimnis der Atomstruktur und fand den Weg, die Atomenergie nutzbar zu machen.

Heute kann der Mensch sich vieler Siege über die Naturkräfte rühmen. Die Wissenschaft hat ihm wirksame Mittel gegen die Bedrohung durch die Natur gegeben. Sie hat ihm bisher unbekannte Methoden der Untersuchung, Forschung, des Experimentes vermittelt, die angesichts neuer Gefahren angewandt werden können. Der Arzt steht heute einer neu auftretenden Krankheit nicht mehr mit hilfloser Verzweiflung gegenüber. Er tritt ihr mit einer bestimmten Wißbegier gegenüber und bekämpft sie entschlossen. Er fühlt sich nicht seiner menschlichen Zerbrechlichkeit oder biologischen Schwäche wegen unsicher. Wenn er übersteigert ehrgeizig ist, trifft es ihn vielleicht persönlich, wenn er im Kampf mit dem Tod einmal unterliegt. Aber er betrachtet den menschlichen Lebenskampf nicht als sinn- und hoffnungslos. Er wendet sich nach einer Niederlage nur intensiver dem Kampf zu, den er als Repräsentant der Menschheit auf dem Gebiet der Medizin durchzufechten hat, und vertraut darauf, am Ende eine Lösung zu finden. Auch auf anderen Gebieten ist die Reaktion des Wissenschaftlers dieselbe, wenn Gefahr oder eine mögliche Katastrophe drohen. Er untersucht das neue Problem in Ruhe und wägt Lösungsmöglichkeiten gegeneinander ab. Die Unzulänglichkeiten des Menschen können ihn nicht erschrecken, denn er weiß auch von seinen Kräften. Er vertraut auf die Wirksamkeit wissenschaftlichen Vorgehens, wie ein anderer Mensch etwa religiöses Vertrauen hat.

Ist der Mensch tatsächlich so schwach, wenn er Naturkräften gegenübergestellt ist? Ganz und gar nicht. Im großen und ganzen gesehen, hat der Mensch diese Kräfte annähernd in der Gewalt. Absolute biologische Sicherheit gibt es nicht, aber niemand braucht in ständiger Angst zu leben.

Trotzdem kann sich der Mensch nicht von dem Gefühl seiner Unterlegenheit befreien. Das Ausmaß, in dem er tatsächlich ganz frei von biologischem Zwang ist, wird selten erkannt. Selbst Wissenschaftler erliegen der Lockung einer defaitistischen Philosophie und überschätzen das Maß der menschlichen Schwäche, indem sie den Menschen als ein von natürlichen Trieben und animalischen Instinkten beherrschtes Wesen darstellen. Das sind Theorien, die die Anpassungsmöglichkeit des Menschen und seine Fähigkeit, über sich zu bestimmen, hochgradig zweifelhaft erscheinen lassen.

Die soziale Minderwertigkeit des Menschen

Die Entwicklung des Gehirns und seiner denkerischen Fähigkeiten war nur eine der ausgleichenden Errungenschaften des Menschen. Eine andere war der Zusammenschluß in fest verbundene soziale Gruppen. Der Mensch lebte schon immer in der Gemeinschaft. Er ist ein geselliges Wesen. Was immer wir im besonderen Sinn als human empfinden, ist der Ausdruck sozialen Zusammenwirkens. Die Haltung des einzelnen, seine Art des Wirkens und der Zusammenarbeit innerhalb der Gemeinschaft werden durch seine menschlichen Eigenschaften bestimmt. Der Charakter jedes Menschen wird von den Begriffen und Einstellungen geformt, die er im Kontakt mit anderen entwickelt hat. Der Mensch ist leiblich und geistig so beschaffen, daß er in der Gemeinschaft leben kann und muß. Die Probleme, die er scheinbar ausschließlich in seinem Inneren zu bewältigen hat, sind tatsächlich Konflikte mit seinen Mitmenschen – mit der Gesellschaft und ihren Vertretern. Die Gruppenbildung, die Herstellung sozialer Bindungen und das Eintauchen in das Leben einer bestimmten Gemeinschaft stellen den Menschen gesellschaftlichen Geboten gegenüber, die im Widerspruch zu den Triebgesetzen stehen.

Wenn eine Gesellschaft gebildet wird, ist die Einsetzung einer neuen Ordnung notwendig. Viele moderne Wissenschaftler, vor allem Psychologen, ignorieren das und neigen noch immer dazu, den Menschen als eine primär biologische Einheit zu betrachten. Das Leben in der Natur und in der Gemeinschaft hat verschiedene Voraussetzungen und Bedingungen. In gewissem Sinn sind aber auch die sozialen Gesetze Naturgesetze, weil die Entwicklung der Gemeinschaft dem ursprünglichen Kampf ums Leben entspringt. Aber das soziale Leben modifiziert das Naturgesetz – »das Gesetz des Dschungels« –, das einst das Dasein des einzelnen innerhalb seiner natürlichen Umgebung beherrschte.

Im Gemeinschaftsleben ist das Grundgesetz die Zusammenarbeit aller. Selbst außerhalb der menschlichen Gesellschaft ist Zusammenwirken notwendig, sobald ein Wesen vom anderen abhängt, wie zum Beispiel das junge Tier von der Mutter. Die Natur, oberflächlich betrachtet, so friedlich und harmonisch, ist voll zerstörender Kräfte. Jedes Wesen lebt auf Kosten des anderen, der Stärkere schlägt den Schwächeren: »Race living at the expense of race«, wie Emerson sagte. Aber das Leben in der Gemeinschaft verwandelt diese Zusammenhänge. Trotz der Ausbeutung bestimmter Gruppen durch andere ist das Grundgesetz jeder Gemeinschaft gegenseitige Hilfe – nicht Ausbeutung. Während der Kulturperiode, die wir heute Zivilisation nennen, und die nur ein kleiner Teil der menschlichen Geschichte ist, verloren sich einige kooperative Elemente des primitiven Zusammenlebens, aber die religiöse und staatliche Gesetzgebung erkannte sie noch immer an und schränkte damit mindestens die gegenseitige Ausbeutung ein. Kein enges Zusammenleben ist ohne Kooperation möglich. Das gilt auch für Tiere, die in Rudeln leben. Je enger die soziale Verbindung ist, je mehr das Einzelwesen der Gruppe angehört, desto mehr unterscheidet sich das Gemeinschaftsleben vom Leben in der Vereinzelung.

Wie stark die Gemeinschaftssphäre die biologischen Funktionen beeinflußt, zeigt sich immer, wenn Einzelwesen unlöslich zu einer Gruppe verschmolzen sind. Es ist kein bloßer Zufall, daß die Bienen, die in engster, je beobachteter Gruppengemeinschaft leben, vollkommene Kontrolle über ihre sexuelle Funktion haben – selbst über die der einzelnen Biene. Wir finden bei Ameisen eine ähnliche Entwicklung. Im Gegensatz zu frei lebenden Tieren, die durch unwiderstehliche geschlechtliche Impulse zur Erhaltung ihrer Art getrieben werden, haben sowohl Bienen (als auch Ameisen) erstaunliche Kontrolle über ihre Sexualität. Der Schwarm, der Bienenstock, der Ameisenhaufen als gemeinschaftliche Daseinsform sind wichtiger als das Leben des einzelnen. Auch beim Menschen beeinflußt die Gruppenbildung das Verhalten des Individuums in höchstem Maß.

Die Gemeinschaft, die als eine Art von Defensivzusammenschluß gegen die überwältigende Macht der Natur entwickelt wurde, ermöglicht dem Menschen eine gewisse Unabhängigkeit von den Naturkräften um ihn und in ihm. Die Gruppe schützt ihn vor äußeren Gefahren. Sie regt ihn zum Einsatz seiner Denkkraft, seiner Fähigkeit zu planen und zu schaffen an und gibt ihm damit die Stärke, sich mit den komplizierten Wechselwirkungen innerhalb der Gesellschaft auseinanderzusetzen. Aber die Befreiung von der universellen, ihm von der Natur auferlegten Knechtschaft konnte dem Menschen kein Sicherheitsgefühl vermitteln. Dieses Empfinden der Unsicherheit entspricht zum Teil seiner Unfähigkeit, zu erkennen, daß er Herr enormer biologischer Kräfte ist. Wir halten an dem

Glauben fest, wir seien Sklaven, obwohl wir längst Meister geworden sind. Es sind nicht die uns bedrohenden natürlichen Gefahren,
die unser Sicherheitsgefühl herabsetzen, sondern unsere Unfähigkeit, die von Menschen geschaffenen sozialen Mächte unter Kontrolle zu bekommen. Es ist zwar kaum glaubhaft, daß der Mensch,
nachdem er eine so lange Periode sozialer Problematik durchlebt
hat, in bezug auf die Gemeinschaft noch immer experimentiert.
Wie erklärt sich dieses verwirrende Paradox? Hatte die Menschheit
nicht Zeit genug, sich dem Dasein in der Gemeinschaft anzupassen? War Freud im Recht, wenn er behauptete, das soziale Leben
innerhalb der Gesellschaft sei gegen die menschliche Natur, weil sie
dem Menschen die Befriedigung seiner innersten Sehnsüchte und
»Bedürfnisse« versage?

Die Gesellschaft an sich ist dem Menschen nicht Feind; die gegenwärtige Gesellschaft allerdings ist unfähig, den sozialen Bedürfnissen des Menschen zu genügen. Sein größter Wunsch, nämlich der,
Geltung und Sicherheit innerhalb der Gruppe zu haben, wird durch
ein Gemeinschaftsgefüge vereitelt, das die Stellung und die soziale
Position jedes einzelnen gefährdet. Eine feste soziale Verbindung
kann sich nur auf die mitmenschliche Beziehung Gleichwertiger
gründen, und der Mangel an Selbstvertrauen hindert uns alle
daran, das Bewußtsein der Gleichwertigkeit zu entwickeln.

Das Empfinden sozialer Minderwertigkeit hindert den Menschen
daran, im Gefühl von Würde und Selbstachtung als Teil des Ganzen
zu handeln, genau wie das der biologischen Unzulänglichkeit ihm
das Bewußtsein der Zugehörigkeit raubt, das allein imstande ist,
ihm innere Sicherheit zu geben.

Die kosmische Minderwertigkeit des Menschen

Während seiner Entwicklung vom Primaten zum Homo Sapiens
und der entsprechenden Ausbildung des Denkvermögens erkannte
der Mensch die ungeheure Größe des Universums und seine eigene
Geringfügigkeit im Vergleich zu dieser Größe. Das gab ihm neuen
Grund, sich als minderwertig zu empfinden. Zeit und Raum wurden

erdrückende Realitäten, denn angesichts ihrer Unermeßlichkeit schien die Lebensspanne des einzelnen klein, und dieser einzelne ein sehr geringfügiges Wesen. Die Vorstellung der immensen Größe des Universums bedrückte den Menschen und verlieh ihm das Empfinden der Hilflosigkeit und Bedeutungslosigkeit. Aber auch hier trat die bezeichnende Dynamik des Minderwertigkeitsgefühls – das Streben nach Ausgleich – in Kraft. Der Mensch entwickelte einen neuen Glauben, den Glauben an sein geistig-seelisches Weiterleben, an ein Sein nach dem Tod, an die Unsterblichkeit. Philosophie, Kunst und Religion entstammen seinem Bedürfnis, einen Ausgleich für sein kosmisches Minderwertigkeitsgefühl zu schaffen.

Der Mensch versuchte, sich mit den Mächten des Jenseits zu verbünden, die ewigen Gesetze und die esoterischen und metaphysischen Prinzipien zu ergründen. Als Philosoph stellte er seine Denkkraft den Mächten gegenüber, die das Sein beherrschten. Als Künstler wurde er selbst Schöpfer. Als religiöses Wesen schuf er Götter und göttliche Kräfte, mit denen er sich in Beziehung setzen konnte.

Die Vergöttlichung der Wissenschaft war ein neuer Versuch, sich mit den Kräften des Seins zu »arrangieren«, also ein gedankliches Bezugssystem zu schaffen, das ihm helfen konnte, Geheimnisse zu ergründen, die ihn schon immer verwirrt hatten. Die Erfahrungswissenschaft versprach, Ordnung in die Wirrnis des Seins zu bringen. Bisher – das ist nicht zu leugnen – hat sie dieses Versprechen nur zum Teil erfüllt. Aber daß sie der Menschheit keine endgültigen Antworten und Lösungen vermitteln konnte, setzt ihren Wert nicht herab und bringt uns die Erkenntnis nahe, daß jede Wahrheit relativ ist.

Hier stehen wir vor der unausweichlichen Forderung der demokratischen Evolution: der Mensch muß seine Stellung innerhalb des Ganzen berichtigen. Er hat keinen Grund mehr, sich klein und unbedeutend zu fühlen, denn er hat als biologisches, soziales und geistiges Wesen seinen festen Platz in der Welt. Überlieferte Gedanken- und Gefühlsabläufe blockieren noch immer seine Erkenntnis der eigenen Kraft, des eigenen Wertes und der eigenen Bedeutung.

Er nimmt die von der Wissenschaft geschaffene soziale Änderung in seiner Umwelt und die neuen Perspektiven nur langsam wahr. Es ist schwer für uns, das Leben und uns selbst anders zu betrachten, als man es uns lehrte, und wie es der Mensch jahrhundertelang sah. Wir müssen viel lernen, ehe wir auch innerlich die freien Menschen werden können, als die wir uns erklärt haben.

NEUNTES KAPITEL

Der Mensch und die Natur

Die meisten Menschen erfreuen sich eines hohen Grades biologischer Sicherheit; trotzdem leben viele von ihnen in Angst, Angst vor dem Leben, Angst vor den Mächten des Schicksals. Warum fürchten sie sich noch immer? Wenn wir die biologische Rolle des Menschen genau betrachten, kommen wir zu der Einsicht, daß das Minderwertigkeitsgefühl des Menschen, das stark auf seine Entwicklung einwirkte, heute nicht aus biologischen, sondern psychologischen Gründen fortbesteht.

Der Sinn des Lebens

Wir nehmen alle an, daß wir – jeder in seiner Art – dem Leben in seiner ganzen Herrlichkeit gegenüberstehen, als sei es etwas außerhalb unser selbst Existierendes. Wir betrachten die schneebedeckten Berge, den leuchtenden Sonnenuntergang, das Gewitter und die Majestät des Nordlichts mit Ehrfurcht und dem Gefühl unserer Nichtigkeit. Wir vergessen dabei, daß auch wir an dieser Majestät, dieser kaum vorstellbaren Vollkommenheit teilhaben. Wir besitzen leiblich und vor allem geistig dieselbe Macht. Das Leben findet seinen stärksten Ausdruck im Menschen. *Die Größe, Schönheit und Schöpferkraft der Natur ist auch in uns.*
Warum wissen wir also nicht, was wir sind? Natürlich entwickelt ein Mensch, der seine inneren Kräfte unterschätzt und seine Mängel überbewertet, in einer alles beherrschenden, ihm an Stärke überlegenen Welt das Empfinden der Vereinzelung. Statt unsere Einheit mit den Kräften des Lebens und der Natur zu erkennen und uns daran zu erfreuen, verhalten wir uns, als sei das Leben eine ferne, höhere, vielleicht sogar feindliche Macht.
Das ist ein gefährlicher Irrtum; denn unsere Einstellung – wie immer sie sein mag – ist eine wesentliche Bewegkraft. Eine ängstliche

und irrige Grundhaltung beeinträchtigt die Fähigkeit, mit dem Leben und mit sich selbst in Frieden zu leben. Der Mensch, der kein Lebensvertrauen hat, mißtraut auch sich selbst. Da er seine eigene Kraft nicht empfindet, fühlt er sich von feindlichen äußeren und inneren Mächten bedroht. Da weiterhin aber jeder Mensch einen nicht zu unterschätzenden Einfluß auf seinen Geist und seinen Körper besitzt, gefährdet Defaitismus und Pessimismus sein Wohlbefinden – sogar seine Gesundheit. Durch mangelndes Selbstvertrauen und Ängstlichkeit entstehen neue Schwierigkeiten, Gefahren und Mißverhältnisse. Die volle Erkentnis unserer natürlichen Kräfte dagegen ermöglicht uns, sie erfolgreich einzusetzen.

Der Sinn des Todes

Die irrige Vorstellung, Leben sei etwas Bedrohliches, ist oft mit einer ebenso falschen Auffassung vom Tode verbunden. Man empfindet den Tod als eine unheilvolle Macht, der dem Leben häßlich, finster und feindlich *gegenübersteht.* Der Tod ist aber nicht der Feind des Lebens, sondern ganz im Gegenteil seine Voraussetzung. Ohne Tod gäbe es kein Leben. Das Leben ist ein Prozeß des Wachstums, der Wiedererneuerung, Schöpfung und Vermehrung. Ohne Tod wäre keiner dieser Vorgänge möglich. Wenn alle Geschöpfe für immer lebten, gäbe es keinen Wandel, kein Wachsen und keinen Fortschritt. Das Verschwinden eines Wesens schafft Raum für ein neues.

Für die Angst vor dem Tod gibt es sowohl kulturelle wie individuelle Gründe. In vielen Kultursphären verkörpert der Tod die Bedeutungslosigkeit und Ohnmacht des Menschen. Dem Menschen ist der Tod der Beweis seiner Nichtigkeit. Die Angst hindert ihn, den Tod zu akzeptieren und ihn in seiner Eigentümlichkeit zu erkennen. Sähe er ihn richtig, dann wäre er auch imstande wahrzunehmen, daß er eine unbestreitbare Geltung auf Erden hat, und daß der Tod ihm Beschränkungen auferlegt, ohne ihm Wert und Bedeutung zu nehmen.

Die Furcht vor dem Tod ist nicht weniger und nicht mehr als Auflehnung. Um unseren Widerwillen zu rechtfertigen, erklären wir ihn als »ungerecht«. Gewiß, der Tod erlegt Leiden auf, aber nicht so sehr denen, die sterben, als den Überlebenden. Niemand möchte einen Menschen verlieren, den er liebt; er fühlt sich beraubt und lehnt sich gegen seinen Verlust auf. Er betrauert scheinbar den Toten, tatsächlich aber quält ihn *seine eigene Lage.* Er fühlt sich betrogen und beraubt, als sei der Verstorbene sein rechtmäßiges Eigentum gewesen. Er beweint nur scheinbar den Tod des ihm nahestehenden Menschen, in Wirklichkeit aber sein eigenes Geschick, und das oft so intensiv, daß er sich im Tod mit ihm zu vereinen sucht. Er fühlt sich dem Verstorbenen so verbunden, daß er seine Verpflichtung gegenüber den Lebenden vergißt. Die Auflehnung gegen sein »Geschick« entspringt der inneren Weigerung, das Leben zu bejahen, wie es ist.

Es gibt Menschen, die sich ungemein vor dem Tod fürchten. Was sie aber meist ängstigt, ist die Herrschaft über sich selbst zu verlieren, und alles, was *sie* unterwerfen könnte, ist ihnen ein Grauen. Sie entziehen sich allem, was ihre Macht bedroht, und versuchen verzweifelt zu besiegen, was stärker ist als sie. Der Tod ist aber die einzige Macht, die sie sich nicht unterwerfen, und der sie letzten Endes nicht entkommen können. Darum fürchten sie den Tod mehr als alles andere auf Erden. Es scheint paradox, aber sie nehmen sich unter Umständen lieber das Leben, als den unvermeidlich näherkommenden Tod zu akzeptieren. Sie versuchen sozusagen dem Tod zuvorzukommen und ihm seine Macht zu nehmen.

Andere können den Gedanken nicht ertragen, daß das Leben weitergeht, wenn sie nicht mehr sind. Sie möchten das Gastmahl nicht verlassen, solange die anderen es noch genießen. Sie wollen weiterleben, um nichts zu versäumen. Die Sehnsucht nach dem ewigen Leben kann eine Kompensation für das Minderwertigkeitsgefühl des Menschen und sein Wissen sein, daß das Leben unvermeidlich endet. Der Ewigkeitsglaube muß jedoch keineswegs die Furcht vor dem Tod einschließen, denn er gründet sich nicht auf Feindseligkeit gegenüber dem Leben.

In einem tiefen Sinn symbolisiert der Tod das Leben. Unsere Haltung gegenüber dem Sterben – ob wir es bejahen oder verneinen –, zeigt, wie wir dem Leben gegenüberstehen. Wenn wir uns von unserer

Feindseligkeit gegen Tod und Leben befreien, wird es uns klar, daß der Tod nichts Schreckliches ist. Die meisten Menschen sterben, ohne unerträglich zu leiden. Natürlich will im Grunde jedes Wesen leben. Die Sehnsucht zu wachsen, sich zu entwickeln, weiterzuleben ist ein Grundzug alles Lebens. Aber das Dasein ist auch ein schwerer, schmerz- und qualvoller Kampf und der Tod oft eine Befreiung.

Obwohl der Mensch sein Leben verlängert, so weit er es eben kann, ist es ihm durchaus möglich, den Tod wie alle anderen Zusammenhänge des Lebens zu bejahen. Viele sind willens, die Forderungen des Lebens mit dem Tod zu bezahlen: sie sind bereit, ihr Dasein aufs Spiel zu setzen, um zu verwirklichen, was ihnen lebenswichtig scheint. Sie beweisen durch ihr Handeln, daß der Tod für sie nichts als ein Teil des Lebens ist.

Unsere sogenannten Triebe

Unsere Neigung, uns von der biologischen Minderwertigkeit des Menschen bedrücken zu lassen, wird durch unsere Erfahrungen zunächst nur allzusehr bestätigt. Natürliche Triebe und Impulse überwältigen *scheinbar* unsere Versuche, uns zu beherrschen. Nirgends erleben wir die Herrschaft der Triebe so stark wie im Sexuellen. Die Natur hat allen Geschöpfen das Bedürfnis verliehen, ihren Hunger zu stillen und ihre geschlechtlichen Triebe zu befriedigen: durch das eine sichert sie das Leben des einzelnen, durch das andere die Erhaltung der Art.

Wir können dem Hunger jedoch widerstehen, wenn wir den Entschluß fassen, es zu tun. Freiwilliges Hungern ist keine seltene Erscheinung. Gefangene, politische Idealisten, selbst Kinder können die Nahrungsaufnahme verweigern, in den »Hungerstreik« treten, um sich gegen etwas aufzulehnen oder Druck auszuüben. Nach ein paar Tagen der Abstinenz verschwindet das Bedürfnis zu essen beinahe ganz. Soweit können wir uns also von der Herrschaft des Naturtriebes befreien.

Dieselbe Unabhängigkeit kann im Bereich des Sexuellen erreicht werden, obwohl wenige sich darüber klar sind. Es ist dem Menschen durchaus möglich, ein völlig asexuelles Leben zu führen. Seine Fähigkeit, Hunger zu überwinden, wird jedoch in unserer Kulturperiode sehr viel selbstverständlicher akzeptiert, als die Möglichkeit, auf sexuelles Erleben zu verzichten. Diese Annahme wurde in jüngster Zeit durch die Verbreitung von Freuds Theorien unterstützt.

Die Ansicht, daß der Mensch nicht fähig sei, sich sexuell zu beherrschen, bringt tatsächlich nur sein tiefes biologisches Minderwertigkeitsgefühl zum Ausdruck. Der Geschlechtstrieb wird als Teil der animalischen Natur des Menschen betrachtet, und man ist ziemlich allgemein der Ansicht, daß die menschliche Triebhaftigkeit in Konflikt mit den Forderungen steht, die die Gesellschaft ihm auferlegt. Aber das ist eine Annahme, die die wahren Eigenschaften des Menschen nicht in Betracht zieht. Seine sexuellen Funktionen unterscheiden sich grundsätzlich von denen aller anderen Wesen, die der Klasse der Säugetiere angehören – mit Ausnahme derer, die wie die Affen, in Horden oder Rudeln leben, der Haustiere und der Tiere in der Gefangenschaft. Im Gegensatz zu ihren wilden Vorfahren nehmen sie die menschliche Verhaltensform an. Der Einfluß des Gemeinschaftslebens manifestiert sich auch (wie bei den Bienen, aber nicht im selben Ausmaß wie bei ihnen) im sexuellen Leben des Menschen und sichert ihm eine nicht geringe Unabhängigkeit von den »ausschließlich natürlichen Trieben«.

Der physiologische Ablauf der Paarung, Befruchtung, sexuellen Erregung und Befriedigung sind bei Mensch und Tier ähnlich. Aber das Tier unterliegt dabei Beschränkungen, von denen der Mensch frei ist. Unter wilden Tieren kann eine Paarung meist nur in der Brunstzeit des Weibchens stattfinden. Menschen (ebenso wie Affen, gezähmte Tiere und Haustiere) unterstehen keiner Beschränkung dieser Art. Der Mann kann unabhängig von der Menstruation der Frau sexuelle Erregung und Befriedigung erleben. Diese Freiheit des Mannes ist durch eine größere Unabhängigkeit von hormonellen Einflüssen begründet. Er kann sexuell stimuliert werden, lange ehe seine Geschlechtsdrüsen entwickelt und lange nachdem sie nicht mehr in Tätigkeit sind. Selbst Kastration verhindert, wenn sie nach der sexuellen Reife vorgenommen wurde, nicht, daß ein normaler Geschlechtsakt vollzogen werden kann.

Die Natur begrenzt das frei lebende Tier nicht nur, indem sie seine sexuelle Aktivität auf eine bestimmte Paarungszeit beschränkt; sie unterwirft ihn auch einem Zwang. Ein männliches Tier, das während der Brunstzeit mit einem weiblichen zusammentrifft, läßt sich durch nichts von der Paarung abhalten. Ein Rivale kann es vertreiben, aber freiwillig entfernt es sich nicht. Im Gegensatz dazu steht der Mensch keineswegs unter Zwang. Er kann, selbst wenn er sexuell erregt ist, den Geschlechtsakt aufschieben oder unterlassen. Er kann sogar der Erregung selbst Widerstand leisten. Der Mensch kann sich den Erfordernissen einer bestimmten Lage anpassen und frei von den Diktaten der Natur über sein Handeln entscheiden. Wenn er sich vor geschlechtlichen Bindungen fürchtet oder sich intensiv für andere Aspekte des Lebens interessiert, kann er sich entschließen, im Zölibat zu leben. Er ordnet sein Geschlechtsleben so, daß es seinem Zuhause- oder Auf-Reisen-Sein, dem sozialen Gesetz der Einehe oder anderen Rücksichtnahmen auf das Wohlbefinden und die Rechte seines Partners entspricht.

Es gibt noch einen dritten Unterschied zwischen Mensch und Tier: den Unterschied zwischen ihren Zielen. Das einzige Objekt des sexuellen Verhaltens des Einzeltieres ist die Paarung, und zwar die zwischen Männchen und Weibchen. Beim Menschen können sich sexuelle Wünsche auf einen Angehörigen des anderen oder desselben Geschlechts, auf den eigenen Körper, irgendein Lebewesen oder einen Gegenstand richten. Sein sexuelles Verlangen ist variabel. Das Begehren des einzelnen kann von irgendeinem Lustobjekt befriedigt werden. Hier entscheidet der *Mensch,* nicht die Natur durch ihn.

Die Annahme, daß wir sexuellen Impulsen hilflos unterworfen sind, ist irrig und dient meist als Ausrede. Wenn wir dem Geschlechtstrieb die Herrschaft überlassen, geben wir unsere eigene Entscheidungskraft auf und entziehen uns der vollen Verantwortlichkeit für unser Handeln.

Wer der Ansicht ist, daß sexuelle Triebe den Menschen beherrschen, hält es meist auch für gegeben, daß der Geschlechtstrieb und die Gesetze des Gemeinschaftslebens miteinander in Konflikt stehen. *Aber solch einen Konflikt gibt es nicht.* Ein Mensch, der seine sexuellen Begierden die Zügel schießen läßt, und dadurch soziale Belange schädigt oder vernachlässigt, zeigt meist auch auf anderen Lebensbereichen eine gesellschaftsfeindliche Haltung. Mißachtung der Umwelt oder Auflehnung gegen soziale Verpflichtungen finden leicht Ausdruck im sexuellen Verhalten des Menschen. Die Auflehnung wird nicht durch erzwungenen Verzicht und überwältigende sexuelle Impulse ausgelöst, sondern ist Teil der Persönlichkeit. Die Vorspiegelung, daß der Mensch unter der Herrschaft seiner sexuellen Triebe steht, verbirgt meist den wirklichen Tatbestand. Der Geschlechtstrieb ist den sozialen Zielen untergeordnet.

ZEHNTES KAPITEL

Die wissenschaftliche Revolution

Auch auf dem Gebiet der Wissenschaft muß es in dieser Epoche des raschen Wechsels zu Umwälzungen und entscheidenden Änderungen kommen. Die Erklärung von Kopenhagen im Jahr 1927 war gleichzeitig Beginn einer neuen wissenschaftlichen Ära und Ende der von Kepler, Newton und Galilei begründeten. Es eröffneten sich dadurch nicht nur neue Perspektiven auf dem Gebiet der theoretischen Physik, sondern für die gesamte Wissenschaft. Neue Denk- und Forschungsmethoden wurden notwendig und möglich. Die denkerischen Folgen dieser Umwälzungen beeinflußten aber leider meist nur die Physik- und Chemiestudenten, in sehr viel weniger hohem Maß die Studierenden anderer Fächer. In dieser Hinsicht aber decken sich die Änderungen in der theoretischen Physik mit denen innerhalb des sozialen Bereichs: mit absoluten Werten ist nicht mehr zu rechnen.

Die Relativität der Tatsachen

Man hat bis weit in das letzte Jahrhundert angenommen, daß das Universum aus Materie, vor allem aus unbelebten und belebten Objekten bestehe. Heute nimmt man an, daß es aus Energie besteht, die sich unter bestimmten Bedingungen als Materie manifestiert. Das bedeutet, daß wir die Dinge nicht erkennen, wie sie sind, sondern wie sie uns erscheinen.
Die Relativitätstheorie Einsteins hat unser Denken völlig verändert. Absolute Werte können nicht mehr als Kriterien der Wahrheit betrachtet werden. Auch die Wahrheit ist relativ, hängt vom Standpunkt *des Betrachters* ab und ist nur so gesehen wahr. Sich gegenseitig widersprechende Feststellungen, die sich in einem Bezugssystem absoluter Werte gegenseitig ausschließen, sind nun jede für sich durchaus richtig. Die Einsteinsche Relativitätstheorie initiierte

durch die Zerstörung der Objektivität von Raum und Zeit nicht nur ein revolutionäres wissenschaftliches Denken, sondern löste gleichzeitig eine kaum weniger wichtige Umwälzung auf dem Gebiet der Gravitationsgesetze aus, indem sie unseren Glauben an die Realität der Schwerkraft eben als einer »Kraft« vernichtete.

Die naturwissenschaftliche Forschung muß sich nun innerhalb ihrer natürlichen Grenzen bewegen. Die Unschärferelation, die Werner Heisenberg 1927 aufstellte, brachte ein Element unvermeidlicher Ungenauigkeit in das wissenschaftliche Denken des Menschen. Heisenberg wies nach, daß es unmöglich ist, gleichzeitig den Ort *und* die Geschwindigkeit eines Elementarteilchens – in diesem Falle eines Elektrons – genau zu bestimmen. Es ist möglich, eines von beiden annähernd zu fixieren, aber je größer die Präzision in bezug auf den einen Faktor ist, desto weniger genau ist sie unvermeidlich in bezug auf den anderen. Da es sich meist um winzige Quantitäten handelt, wirkt sich die Unschärferelation nicht in unseren alltäglichen Erfahrungen aus, aber sie ist in der Atomforschung und ihren philosophischen Folgerungen von größter Bedeutung.

Trotzdem es ein vollkommenes Wissen nicht gibt, gibt es ein verläßliches Wissen. *Beschränkungen sind keine Mängel, sondern Aspekte der Realität.* Laplaces Vorstellung der Allwissenheit, der Traum des achtzehnten Jahrhunderts, ist für immer zunichte gemacht [1]. Das muß nicht zum Mystizismus, zur Unklarheit zurückführen, die das Kennzeichen der vorwissenschaftlichen Zeit war. Die Grenzen des Wissens wurden *wissenschaftlich* bestimmt. Die Erkenntnis, daß wir mit einer Unschärferelation zu rechnen haben, ist keine wissenschaftliche Bankrotterklärung, kein Zugeständnis des Unwissens. Das Bewußtsein, daß es Grenzen des Wissens gibt, macht uns innerhalb dieses Wissens selbst nicht unsicher, sondern klärt und festigt unsere Vorstellungen der menschlichen Erkenntnismöglichkeit.

---

[1] Laplace hielt es für gegeben, daß jeder, der alles wisse, was sich zu einer bestimmten Zeit im Universum begab, vorhersagen könne, was je in Zukunft geschehen könne. Das wäre nur möglich, wenn zwischen allem Geschehen ein absoluter Kausalzusammenhang bestünde.

In dieser neuen Weltanschauung wird der mechanistische Determinismus nicht mehr als absoluter Wert akzeptiert. Das kartesianische Kausalitätsprinzip, auf das sich die Wissenschaft gründet, muß nachgeprüft, von neuem erwogen werden, und das ist weder für den Wissenschaftler noch für ein breiteres unterrichtetes Publikum eine leichte Aufgabe. Wissenschaftliche Arbeit war früher darauf ausgerichtet natürliche Fakten möglichst genau zu untersuchen, um Wahrgenommenes zu erklären. Es war naheliegend, daß man Geschehnisse beobachtete, und auslösende Impulse oder Kräfte zu finden suchte, die sie »verursachten«. Der Begriff Kausalität ist deterministisch: eine Ursache hat – wenn sich nichts Ausschlaggebendes ändert – immer dieselbe Folge. Die Ursache ist bestimmt, absolut, unbestreitbar und sicher. Das Prinzip der Kausalität stützt das rein mechanistische Denken, das für eine autoritäre Gesellschaft charakteristisch ist. Eine freie Wahl ist weder erlaubt noch vorstellbar.

Die Vorstellung, daß eine gegebene Wirkung einer bestimmten Ursache zuzuschreiben ist, war der Grundgedanke des traditionellen wissenschaftlichen Denkens. Heute befreit man sich allmählich von diesen mechanistischen Vorstellungen des Universums und des Lebens. Anstelle der bestimmten Fakten des Kausalsystems tritt nun die »statistische Wahrscheinlichkeit«. Der moderne Physiker weiß, daß Elektronen, die in eine Richtung geschossen werden, aus nicht erkennbaren Gründen von der Bahn abweichen können. Trotzdem trifft die Mehrzahl der Elektronen das Ziel. Es gibt in diesem Ablauf keine Gewißheit, sondern nur einen hohen Grad statistischer Wahrscheinlichkeit. In der Masse ist Planung möglich, aber die Bahn des *einzelnen* Teilchens ist nicht bestimmbar. Es ist nicht zu erklären, warum ein Elektron sprunghaft auf eine andere Bahn übergeht. Es scheint sich dabei um Faktoren zu handeln, die sich völlig von den allgemeinen »Ursachen« unterscheiden, die das Verhalten größerer Mengen bestimmen.

Die philosophischen Kontroversen über das Phänomen gelangen bisher noch nicht zu bestimmten Ergebnissen. Es gibt Wissenschaftler, die von den psychologischen Eigenschaften der Energie sprechen. Andere negieren die Annahme. Aber eines ist gewiß: der Zufall wird heute als wesentlicher Teil des natürlichen Ablaufs anerkannt.

Für Menschen, die in der Tradition mechanistisch-deterministischen Denkens erzogen wurden, ist es vielleicht schwer, diese neuen Vorstellungen zu akzeptieren oder auch nur zu verstehen. Nehmen wir ein Beispiel, das unserer menschlichen Erfahrung näher liegt: man kann die Zahl der Selbstmorde, die im kommenden Jahr in einer Stadt verübt werden, mit ziemlicher Wahrscheinlichkeit voraussagen. Bestimmte Faktoren tragen dazu bei, diese Zahl zu »determinieren«. Wenn die Getreidepreise steigen, steigen zum Beispiel auch die Selbstmorde, sie verringern sich dagegen bei Revolutionen, in Kriegszeiten und in Perioden nationaler Krisen. Wir können also sagen, daß soziale und wirtschaftliche Faktoren Zunahme und Abnahme der Selbstmorde innerhalb einer bestimmten Gemeinschaft »verursachen«. Während wir jedoch die Zahl einigermaßen voraussehen können, ist es uns unmöglich vorauszusagen, ob bestimmte Menschen sich im nächsten Jahr das Leben nehmen werden. So genau also unsere Prophezeiungen in bezug auf die größere Zahl sein können, so wenig können wir sagen, was in Einzelfällen geschehen wird.

Wir stehen einem neuen Ablauf gegenüber: der »Freiheit« der kleinsten Einheit, sei es nun ein Elektron oder ein Mensch. Adlers antideterministische Annahme, daß der einzelne seine Ziele wählen könne, über die Wissenschaftler seiner Zeit die Achsel zuckten, findet nun auf dem Forschungsgebiet mit den zuverlässigsten Ergebnissen – der Physik – ihre Bestätigung [2].

Die Forschung hat auch eine andere grundlegende Annahme Adlers bekräftigt, nämlich die, daß die schöpferische Kraft eines Menschen in engstem Zusammenhang mit seiner Gesamtheit als Person steht. Adler nannte diese Denkmethode »Individualpsychologie«. Er wollte damit zum Ausdruck bringen, daß die Grundlage seiner

---

[2] A. Adler, Teleologische Mechanismen, New York Academy of Science, New York 1948.

Ideen die Betrachtung des Menschen als einer Einheit ist. »Individual« bedeutet hier etwas, das nicht in Teile zu zerlegen, das »unteilbar« ist.

Es ist zwar theoretisch weitgehend anerkannt, daß der Mensch ein Ganzes ist. Trotzdem ist es nicht leicht zu verstehen. Die wissenschaftliche Klärung der Funktion eines Ganzen, das mehr als die Summe seiner Teile ist, vermittelt neue Einblicke und zeigt, warum der Mensch die Freiheit hat, über seine Handlungen zu entscheiden.

Es ist deshalb ratsam, hier ausführlich auf die Gedankengänge Smuts einzugehen, der als erster die dynamischen Abläufe innerhalb des Ganzen erkannte [3].

Holismus

Der Grundgedanke des Holismus ist, daß die Existenz von »Ganzheiten« eine fundamentale Eigenschaft des Seins ist. Natürliche Objekte, seien sie nun belebt oder unbelebt, sind als Ganzheiten, nicht nur als ein Gefüge von Einzelelementen und Teilen zu betrachten. Da das Ganze mehr ist als die Summe seiner Teile, kann eine mechanische Zusammensetzung von Teilen es nicht schaffen oder erklären. Teilphänomene sind nicht einmal real zu nennen. Sie sind gewöhnlich abstrakte, künstliche Unterscheidungen, die nicht adäquat darstellen, was dazu beitrug, das Ganze zu schaffen.

In früheren Zeiten stützte sich wissenschaftliches Vorgehen auf die Vorstellung, daß Objekte aus ziemlich konstanten Elementen oder Teilen bestehen, die zusammen das Verhalten eines Körpers oder eines Organismus bestimmen. Innerhalb solch einer Anschauung werden selbst geistige Abläufe durch physische Mechanismen und Prozesse erklärt. Der Holismus unterscheidet sich in zwei wichtigen

---

[3] Smuts, J. C. Holismus and Evolution, Mac Millan, New York 1926. Das griechische Wort *Holos* bedeutet »Ganzheit«. Forschungen über die Bedeutung des Ganzen wurden schon früher angestellt. Gestaltpsychologie unterstrich die Einheit eines Wesens, die Gesamtstruktur oder Gestalt, deren Eigenschaften über die der Summe aller Teile hinausgeht.

Punkten von dieser orthodoxen wissenschaftlichen Betrachtung. Er sieht erstens Materie, Leben und Geist nicht als eine Summe von bestimmten unabänderlichen Teilen an. Zweitens betrachtet er das Ganze, das als solches bisher kaum erkannt wurde, als einen bestimmten aktiven Faktor, der mehr ist als seine Teile oder Elemente. Die Ganzheit ist als solche schöpferisch. Smuts erklärt diese Fähigkeit etwa so: wenn Teile ein Ganzes bilden, entsteht etwas, was mehr ist als die Teile. In dem Augenblick, in dem eine Ganzheit sich bildet, entsteht aus einem »wenig« ein »mehr«. *Die Schaffung von Ganzheiten macht das Universum schöpferisch.*

Im Verlauf der Geschichte entwickelten sich die Formen des Lebens von einfachsten, niedrigsten Organismen zu den differenzierten Lebensformen der Gegenwart. Früher glaubte man, daß Evolution vor allem die Entfaltung von Formen bedeutete, die auch in der Urform schon enthalten waren. Es gab in diesem Denken keinen Raum für die Vorstellung einer schaffenden Kraft. Die Entdeckungen der Geologie, Paläontologie und Embryologie weisen aber darauf hin, daß das Alte tatsächlich Neues hervorbringt, das nicht allein auf das schon Vorhandene zurückzuführen ist und nicht durch das Vorherbestehende erklärt und verursacht werden kann. Durch Mutationen entstehen neue Arten von Rassen, die vollkommen neue Lebensformen haben. Diese Entwicklungen, die mechanisch Denkende zum Teil noch der Einwirkung kosmischer Strahlen oder ähnlicher, aber noch unbekannter »Kräfte« zuschreiben, sind tatsächlich schöpferische Akte der Natur.

Die Erkenntnis dieser kreativen Evolution zeigt, wie abstrakt und eng das kausale Denken ist: die Wirkung kann über das ursprünglich Verursachte hinausgehen und tut es oft. Der rein mechanische Ablauf von Ursache und Wirkung, der vielleicht eine reine Fiktion ist, ist equativ; der holistische Begriff eines Ablaufs, der im wesentlichen eine Vorwärtsbewegung ist, läßt den schöpferischen Raum und erklärt den Fortschritt, der ja tatsächlich ein Teil des Seins ist.

Der Begriff der Ganzheit schlichtet den alten Streit, ob es Freiheit innerhalb des Natürlichen gebe, oder ob alles deterministisch gebunden sei. Das Kausalitätsdenken setzt Ursache und Wirkung gleich und weckt den Eindruck, daß die Ursache vollkommen die

Wirkung bestimme. Ist dieses Denken aber falsch, muß auch der Begriff der *Notwendigkeit* aufgegeben werden. Wenn der Formung eines Ganzen ein nicht bestimmbares schöpferisches Element innewohnt, das nicht ursächlichen Elementen zuzuschreiben ist, dann sind *Unbestimmtheit und Freiheit* möglich. Das schöpferische Element kann, was seine physikalische Ursächlichkeit betrifft, sehr geringfügig sein, denn hier, auf dem physikalischen Bereich – finden wir relativ starre Massenphänomene, während das schöpferische Element bei biologischen Zusammenhängen leichter abschätzbar ist. Am deutlichsten wahrnehmbar ist es in der Flexibilität der geistigen Prozesse. Wir gelangen also zu der Erkenntnis, daß die *Freiheit ein inneres Bestandteil der Natur ist,* daß das Maß der Freiheit im Verlauf der Entwicklung zunimmt, auf dem Niveau des menschlichen Daseins eine beträchtliche Dimension erlangt und die Grundlage moralischer Verpflichtung wird. Die Freiheit ist also eine Eigenschaft des Universums, nicht nur ein Attribut der menschlichen Willenskraft.

Die alte Frage des freien Willens zeigt sich so in einem neuen Licht. Die Wissenschaft, die ausschließlich vom Prinzip des Determinismus ausging, verneinte das Vorhandensein des freien Willens, während die Theologie es bejahte. Die Theologie erklärt, daß der Mensch sich fundamental von anderen Wesen unterscheidet, da er nach dem Bilde Gottes geschaffen sei. Nur der Mensch wußte um Gut und Böse; ihm allein war die Fähigkeit des Wählens, die Willensfreiheit, gegeben. Heute betrachtet man die Selbstbestimmung nicht nur als eine spezielle Eigenschaft des Menschen, sondern als ein universelles Grundgesetz. Sobald eine Einheit als Ganzes wirkt, finden wir eine gewisse Unabhängigkeit von kausalen Kräften. Lediglich wenn es sich um große Mengen handelt, können wir von einem Determinismus reden, denn dann vermittelt die statistische Wahrscheinlichkeit den Eindruck kausaler Bestimmung.

Durch die Erforschung der Naturkräfte kommen wir zu der Erkenntnis, wie selten es ist, daß in irgendeinem Vorgang nur eine vereinzelte Kraft wirkt. Man hat zum Beispiel im allgemeinen die vage Vorstellung, daß elektrischer Strom durch einen Draht fließt und die Lampe zum Leuchten bringt. Das ist ein Schulbeispiel solchen Denkens: es wird angenommen, daß eine vereinzelte Ursache, der Spannungsausgleich zwischen Minus- und Pluspol, den elektrischen Strom hervorbringt. Heute wissen wir, daß es sich dabei um das Resultat der mannigfaltigsten Wechselwirkungen handelt, die nicht innerhalb, sondern um den Verbindungsdraht stattfinden. Das elektrische Feld um den Draht bestimmt die Transmission, kann sie hemmen oder reversieren. In anderen Worten: ein Faktum kann nur verstanden werden, wenn man das ganze Kraftfeld übersieht, innerhalb dessen es steht. Die wissenschaftliche Forschung muß also viele Gebiete umfassen.

Die Dinge können nicht mehr so einfach betrachtet werden wie früher. Wir haben es überall mit Wechselwirkungen zu tun. Nichts ist isoliert. Weder Ursache noch Wirkung sind genau zu bestimmen. Ob etwas wahr oder unwahr ist, hängt von der Gesamtsituation ab. Alles wandelt sich, nichts ist fixiert. Es ist tatsächlich alles »im Fluß«, wie Heraklit sagte.

Die verschiedensten Forschungsergebnisse bestätigen, daß Tatsachen relativ sind. Korszybskys *General Semantics* weist auf eine neue Flexibilität innerhalb der Wissenschaft, die im Gegensatz zu der Starre der Aristotelischen Logik steht. Der Umstand zum Beispiel, daß jedes im Alltagsleben angewandte Wort mannigfaltige Bedeutungsnuancen hat, zeigt, daß vieles subjektiv ist, das im allgemeinen für objektiv gehalten wird. Wir benützen alle dieselben Worte, meinen aber durchaus nicht immer dasselbe. Das Werk Korszybskys zeigt auf, wie irrig es wäre, das anzunehmen. Wir werden eines großen Teiles früherer Sicherheit beraubt und können vieles nicht mehr als erwiesen und selbstverständlich betrachten. Wir müssen Einzelphänomene von allen möglichen Aspekten innerhalb der Gesamtsituation, von allen Blickwinkeln und Dimensionen aus betrachten. Die ständigen Veränderungen in unserer Denk- und Betrachtungsweise sind nicht zu übersehen.

Viele Menschen reagieren mit Unbehagen und Angst auf diesen offensichtlichen Wandel. Sogar unter Wissenschaftlern lehnt sich eine nicht geringe Zahl gegen die Möglichkeit auf, daß richtig und falsch relative Begriffe, daß logische Widersprüche unter bestimmten Umständen irrelevant sind. Manche von uns würden sehr gerne am Status quo festhalten. Sie wünschen sich Sicherheit und fürchten den Wechsel. Sie möchten wissen, woran sie sind – und das in einfachen unmißverständlichen Begriffen. Die Wissenschaft offeriert dergleichen nicht mehr, sondern zerstört lange gehegte Vorstellungen. Die Forschung fordert ständig Nachprüfung und neue Orientierung. Aber macht ständiger Wechsel wirklich alles ungewiß, sind *absolute* Werte zur Orientierung nötig, kann nur das Schwarz und Weiß von Gut und Böse Wegweiser für unser Handeln sein? Wer nicht schwimmen kann, fürchtet sich höchst wahrscheinlich vor tiefem Wasser. Wenn er es aber gelernt hat, bewegt er sich frei und sicher in dem neuen Medium. *Unsere Sicherheit liegt in unsselbst. Die Erkenntnis der eigenen Kraft ist sogar die einzige Sicherheit,* die einzige Garantie für unsere Fähigkeit, uns mit dem auseinanderzusetzen, was an uns herantritt. Nur so können wir uns den Schwierigkeiten des Lebens zuversichtlich stellen, vernünftig akzeptieren oder bekämpfen, was uns begegnet, und versuchen, alles zum besten zu wenden.

Wir brauchen heute mehr als je Tapferkeit. Die alten Wegweiser einer dogmatischen Autorität sind zum großen Teil gestürzt. Der Mensch muß sich in der Auseinandersetzung mit seiner Umwelt auf sich selbst verlassen, und dazu braucht er das Gefühl der eigenen Kraft. Mit dem gesamten Weltbild aber ändert sich auch unsere Vorstellung vom Menschen. Der Mensch ist ein Teil des Alls, in ihm selbst sind dieselben Probleme, Widersprüchlichkeiten, verwirrenden Facetten, aber auch die ungeahnten und unvorhersehbaren schöpferischen Kräfte, die seine Umwelt besitzt.

ELFTES KAPITEL

Der Mensch und die Gesellschaft

Wir sind gewöhnt, jedes Geschehnis als die Folge einer einzelnen oder einer Reihe von Ursachen zu betrachten. Der Einzelmensch erscheint uns infolgedessen als das Produkt der Gesellschaft, in der er lebt. Man nimmt an, daß nur Menschen, die das Geschick der Vielen in der Hand haben, also Herrscher, führende Politiker und Militärs, sozialen Einfluß ausüben. Alle anderen sozialen Einflüsse werden im Vergleich zu ihnen als unbedeutend betrachtet. Das war eine Vorstellung, die in den Bereich einer autoritären Gesellschaftsform paßte, in der die Masse als minderwertig und dumm betrachtet wurde. Herrscher wußten nach der Anschauung dieser früheren Zeit, was für ihre Untertanen gut war, denn ihnen allein war göttliche Einsicht verliehen. In diesem Sozialgefüge konnte Anpassung nichts sein als Gehorsam und Übereinstimmung.

Die Kraft des individuellen Einflusses

Es ist nur folgerichtig, daß sich gleichzeitig eine andere Anschauung des Universums und der menschlichen Natur entwickelte. Diese neuen Begriffe haben selbstverständlich enorme Einwirkung auf die Struktur unserer Gesellschaft. Die atomare Kraft der winzigsten stofflichen Einheit wurde zur gleichen Zeit erkannt, in der wir Einsicht in die inhärente Macht des Einzelmenschen erlangten. Die resultierenden Wandlungen innerhalb Wissenschaft und Gesellschaft sind revolutionär; sie eröffnen sowohl in der Physik als auch in der Soziologie neue Perspektiven. Wer hätte sich je vorgestellt, daß einem Atom so ungeheure Kräfte innewohnen. Es ist merkwürdig, daß diese neue physikalische Entdeckung so viel leichter in ihrer Bedeutung zu erkennen war als die Macht und Wirksamkeit des Individuums. Es fällt uns schwer, uns zu vergegenwärtigen, daß wir ungeahnte Kraft besitzen, denn man hat uns so lange eingeimpft, daß wir unbedeutend sind. Aber es ist nun Zeit für uns zu erkennen, daß wir, die »milieubedingten« Wesen, auch unsererseits die *Umwelt* beeinflussen. Zwischen uns und der Umwelt besteht eine unaufhörliche Wechselwirkung. Unsere Gedanken und Handlungen beeinflussen nicht nur die Menschen in unserer unmittelbaren Umgebung, sondern durch sie Tausende von anderen. Das ist das erste, das der in einer Demokratie lebende Mensch lernen muß, um sich seiner eigenen Bedeutung und Kraft bewußt zu werden.

Diese meist unerkannte Macht des »kleinen Mannes« wurde in einem Film, *It's a wonderful Life* dargestellt. Ein »unbedeutender« Mensch, der nicht Karriere machen, nicht studieren konnte, weil er nach dem Tode des Vaters dessen kleinen Laden weiterführen mußte, ermöglicht seinem Bruder das Studium. Er arbeitet hart, um seinen Lebensunterhalt zu verdienen. Als man ihn aber trotz alledem bösartig verleumdet, sieht er keinen anderen Ausweg als den Tod. Da zeigt ihm ein Engel in einem wunderbaren Traum, wie seine Umwelt gewesen wäre, wenn er nicht gelebt hätte. Er war sich nie bewußt gewesen, wie entscheidend er sie beeinflußt hatte, obwohl er ja nichts anderes tat als irgendein anderer Mensch. Wir sehen die volle Wirkung unseres Tuns und Seins nur im Märchen, in der Vision, im Traum.

Auch wir wären angesichts eines solchen Traumes erstaunt über die Wirkung unseres Tuns. Es erscheint uns nicht weiter bedeutend, und wir haben keine Vorstellung davon, wie unser Handeln und Sein unsere Mitmenschen beeinflußt. Ein zufälliges Wort kann die Richtung eines Menschenlebens ändern. Der so beeinflußte Mensch wirkt seinerseits vielleicht auf einen anderen ein. Wir ändern durch unser Denken, unseren Glauben und unsere Ansichten die Welt um uns her.

Unser tägliches Leben ist natürlich bis zu einem gewissen Grad von unserer Umwelt bestimmt, von den Umständen, unter denen wir leben, von den Konventionen und Werturteilen der Allgemeinheit. Aber die Art, in der wir unsere Probleme zu lösen versuchen, beeinflußt ihrerseits auch Bedingungen und Gebräuche der Gemeinschaft. Wir können alte Wertmaßstäbe zu erhalten oder neue zu schaffen suchen. Auch unsere Beziehung zu unserer Familie ist keineswegs eine reine Privatsache. Wenn wir unsere Kinder schlagen oder prinzipiell nicht schlagen, beeinflußt das die Haltung ihrer Freunde und die ihrer Eltern und Verwandten. Die Familienatmosphäre steckt an. Unsere Haltung innerhalb unseres Berufsgebietes wirkt auf die Struktur des Ganzen ein, fördert oder zerstört die moralische Haltung und unter Umständen die Leistungsfähigkeit.

Man hat vor einiger Zeit entdeckt, daß die Atmosphäre und Struktur einer Gruppe nicht nur von ihren Führern, sondern von jedem einzelnen ihr Zugehörigen bestimmt wird. Die Macht des Leitenden endet, wenn er seine Gefolgschaft verliert. In einer demokratischen Gesellschaft ist das Bestreben, eine bestimmte Gruppe zu beherrschen, kurzlebig, denn in ihr zählt auch der kleine Mann, und der an der Spitze Stehende ist von seiner Unterstützung abhängig. Die Gemeinschaft wird den Menschen nicht *auferlegt,* sondern sie *besteht aus ihnen.* Wir vergessen das nur allzu leicht, weil wir unsere eigene soziale Bedeutung unterschätzen. Wir begehen innerhalb der Gesellschaft denselben Irrtum wie im Leben als einem Ganzen: wir halten sie für etwas außer uns Bestehendes, während beides, sowohl das Leben als die Gesellschaft, sich *in* uns verkörpern. Wir *sind* das Leben und die Gemeinschaft. Wir denken, unsere Mitmenschen seien imstande, unser Dasein im Guten und Bösen zu beeinflussen, aber wir sind ja auch die Mitmenschen unserer Mitmenschen. Wir leben in Wechselbeziehungen; jeder von uns übt Einfluß aus und wird seinerseits beeinflußt.

Was ist »Anpassung«?

Die Wechselwirkung zwischen dem einzelnen und der Gesellschaft stellt die Frage der sozialen Anpassung in ein neues Licht. Wenn wir sie nicht als das erkennen, was sie ist, betrachten wir sie als etwas sehr Einfaches und klar Umrissenes, nämlich die Bereitwilligkeit, den Forderungen der Gruppe zu gehorchen, die bestehenden sozialen Gesetze und Konventionen zu achten und sich ihnen zu unterwerfen. In einer autokratischen Gesellschaft hat jeder einzelne eine von seiner Geburt bestimmte Position; er arbeitet und handelt gewissermaßen in einer festgelegten Weise, denn moralische Werte und Verhaltensgesetze wurden ihm aus der Vergangenheit, durch eine Folge von Generationen übermittelt. Aber in einer sich wandelnden demokratischen Welt ist auch Geltung und Wirkungsbereich des einzelnen Wandlungen unterworfen. Jedermann kann die soziale Leiter hinauf- oder hinabsteigen; jeder kann sich gesellschaftlichen Gruppen mit verschiedenen Sitten und Werten anschließen. Jede dieser Gruppen wiederum kann sich im Rahmen unserer Kultur ihre eigenen Konventionen und ihren eigenen Standard wählen. Infolgedessen sind jedem Menschen eine Vielfalt von Möglichkeiten gegeben. Er kann seine eigenen religiösen, politischen und gesellschaftlichen Bindungen suchen. Anpassung an das Grundgesetz einer Gruppe bedeutet nicht unbedingt Übereinstimmung mit dem einer anderen. Ein Kind kann sich zu Hause durchaus anpassen, aber trotzdem in der Schule und im Verkehr mit den Mitschülern Schwierigkeiten haben. Ein Arbeiter kann beruflich Gutes leisten, aber von den Mitgliedern seiner Gewerkschaft – und das mit Recht – als unloyal betrachtet werden. *Soziale Anpassung ist längst nicht mehr mit Konformismus identisch.*

Ein weiterer Umstand kompliziert das Problem der Anpassung in der demokratischen Gesellschaft. In einer weitgehend statischen autokratischen Gesellschaft gingen Wandlungen langsam vor sich. Werte, Konventionen und Sitten änderten sich allmählich. Der Einzelmensch hatte nur wenig Gelegenheit, Änderungen hervorzubringen. Wenn er nicht gerade in einer Krisenzeit, in einer Epoche rascher Wandlungen lebte, verlief sein Leben in einer festgefügten Form. Im Gegensatz dazu ist unsere Zeit durch rasche und weitreichende Wandlungen charakterisiert. Der Einzelmensch hat heute nicht nur die Möglichkeit, sondern sogar die Verpflichtung, aktiv an der Formung der Welt um ihn her teilzunehmen. Seine Pflichten gegenüber der Umwelt schließen ein, daß wir an ihrer Verbesserung und vielleicht an der Bekämpfung der herrschenden Werte und Konventionen mitarbeiten. Der Mensch lebt auf zwei Ebenen: in einer Gemeinschaft mit ihren hergebrachten Maßstäben und Werten und innerhalb der Menschheit, die sich auf neue

Maßstäbe und Werte zubewegt. Wie könnten wir beiden Ansprüchen genügen, da sie so oft und so entschieden miteinander in Zwiespalt stehen? Ist es möglich, daß einem Menschen in einer Hinsicht die Anpassung gelingt, in der anderen nicht?

Wenn wir uns nach den bestehenden Regeln und Konventionen richten, können wir allzu leicht zu Hemmnissen der Entwicklung und des Fortschritts werden. Auf der anderen Seite ist es möglich, daß ernstliches Bemühen um Besserung der Verhältnisse und um Fortschritt als mangelnde Anpassung erscheinen. Die Entscheidung darüber, ob ein Mensch sich innerhalb des Gemeinschaftslebens falsch verhält, liegt sozusagen »im Auge des Beschauers«. Wenn der Revolutionär erfolglos ist, ist er ein Verbrecher; wenn er sein Ziel erreicht, ein Held.

Wir leben in einem unsteten, immer gefährdeten Gleichgewicht, sind gleichzeitig dem Druck des Status quo und der Notwendigkeit des Wandels und der Neuerung ausgesetzt. Trotzdem ist eine befriedigende Lösung nicht unmöglich, allerdings wird es nicht leicht sein, die Erfüllung dieser widersprüchlichen sozialen Aufgaben zu finden. In der allgemeinen Wirrnis von Idealen, Interessen und Aufgaben sind zwei Erwägungen am Platz. Vor allem brauchen wir einen klaren Überblick über die Entwicklungsrichtung der sozialen Evolution, um zu erkennen, welche Änderungen der bestehenden Umstände notwendig und wünschenswert sind. Zweitens müssen wir über die grundlegenden Voraussetzungen einer sozialen Mitarbeit und Integration unterrichtet sein. Wenn wir in unserem Umgang mit Menschen diese beiden Punkte beachten, laufen wir nicht Gefahr, bei der Verwirklichung unserer Ideale übermäßige Feindseligkeit zu wecken. Es ist sogar das Gegenteil der Fall: unsere Befähigung mit anderen zusammenzuarbeiten, erhöht unsere Aussicht, eine Besserung der Verhältnisse zu erreichen. Wir können auf diese Weise gleichzeitig den Bedürfnissen unserer Gruppe und denen der Gemeinschaft genügen, die wir zu schaffen versuchen.

Die Richtung der sozialen Entwicklung

Die sozialen Änderungen, deren Zeuge wir sind, werden häufig dem technischen Fortschritt zugeschrieben. Es trifft tatsächlich zu, daß wissenschaftliche Erkenntnisse und die sich daraus ergebenden Errungenschaften unsere Welt ständig und rasch verändern. Die Erde wird mit jedem Fortschritt im Verkehr kleiner. Das Familienleben ändert sich in gewisser Hinsicht durch immer neue Erfindungen – durch Radio, Fernsehen, durch Eisschränke, Tiefkühltruhen und viele technische Hilfsmittel in der Führung des Haushaltes. Die Gemeinschaft erfährt durch neue Medikamente und Heilmethoden eine Strukturänderung, alte Menschen leben länger, und die Sterblichkeit von Säuglingen und Kleinkindern nimmt ab. Aber diese physischen Änderungen sind gering im Vergleich zu den Wandlungen innerhalb der Gemeinschaft. Unsere Welt ändert sich durch die zunehmende Gleichberechtigung von Mann und Frau, die Macht der Gewerkschaften, die sozialen Forderungen von Minoritäten und unser Bewußtsein der gegenseitigen Abhängigkeit der Nationen von einer Generation zur anderen.

Dieser doppelte Aspekt unserer Entwicklung sollte uns daran hindern, den technischen Fortschritt zu überschätzen. Er ist wichtig und darf nicht vernachlässigt werden. Bessere Schulen, bessere Erziehungs- und Erholungsmöglichkeiten, geistige Schulung und vorbeugende Gesundheitspflege, kulturelle Planung, soziale Verbesserungen verlangen ein allgemeines Interesse, allgemeine Zuwendung; denn diese Fortschritte legen Zeugnis davon ab, daß unser Mitbürger, seine Menschenwürde und sein Recht auf ein glückliches, erfülltes Leben uns nicht gleichgültig sind. Aber all das ist nur der äußere Aspekt einer umfassenderen und tieferen Evolution. Die Beschäftigung mit unmittelbaren Notwendigkeiten des Tages sollte uns nicht daran hindern, auf die wesentlichere Forderung unserer Zeit hinzuarbeiten: uns selbst und anderen zu einer *größeren und besseren Menschlichkeit* zu verhelfen. Der alte Menschheitstraum von einem erfüllteren Leben liegt vielen sozialen Errungenschaften zugrunde. Philosophen, Religionsgründer und Leiter politischer Bewegungen versuchten dieses Ziel zu definieren und einen

Weg zu ihm zu finden. Ohne diese Sehnsucht lebten wir heute nicht in einer demokratischen Welt. Wünsche und Ideale sind starke soziale Kräfte. Die Zugehörigkeit zu einer Gemeinschaft verlangt mehr als den Eintritt in eine Kirchengemeinschaft und die Teilnahme an gesellschaftlichen Aktivitäten. Sie fordert, daß wir darüber nachdenken, wie eine ideale Gesellschaft sein sollte, wie wir einander helfen können, und zwar nicht nur materiell – durch neue Institutionen etwa – sondern auch geistig, durch neue Beziehungen zueinander. Jeder, der über die Entwicklung der Gesellschaft nachdenkt und sich mit ihr beschäftigt, wirkt in nicht zu unterschätzender Weise daraufhin, daß größere Freiheit, mehr Recht, Gleichwertigkeit und viele Menschheitsträume sich erfüllen.

Wir haben selbstverständlich alle ganz verschiedene Ideen darüber, wie man ein friedliches, erfülltes Leben erreichen könnte. In der Vergangenheit wurde jede vorstellbare Methode, auch Gewaltanwendung und Krieg, benützt, um anderen Ideale aufzuzwingen. Wir besitzen heute eine klarere Vorstellung von der Entwicklung, und diese Vorstellung gibt uns einen Maßstab, nach dem wir Ideale und Bestrebungen bewerten können. *Das Ideal der Menschheit ist die Gleichwertigkeit aller.*

Das Wissen darum, daß die Verbindung Gleichwertiger die einzige Basis eines harmonischen und stabilen sozialen Zusammenlebens ist, ermöglicht die richtige Einschätzung jedes einzelnen Schrittes, der zum allgemeinen Fortschritt führt. Alles, was die soziale Gleichwertigkeit fördert, ist unserer Unterstützung wert. Wir müssen uns dem Druck derer entgegenstellen, die die Änderung fürchten, weil sie nicht wissen, was ihnen bevorsteht, oder weil sie aus dem Status quo ihrer speziellen Privilegien Nutzen ziehen.

Unsere soziale Einstellung – das Bild, das wir uns vom Menschen machen – drückt sich in unserem Handeln aus. Glaube oder Unglaube an die Würde des Menschen bestimmen unsere Beziehungen zu unseren Kindern, zu den Angehörigen des anderen Geschlechts, zu unseren Freunden und Nachbarn, zu Vorgesetzten und Untergeordneten. Solange wir nicht begriffen haben, was soziale Gleichwertigkeit bedeutet, können wir kein gutes Verhältnis innerhalb der Familie, der Gemeinschaft, dem Berufsleben herstellen.

Die Förderung sozialer Gleichwertigkeit innerhalb der Gesellschaft, ist die wesentliche Aufgabe, die heute an uns gestellt wird.

Die Grundgesetze eines guten Gemeinschaftslebens

Um unsere Ziele zu erreichen, müssen wir, wie wir gesehen haben, vor allem unserer eigenen Geltung als gleichwertige Menschen sicher sein. Der Zweifel daran hindert uns, die anderen als Gleichwertige zu behandeln.

Hängt unser Wert allein davon ab, was wir von uns halten, wie wir uns bewähren, wie reich oder arm wir sind? Nein. Solche Urteile – selbst wenn sie von gleichgearteten und uns nahestehenden Menschen gefällt werden – sind irrig. *Jeder Mensch hat Geltung, und zwar durch sein bloßes Dasein.* Wir alle sind ein Teil der Gemeinschaft, gleichgültig wie andere uns behandeln. Wo immer ein Mensch ist, nur er hat seine ihm bestimmte Stellung; er hat seinen Platz im Sein, seine Rechte und seine Pflichten. Andere Menschen versuchen vielleicht, ihm sein Lebensrecht zu versagen, versuchen vielleicht sogar, ihn davon zu überzeugen, daß er als Glied der Gemeinschaft nicht akzeptabel ist. Aber eben diese Wechselwirkung, so unangenehm sie sein mag, beweist, daß wir alle eine Rolle innerhalb der Gesellschaft spielen. Solange wir den Versuchen anderer, uns ein Empfinden der Minderwertigkeit zu suggerieren, nicht unterliegen, solange wir Mut bewahren und für unsere Rechte einstehen, können wir allen Angriffen gegenüber unsere menschliche Geltung bewahren. Indem wir das tun, dienen wir im übrigen nicht nur unseren eigenen Interessen, sondern auch denen der Gemeinschaft.

Unser Zugehörigkeitsgefühl kann sich nicht einzig darauf stützen, was andere uns gegenüber empfinden, denn wir können und werden nie innerhalb einer Gesellschaft leben, deren Glieder samt und sonders auf unserer Seite stehen. Wir können uns in der sich wandelnden Welt, in der wir leben, nicht unbedingt Gefühlen wie Abneigung, Neid, Verachtung und Feindseligkeit entziehen. Manchmal werden diese Haltungen durch gesellschaftliche Formen verborgen;

manchmal durchbrechen sie die Lasur der Höflichkeit und zeigen sich offen. Wenn wir uns vom Urteil anderer abhängig machen, schwanken wir wie Gras im Wind. Niemand kann uns demütigen, solange wir uns nicht gedemütigt fühlen.

Um innerhalb eines bestimmten gesellschaftlichen Umkreises die uns angemessene Rolle spielen zu können, müssen wir wissen, daß wir ihm *zugehören,* oder wir sind nicht imstande, voll am Geben und Nehmen der Gemeinschaft teilzunehmen. Jedes persönliche Versagen und destruktive Verhalten kann auf die *irrige Meinung* zurückgeführt werden, wir hätten keinen Wert innerhalb der Gemeinschaft. Dem jahrtausendelang durch das Leben in der Gemeinschaft geformten Menschen ist die Fähigkeit des Zusammenlebens und Zusammenwirkens angeboren. Das Gefühl der Zusammengehörigkeit war für seine Entwicklung wichtiger als die Befriedigung seiner sogenannten instinktiven Bedürfnisse. Keine Not und kein Unglück trifft den Menschen so hart wie das Elendsempfinden der Zwietracht.

Das ist nicht erst heute so. Das Gefühl der Zugehörigkeit band den Einzelmenschen an seine Umgebung schon zu einer Zeit, in der der Gedanke der Gleichwertigkeit in den Bereich der fernsten Utopie gehörte. Wir können uns zweifellos anderen ohne ein Empfinden, ihnen gleichwertig zu sein, nahe fühlen. Ein verwöhntes Kind kann sich in der Liebe seiner Mutter geborgen fühlen. Es kann trotzdem oder vielleicht eben wegen seines Klein- und Hilflosseins ein subjektives Empfinden der Zugehörigkeit haben. Heute jedoch ist das Kind nicht mehr damit zufrieden, unter dem Schutz der Mutter zu stehen, denn die Zeit der absolut herrschenden Beschützer ist vergangen. Wie wir sahen, versucht der Beschützte nach kurzer Zeit den Beschützer zu unterjochen und seine Hilflosigkeit zu benützen, um der Tyrann des Stärkeren zu werden. Innerhalb der demokratischen Umwelt ist die Annahme der menschlichen Gleichwertigkeit eine unerläßliche Voraussetzung, wenn das Gefühl der Zugehörigkeit entwickelt werden soll. Als die Sklaven der Südstaaten befreit wurden, vermißten nicht wenige von ihnen die Sicherheit der Leibeigenschaft. Sie mußten lernen, als freie Menschen zu leben.

Das Bedürfnis jedes Menschen, als Gleichwertiger anerkannt zu werden, bleibt aber weitgehend unerfüllt. Unsere soziale Atmosphäre ist die des Wettbewerbs; der Mensch fühlt sich entweder minderwertig, oder er kämpft darum, eine scheinbare Überlegenheit zu wahren. Deshalb leben wir alle in einem Zustand der Zurückhaltung und der Verteidigung und das sogar innerhalb der Familie und in höherem Maß in der Gemeinschaft. Vor allem zwischen Stadtbewohnern ist soziale Zurückhaltung die Regel, obwohl der modernen Welt während der Bombenangriffe des zweiten Weltkriegs dramatisch vor Augen geführt wurde, wie unnötig diese Defensivhaltung der einzelnen ist.

In den Kriegsjahren lebten die Menschen unter den schwierigsten, unglücklichsten Verhältnissen. Wenn sie ihr Heim am Morgen verließen, wußten sie nicht, ob sie wieder nach Hause kommen würden oder, wenn sie selbst am Leben blieben, ob sie nicht ihre Besitztümer, ihre Freunde und Verwandten verloren hätten. Es war eine Zeit der größten physischen Unsicherheit, aber die Bevölkerung zeigte eine erstaunlich gute Haltung. Viele Menschen lebten in einer Stimmung, die man geradezu gehoben nennen könnte, und Angst oder Rachegefühle traten kaum in Erscheinung. Was die Bevölkerung viel mehr beeindruckte als die ständig drohende Gefahr war das Erlebnis unerwarteter Verbundenheit innerhalb der Gemeinschaft. In den Bunkern waren alle gleich, hatten alle denselben Wert. Unterschiede an Wohlstand, gesellschaftlicher Position, individueller Kenntnisse und Status spielten keine Rolle. Die Menschen fühlten sich zum erstenmal in ihrem Leben gleich, und die Mauern, die bisher jeden einzelnen und jede Familie umgaben, brachen nieder.

Wenn Menschen in Krisenzeiten aufeinander angewiesen sind, vergessen sie individuelle und soziale »Rangunterschiede« und erleben ein Gefühl der Zusammengehörigkeit, das die Unannehmlichkeiten und das Elend der gemeinsamen Notlage weit übersteigt. Umgekehrt überwiegen Rivalitäten wirkliche Gefahren und schaffen mehr Schmerz als jede physische Not, wenn eine volle soziale Anpassung unmöglich ist. *Soziale Integration oder mangelnde Anpassung bewirken Glück oder Unglück jedes einzelnen.*

So beschreibt auch Doktor E. O. Lewis, Präsident der psychiatrischen Sektion der Royal Society of Medicine, das Ausmaß und die Gefahr der gefühlsmäßigen Isolation der Stadtbevölkerung.

Der beträchtliche Unterschied zwischen dem Gemeinschaftsleben auf dem Land und in den Städten beruht zum Teil auf der größeren und geringeren Verbundenheit. Auf dem Land sind die Familienbande stark, die Menschen kennen einander und haben ein intensives Interesse an lokalen Problemen. Das Gemeinschaftsleben in unseren Städten ist ganz anders. Die Einstellung, die der durchschnittliche Bewohner von London seinen Mitmenschen gegenüber einnimmt, die er täglich trifft, kann nur als einigermaßen paranoid bezeichnet werden. Das Zusammenleben mit den Nachbarn ist eine vergessene Kunst in unseren Großstädten. Menschen wohnen dreißig Jahre oder länger im selben Haus, ohne das geringste Interesse an den dringlichen Problemen des Distrikts zu entwickeln. Wenn ich mir hier einen doppelten literarischen Fehltritt erlauben darf, bin ich versucht, etwas zu sagen, was sehr widersprüchlich und übertrieben klingt, nämlich daß die Bewohner unserer nur noch dem Feierabend und Schlaf dienenden Vororte nichts sind als eine amorphe Agglomeration unsozialer Menschen.

Die Urbanisierung unseres städtischen Lebens ist scheinbar eine unvermeidliche Folge der modernen Zivilisation . . . Aber die Masse ist die Antithese einer lebendigen sozialen Gruppe, in der sich Menschen in geringerer Zahl treffen, um miteinander zu sprechen und ihre Ansichten über Politik, lokale Verwaltungsfragen, Erziehungsprobleme, Musik und kulturelle Themen auszutauschen. Solche Gespräche ermöglichen es bei den Geschlechtern, einander zu verstehen, und selbst wenn eine vollommene Übereinstimmung unmöglich ist, kann man oft den Weg zu einem gemeinsamen Vorgehen finden. Daß es in den vergangenen Jahrzehnten immer weniger Gruppen dieser Art in unseren Großstädten gibt, macht den Sozialarbeitern große Schwierigkeiten. *Es ist keine Übertreibung zu behaupten, daß die Zukunft der Demokratie weitgehend davon abhängt, ob es möglich ist, ein festeres soziales Zusammenleben in unseren Großstädten zu schaffen* [4].

[4] Dr. E. O. Lewis, in: Proceedings of the Royal Society of Medicine, Bd. 44, 1951.

Je intensiver die Polarisierung sich gegenseitig befeindender Gruppen innerhalb der Gesellschaft wird, desto erregter wird auch ihre Aktivität. Trotzdem kommt es selten zu gemeinschaftlichem Handeln, und wo es stattfindet, ist es nur die Folge eines Zusammenschlusses von Gruppen, die gegen einen Umstand oder einen Menschen ankämpfen. Meist ist jede Familie eine isolierte Einheit, und oft ist selbst diese Einheit von inneren Feindseligkeiten zerrissen.

Die Gemeinschaft *könnte* sehr wohl die Gelegenheit zur Erörterung divergierender Tendenzen und Feindseligkeiten bieten. Sie ist tatsächlich das mächtigste Potential, eine Brücke des gegenseitigen Verstehens und der Zusammenarbeit auf der Basis sozialer Gleichwertigkeit zu bauen.

Soziale Gleichwertigkeit

Es erscheint zunächst paradox, daß die Idee der sozialen Gleichwertigkeit unserem Denken beinahe vollkommen fremd ist. Es ist um so befremdender, da wir in den Vereinigten Staaten weit mehr Gleichwertigkeit erreicht haben als in anderen Staaten. Zum Beispiel haben fast nirgends Frauen ein so hohes Maß an Gleichberechtigung erreicht, nirgends haben Kinder solche Vorrechte, wie sie ihnen in Amerika zugestanden werden. Trotzdem ist die Vorstellung, daß jeder Mensch die gleichen Rechte habe, für viele Amerikaner abstoßend. Es ist ihnen nicht möglich, die Bedeutung sozialer Gleichwertigkeit zu erfassen, denn sie kann ihnen nichts sein als ein vager oder als sinn- und wertlos abzulehnender Begriff.

Dieser spezielle Umstand läßt sich vielleicht durch einen kurzen Blick auf die amerikanische Geschichte erklären. De Tocqueville, einer der ersten Interpreten der amerikanischen Demokratie, hielt das »Prinzip der Gleichheit« für ihr wesentlichstes Charakteristikum. Wie ist es zu erklären, daß es später verschwand? In der reaktionären Periode um 1800 rebellierten die wohlhabenden Grundbesitzer unter dem Einfluß Adams und Hamiltons gegen die wachsenden Rechte der ungebildeten Masse. Sie brachten den Begriff der »Demokratie« in Verruf und zogen vor, die Vereinigten Staaten als »Republik« zu bezeichnen. Gleichzeitig trat an Stelle des Begriffes der »Gleichberechtigung« die Doktrin der »Chancengleichheit«, die noch heute ihre Gültigkeit behalten hat.

Der Versuch, die Bedeutung der gleichen Menschenrechte zu verringern, kommt klar in den Änderungen zum Ausdruck, die Jefferson an der Formulierung der Unabhängigkeitserklärung vorzunehmen gezwungen war. Er erklärte in der ursprünglichen Fassung nicht nur: »Alle Menschen sind gleich geschaffen«, sondern fuhr fort »und von ihrem Schöpfer mit gewissen unveräußerlichen Rechten ausgestattet«. Diesen Teil mußte er in den späteren Fassungen streichen. Es wurde nun zum Ausdruck gebracht, daß wir zwar gleich *geschaffen,* aber nicht unbedingt weiterhin gleich sind. Nur Menschen, die ihre Möglichkeiten realisieren und spezielle Fähigkeiten entwickeln, können ein Gefühl der Gleichwertigkeit entwickeln. Wer nicht imstande ist, das zu tun, bleibt auf der Strecke, bleibt mindestens hinter dem anderen zurück. Alles, was ihnen die Unabhängigkeitserklärung läßt, sind »gewisse unveräußerliche Rechte: darunter Leben, Freiheit und Streben nach Glück«. Von den ihnen durch ihre Gleichheit der Erschaffung selbstverständlich verliehenen Rechten wird nicht mehr gesprochen. Die Erwähnung der »Chancengleichheit« beschwichtigt das Gewissen derer, die noch immer an Gleichberechtigung glauben und darüber reden, aber sehr wenig davon wissen.

Tatsächlich hat es noch nie gleiche Möglichkeiten unter den Menschen gegeben, sondern sie wurden von der Herkunft des einzelnen mehr oder minder bestimmt. Selbst wenn wir imstande wären, jedem Kind dieselben Bildungsmöglichkeiten und jedem Erwachsenen dieselben beruflichen Chancen zu geben, hätten die Menschen nicht die gleichen Möglichkeiten. Offensichtlich haben wegen der verschiedensten Abläufe und Gegebenheiten innerhalb dieser engsten Gruppe noch nicht einmal Kinder derselben Familie die gleichen Chancen. Auch der Begriff der dem einzelnen gegebenen gleichen Möglichkeiten ist fundamental irrig; selbst in ihm findet die grundlegende soziale Gleichwertigkeit keine Verwirklichung, sie wird sogar durch ihn erschwert. Solange das Ideal der gleichen Möglichkeiten anstelle einer wahren menschlichen Gleichwertigkeit gesetzt wird, wird eben durch unsere falschen Bemühungen ein Fortschritt vereitelt. Gleiche Möglichkeiten sind nicht nur ein armseliger Ersatz für wirkliche Gleichwertigkeit, sondern verhindern sie sogar. Raymond Aron sagt in bezug darauf:

»Je mehr eine Gesellschaft auf Wettbewerb eingestellt ist, desto offener gesteht sie die Ungleichheit der einzelnen ein. Die westliche Gesellschaft legt gegenüber Fragen der Gleichwertigkeit eine Art von sportlich-spielerischer Haltung an den Tag: Jeder beginnt am gleichen Startpunkt, und der Beste siegt.«[5]

John H. Schaar ist derselben Ansicht:

»Das Prinzip der gleichen Möglichkeiten wird oft als authentischer Ausdruck des demokratischen Ideals und der demokratischen Einstellung gepriesen . . . es ist aber in Wirklichkeit die grausame Entwürdigung eines wahrhaft demokratischen Erfassens der Gleichheit. Die Doktrin der gleichen Möglichkeiten ist das Produkt einer alles in Frage stellenden Wettbewerbsgesellschaft . . . Sie verbreitet in allen Lebenssphären dieselbe Marktplatzmentalität.«

Der Begriff der gleichen Möglichkeit vertritt scheinbar die Gleichheit der einzelnen, gibt in Wirklichkeit aber nur die Gleichberechtigung, sich durch Wettbewerb zu unterscheiden. Er bringt die Menschen also einander keineswegs näher, sondern macht sie zu Kämpfern im Wettstreit[6].

Die Begriffe der Freiheit und der Demokratie werden zwar häufig benützt und bejaht, tatsächlich aber selten verstanden. Sie sind auch nicht eben leicht zu akzeptieren und realisieren. Viele Menschen glauben, daß Gleichheit nie erreicht werden kann, daß sie der menschlichen Natur nicht entspricht, und daß Ungleichheit ein Element des Gemeinschaftslebens sei. Das ist eine nicht ganz unberechtigte Annahme. Die Geschichte der Menschheit strotzt von allen nur möglichen Formen sozialer Verschiedenheit. Trotzdem zeigt das Streben nach einer Gesellschaft Gleichberechtigter, wie stark der Wunsch des Menschen ist, eine soziale Harmonie zu erreichen, die es früher noch nie gab. Die erste Demokratie entwickelte sich – vermutlich unter buddhistischem Einfluß – in Griechenland. Anstelle der Oligarchie, der Herrschaft einer kleinen Gruppe, trat

---

[5] R. Aron, Progress and Disillusion: The Dialectic of Modern Society, Frederick A. Praeger, New York 1968.

[6] J. H. Schaar, Equality of Opportunity and Beyond, in: Equality, hrsg. von J. R. Pennock und J. W. Chapmann, Atherton Press, New York 1967.

die Herrschaft des Volkes: die Demokratie, und die griechischen Stoiker vertraten die Ansicht, Demokratie fordere die Anerkennung der menschlichen Gleichberechtigung. Tatsächlich verlieh die griechische Demokratie keineswegs allgemeine Gleichberechtigung, sondern gab sie nur den Männern und den Bürgern. Frauen und Sklaven waren ausgeschlossen. Der Spartaner Solon jedoch schränkte die Schaustellung des Wohlstandes und damit einer angemaßten Überlegenheit ein und bewies seine geniale Begabung zur Führung innerhalb einer demokratischen Gesellschaft durch seine Fähigkeit auszugleichen und weder die Partei der Reichen noch der Armen zu ergreifen. Er hielt an der Ansicht fest, daß Gleichheit die Entwicklung von Revolutionen verhindere.

Der Einfluß der griechischen Stoiker auf die Römer führte dazu, daß der Begriff der Gleichheit auch in der Rechtsprechung angewandt wurde. Zum erstenmal kam die Idee der Gleichheit zur praktischen Anwendung: Alle römischen Bürger waren vor dem Gesetz gleich. Die Christen dieser frühen Zeit schufen unter dem Einfluß der Stoa die ersten egalitären Gemeinden.

Die Idee der Gleichheit verbreitete sich innerhalb der ganzen kulturellen Sphäre. Ihre Einwirkung war aber nur von kurzer Dauer. Im fünften Jahrhundert trat die Augustinische Prädestinationslehre anstelle des stoisch-christlichen Glaubens an die Gleichheit der Menschen und führte zum orthodoxen Denken des Mittelalters. Die menschliche Ungleichheit wurde als Teil der göttlichen Weltordnung und als Folge des ebenfalls gottgewollten Sündenfalls betrachtet. Die römische und byzantinische Kultur wurde von den Barbaren zerstört, und an die Stelle der kurzen demokratischen Ära trat der mittelalterliche Feudalismus.

In der Renaissance erwachte das Streben nach einem demokratischen Leben und führte schließlich zu den Revolutionen in Frankreich, Amerika und Rußland, die alle in ganz verschiedener Weise der Idee der Freiheit verstärkte Bedeutung verliehen. In der Zeit nach dem Zweiten Weltkrieg gelangten die Bestrebungen in den Vereinigten Staaten und in Israel auf ihren Höhepunkt. Unsere gegenwärtigen Probleme sind darauf zurückzuführen, daß wir alle zwar gesetzlich gleichberechtigt sind, aber es noch nicht gelernt haben, einander als Gleichwertige zu behandeln. Das Kennzeichen der sozialen Gleichwertigkeit ist gegenwärtig noch die Abneigung des einzelnen, sich einem Diktat zu unterwerfen; darum muß dieses Stadium der Gleichwertigkeit statt Harmonie zu schaffen, den Kampf zwischen allen früher unter- oder überlegenen Gruppen zunächst verschärfen. Dennoch können wir die Uhr nicht zurückstellen und müssen die Wehen auf uns nehmen, unter denen eine neue Gesellschaft geboren wird. Es gibt keine Nachteile eines demokratischen Lebens, die nicht durch die verstärkte Realisierung demokratischer Ideen ausgeglichen werden können. Die Revolutionen, die gegenwärtig die Welt durchziehen, wurden schon oft mit denen verglichen, die Europa im Jahr 1848 erschütterten. Damals kämpften die Menschen um ihre politische Freiheit, heute um ihre Teilnahme an der Gesetzgebung.

Die Konflikte der gegenwärtigen Gesellschaft sind zwar offensichtlich, aber nur wenige erkennen ihr Wesen. Die Neger kämpfen um ihre bürgerlichen Rechte, der Arbeiter und die Frau um einen anderen Stand in der Gesellschaft, Kinder und Jugendliche sind in den Generationskampf verstrickt. Jede Gruppe hält ihren Kampf für einzigartig, und nur wenige erkennen wie Raymond Aron, daß es sich um einen umfassenderen Konflikt handelt.

»Die Heranwachsenden weigern sich nicht, den Rat der Älteren anzunehmen, sie lehnen nur die generellen Vorschriften des Alters ab. Die Frau verlangt nicht die theoretische, sondern die *wirkliche* Gleichberechtigung. Ebenso wie die amerikanischen Neger überzeugt sind, daß die Rassentrennung nicht mit Gleichheit zu vereinbaren ist, akzeptiert auch die Frau keine Arbeitstrennung mehr, die sie beruflich und bürgerlich an der vollen Teilnahme am gesamten Dasein hindert. Sie ist nicht mehr bereit, sich der Haushaltsführung und der Erziehung der Kinder so hinzugeben, als seien sie ihre einzige Bestimmung.«[7]

Aron erhebt die Frage: »Ist die Schlußfolgerung unvermeidlich, daß es letzten Endes das Wesen des in der Gesellschaft lebenden Menschen ist, das die Gleichheit absolut verhindert?« Er gelangt zu der Antwort: »Wir wollen uns mit der Feststellung begnügen, daß wir Frieden innerhalb der Gesellschaft finden, wenn das Streben nach Auszeichnung und Prestige sich nicht in Schlimmerem als Snobismus äußert.«

Aber hier kann ich seine Meinung nicht teilen. Intellektueller und moralischer Snobismus sind gefährlicher, als manche Menschen

---

[7] R. Aron, Progress and Disillusion, a.a.O.

denken. Er hemmt alle, die einen Mangel auszugleichen haben, daran, Anpassung zu finden. Der wesentliche Punkt dabei ist, daß die meisten Soziologen nicht imstande oder willens sind, einen Zustand zu akzeptieren, der ihre eigene Überlegenheit in Frage stellen könnte.

Wilson bietet ein typisches Beispiel dieser Haltung. In seinem Versuch, den Begriff der Gleichheit anzufechten, gerät er in vollkommene Verwirrung.

»Wir stehen anscheinend vor einer Menge eng miteinander verbundener, ineinandergreifender Ideen, die vielleicht aber doch zu unterscheiden sind; und es ist nicht klar, welche Ideen am normalsten oder sinnvollsten durch das Wort ›Gleichheit‹ ausgedrückt werden. Begriffe wie Gleichheit, Freiheit und Demokratie sind letzten Endes überhaupt nicht haltbar.«

Dann bringt er aber unmißverständlich zum Ausdruck, wie leicht man die Ungleichheit verstehen und akzeptieren kann. Er weist auf die Ungleichheit zwischen den Geschlechtern hin:

Die weibliche Emanzipation ist ein ungewöhnliches Faktum, das beinahe ausschließlich in der modernen technologischen Gesellschaft vorkommt. In allen anderen Bereichen ist man der Ansicht, daß die Frau zwar zweifellos über Kindern, Tieren und Hausrat steht, aber aus irgendwelchen Gründen doch nicht zum Mann, sondern zu ihnen gehört. Sie hat zwar möglicherweise Rechte, ist aber nicht gleichwertig . . . In unserer Gesellschaft ist die Frau zwar gleichberechtigt in Hinsicht auf das Wahlrecht, im Recht auf Besitz, in der Möglichkeit, einen Beruf zu ergreifen, aber die meisten ehrlichen Männer wissen, daß von einer psychologischen Emanzipation der Frau nicht die Rede sein kann. Sie will gar nicht als gleichwertiges Wesen behandelt werden. Letzten Endes will die Frau, daß der Wille der Männer – oder eines speziellen Mannes – mehr gilt als ihr eigener. Frauen sehnen sich vielleicht danach, geachtet, verehrt, geliebt und umsorgt zu werden, gelegentlich auch zu dominieren; aber sie wünschen sich keine Gleichberechtigung in bezug auf die Wahl der Gesetze.«[8]

Wilson hat darin vielleicht recht. Viele Frauen verhalten sich, wie er es schildert, weil sie sich noch nicht von der früheren Sklavenmentalität befreit haben. Er selbst aber ist auch nicht frei von dieser Mentalität, denn er glaubt nicht an den Menschen, vor allem nicht an die Frau.

Richard McKeon erkennt, daß die eine große Gefahr für die Gleichwertigkeit der Menschen in der Haltung derer liegt, die sie nicht als Idee akzeptieren.

---

[8] J. Wilson, Equality, Hutchinson, London 1966.

»Wir sind in Gefahr zu vergessen, welche Bedeutung die Gleichheit in den Jahrhunderten erlangte, in denen man nach ihrem Sinn fragte. Wir sind darüber hinaus in Gefahr, die Gleichberechtigung zu verlieren, die wir in jahrhundertelangem Kampf um sie gewonnen haben. Wir haben die Bedeutung der Gleichheit so weit vergessen, daß achtenswerte Wissenschaftler ihren Scharfsinn und ihre Fähigkeit als Gelehrte einsetzen, um zu beweisen, daß die Menschen nicht gleich sind. Wir haben den moralischen Impuls verloren, Gleichheit zu gewinnen, weil wir annehmen, sie sei bestenfalls ein zwar wirksames, aber trügerisches Schlagwort, oder wir entschuldigen unsere Trägheit mit der Begründung, daß die Zeit oder die Umstände nicht geeignet seien, sie zu realisieren.«[9]

Johnson wendet dagegen ein: »Wenn man die Basis der Gleichheit im Bereich des Wirklichen sucht, sind die Ergebnisse so auffallend negativ, daß man nicht umhin kann, sich zu wundern, daß wissenschaftlich vorgehende Forscher, ihre Suche noch immer nicht aufgeben ... Die elementare Probe, die die Demokratie zu bestehen hat, ist die Fähigkeit der Menschen als ein Ganzes, die authentische Aristokratie von Fähigkeit und Charakterstärke zu finden. Die Suche menschlicher Gleichheit auf dem Gebiet der Realität wird immer enttäuschender, je weiter sie vorangetrieben wird.«[10]

Auch andere Wissenschaftler verneinen die Möglichkeit der Gleichheit unter den Menschen. Der bekannte Psychologe B.F. Skinner stellt zum Beispiel fest:

»Die zentrale Tradition westlichen Denkens, die die wesentliche Würde und Freiheit des Einzelmenschen hochhält, ist angesichts des heutigen Wissens vom Wesen des Menschen einfach nicht mehr überzeugend ... Der Einzelmensch ist nicht für das, was er tut, verantwortlich, und es ist sinnlos, ihn zu loben oder zu tadeln. Eine so geartete wissenschaftliche Einstellung geht den meisten Menschen, die von einer demokratisch ausgerichteten Philosophie bestimmt sind, gegen den Geschmack[11].

William G. Sumner lehnt die Bedeutung, die der Gleichheit, der gleichen Möglichkeit und den Menschenrechten verliehen wurde, aufs schärfste ab. »Der Wunsch nach Gleichheit war ein abergläubisches Verlangen.«[12]
Die schwierige Lage, in der wir gegenwärtig sind – die Notwendigkeit, sich einer neuen Ära der Freiheit anzupassen – ist nichts Neues.

[9] R.McKeon, The Practical Use of a Philosophie of Equality, in: Aspects of Human Equality, hrsg. von L.Bryson et alia, Harper & Row, New York 1957.

[10] E. Johnson, the Concept of Human Equality, ebd.

[11] B. F. Skinner, The Behavior of Organismus, Appleton-Century, New York 1938.

[12] W. G. Sumner, The Science of Society, Yale University Press, Albert G. Keller, New Haven, Conn. 1927.

Als Moses vor 3500 Jahren die Kinder Israels aus Ägypten und damit aus der Sklaverei in die Freiheit führte, waren sie in derselben Situation. Aber weder Moses noch irgendeiner von denen, die in der Sklaverei gelebt hatten, durfte das verheißene Land betreten; nach vierzigjähriger Wanderschaft lebte keiner der einstigen Sklaven mehr. Wir müssen im Gegensatz dazu eine neue Gemeinschaft schaffen, während viele unserer Zeitgenossen bezweifeln, daß dergleichen möglich ist. Wir können nicht warten, bis sie alle gestorben sind.

Die meisten in Amerika lebenden Menschen betrachten es als selbstverständlich, daß alle Menschen rechtlich gleichgestellt sind. Aber ist es tatsächlich so? Aron bringt die gegenwärtige Wirrnis zum Ausdruck. Es ist vollkommen klar, daß »Gleichheit vor dem Recht ohne wirtschaftliche und soziale Gleichheit nichts bedeutet«. [13]. Soziale Gleichheit aber hält er nicht für möglich. Wir stehen vor der Frage, ob eine Gleichheit des sozialen Status – also soziale Gleichheit – möglich ist. Kann sie verwirklicht werden oder widerspricht sie dem Wesen des Menschen? Meines Erachtens ist Ungleichheit willkürlich und gegen die eigentliche Natur des Menschen geschaffen, obwohl die Herrschaft von Klassen und Kasten unsere Zivilisation weitgehend beherrscht. Die Willkür der verlangten Leistungen zeigte sich außerdem in den Wandlungen der »Qualifikationen«, die man für die Überlegenheit eines Menschen für unerläßlich hielt.

Die einzige Basis für Überlegenheit war in der Geschichte der Menschheit lange die der Geburt. Ein Mensch war nieder oder hochgeboren – das bestimmte seine Geltung. Wenn er durch seine Geburt ein Glied des Adels war, stand ihm, gleichgültig was seine persönlichen Eigenschaften waren, respektvolle Behandlung zu. Wenn er niedrig geboren war, hatte er Demut an den Tag zu legen. Das galt, bis die Periode des Feudalismus endete. Beweist die jahrhundertelange Bestimmung des Standes durch die Abstammung, daß sie »natürlich« war? Die jüngsten Entwicklungen zeigen, daß sie so willkürlich war wie jede andere Form der Überlegenheit.

---

[13] Aron, Progress and Disillusion, a. a. O.

214

Und mit dem Zusammenbruch der feudalen Gesellschaft erwiesen sich allmählich auch viele andere Arten der Überlegenheit als überaltert. Wir erkennen die Überlegenheit des Adels nicht mehr an. Titel verleihen nicht mehr das unbedingte Recht auf Achtung; ihre Träger machen oft keinen Gebrauch von ihnen.

Danach kam die Zeit, in der Reichtum Geltung verlieh. Der Wert des Menschen wurde nach der Höhe seines Bankkontos bemessen. Die große Wirtschaftskrise stellte das zum mindesten in Frage. Man zollt reichen Leuten nicht mehr die frühere Achtung. Auch die Überlegenheit des Mannes wird nicht mehr als selbstverständlich betrachtet. Es gibt noch Menschen, die daran glauben, aber ihre Zahl nimmt ab. Auch die Neger werden nicht mehr in der herkömmlichen Weise als minderwertig betrachtet; sie selbst erkennen die Überlegenheit des Weißen nicht mehr an.

Wir könnten angesichts des Umstands, daß so viele frühere Formen der Herrschaft und Überlegenheit ihren Wert verloren, zu dem Schluß gelangen, daß keine *individuelle* Eigenschaft ausreicht, Überlegenheit zu verleihen. Ganz im Gegenteil. Der Mensch versucht gegenwärtig, einen neuen Maßstab sozialer Geltung zu finden – er hat ihn schon gefunden, zum mindesten für den Augenblick: es ist der moralischer und intellektueller Überlegenheit. Aber wir können auch annehmen, daß diese neugewonnene Form den Weg aller anderen geht.

Ebenso offensichtlich ist, daß der Konkurrenzkampf als Basis persönlicher Überlegenheit zur Gefahr werden kann, obwohl er in der Vergangenheit eine Notwendigkeit war und die Gesellschaft mobil erhielt. Die Endzeit des Feudalismus gab jedem Individuum die Möglichkeit, so hoch emporzusteigen, wie es ihm irgend möglich war. Persönlicher Wettstreit war nun unvermeidlich geworden. Durch den Konkurrenzkampf zwischen den einzelnen wurden solche Fortschritte erzielt, daß viele noch heute nicht glauben wollen, Menschen könnten auch ohne diesen Ansporn ihr Bestes tun. Es ist charakteristisch für unsere Gesellschaft, daß jeder sich in seiner Selbsteinschätzung sozusagen *vertikal* bewegt [14], in der Furcht, daß

---

[14] L. Sicher, Education for Freedom, in: American Journal, Bd. 11, 1955.

er ein Versager sei, wenn er anderen nicht überlegen ist. Aber der Konkurrenzkampf innerhalb der Gesellschaft hat sich als wertvoller Lebensbestandteil überlebt. Er stellt einen Menschen dem anderen im Wettstreit gegenüber und durchzieht selbst die Familie. Je enger die Menschen zusammenleben, desto heftiger wird der Kampf. Bruderliebe war einst der Ausdruck innigster Zuneigung. Heute würden wir es unseren schlimmsten Feinden nicht wünschen, behandelt zu werden, wie Brüder einander behandeln, von denen jeder nur seinen eigenen Vorteil sucht.

Einer der Gründe, weshalb die Gefahr des Konkurrenzkampfes so schwer zu erkennen und zu beheben ist, liegt darin, daß wir nicht wissen, wie und womit wir ihn ersetzen können. Wir haben die mannigfaltigsten Beweise, daß sowohl das Leben innerhalb der Familie als auch in der Schule harmonischer verläuft und bessere Resultate aufweist, wenn der Wettstreit durch Zusammenarbeit ersetzt wird. Es kann durchaus zu einer Entwicklung und zu neuen Errungenschaften führen, wenn alle auf ein gemeinsames Ziel hinarbeiten, sich auf *horizontaler* Ebene bewegen, durch den Wunsch, zu einem Ganzen beizutragen, zu experimentieren, zu erweitern, zu größeren Leistungen zu gelangen, ohne gegen andere zu kämpfen. So lernen Kinder im Vorschulalter. Sie freuen sich an dem, was sie tun, ohne Ängstlichkeit und ohne die Furcht zu versagen, die in der Schule meist herrscht.

Es ist berechtigt, sich zu fragen, ob es nicht gefährlich ist, Kinder dem Konkurrenzkampf zu entwöhnen, da sie später innerhalb unserer ganz auf Leistung und Mehrleistung gestellten Gemeinschaft leben müssen. Tatsächlich ist es aber so, daß der Mensch den Forderungen des Konkurrenzkampfes desto *besser* gerecht werden kann, je *weniger* er sich um seinen speziellen Erfolg kümmert. Er konzentriert sich dann auf das, was er tut, ohne nach dem Tun der anderen zu schielen. Ein sehr ehrgeiziger Mensch erträgt den Wettstreit mit anderen nur, wenn er siegt. Das geringste Versagen verstört ihn. Eltern und Lehrer können, wenn sie wollen, eine Atmosphäre der Zusammenarbeit herstellen; aber die meisten von ihnen spielen ein Kind gegen das andere aus, womit sie das erfolgreiche Kind erfolgreicher und das erfolglose erfolgloser machen. Setzten Sie dem

Wettkampf ein Ende, dann könnten Sie wirklich eine Lage schaffen, in der jedes Kind »seines Bruders Hüter ist«.

Das krampfhafte Bemühen um Selbstbestätigung wird früher oder später nicht nur als eine Gefahr für die geistige Gesundheit und das innere Gleichgewicht des einzelnen erkannt werden, sondern als Ursache des Versagens und der Niederlage. Jeder Mensch versucht heute, durch Leistung und Besitz Geltung zu erringen. Er kann mit dieser Einstellung Erfolg, Macht, Besitz und Liebe erlangen, aber all das wird nicht ausreichen, ihm innere Sicherheit zu geben. Was er besitzt, ist noch immer nicht genug, oder er kann das Errungene verlieren. Viele Menschen, die nichts Außergewöhnliches zu erlangen vermögen, resignieren verzweifelt. Niemand kann durch Besitz oder Leistung zu einem Empfinden der Sicherheit kommen. Wenn ein Mensch nicht erkennt, daß er einfach durch sein Dasein Geltung hat, wird er sich nie sicher fühlen.

Es ist die alte Sklavenmentalität, die uns glauben macht, wir müßten uns selbst und den anderen unter der Peitsche halten. Wir bedrohen, entmutigen und erschrecken einander. Es ist tatsächlich so, daß wir nie mit uns zufrieden sein können, wenn wir uns nicht als das akzeptieren, was wir sind. Nur wenn wir Frieden mit uns schließen und den Mut zur Unvollkommenheit finden, können wir zu wahrem Fortschritt gelangen.

Viele von uns beten das goldene Kalb des persönlichen Erfolges an. Wenn wir aber nicht mehr einzig auf Erfolg ausgerichtet sind, verlieren wir die Furcht vor dem Versagen. Die wesentliche Frage ist, ob ein Mensch sich bessern muß, ehe er respektiert werden kann, oder ob er geachtet werden sollte, um besser werden zu können?

Wo immer wir sind, und was wir tun, sind wir ein Teil des Seins, ein Teil des Lebens, der Gemeinschaft. Generationen kommen und gehen. Heute stehen wir auf der Bühne des Lebens. Aber jede Generation und jeder von uns tut das Seine, macht das Leben um ihn her besser oder schlechter, trägt zum Fortschritt bei oder steht ihm im Weg. Unsere Aufgabe ist, nicht zu zeigen, wie gut wir sind, sondern wie weitgehend wir zum Wohl der anderen beitragen können. Wir gehören alle einem großen Orchester an, in dem jeder seinen bedeutenden oder geringeren Part spielt.

Es ist merkwürdig, daß sich die Frage nach einer Definition überhaupt erhebt. Glauben wir nicht alle an die Demokratie, an den demokratischen Prozeß? Wir Amerikaner versuchen sogar unseren Begriff der Demokratie als einen Exportartikel zu behandeln und ihn über die Welt zu verbreiten, ohne daß wir selbst uns ganz klar darüber sind, was er bedeutet. Wenn unsere Vorstellungen über Demokratie klarer wären, hätten wir nicht so viele, sich oft widersprechende Ansichten.

Der Ausdruck »Demokratie« wurde primär in dem Sinn angewandt – und wird noch heute so gebraucht – daß er Herrschaft des Volkes durch seine Vertreter bedeutet. Aber Demokratie ist mehr als das: sie hat auch mit den Menschenrechten zu tun. Viele Menschen glauben, daß Demokratie jedem das Recht gebe, zu tun, was er will, vorausgesetzt, daß er keinem anderen Schaden zufügt. Kant zum Beispiel schrieb, jeder Mensch sei berechtigt, seine eigene Glückseligkeit zu suchen, wenn er dabei nicht gegen die Freiheit anderer verstoße, die dasselbe erstrebten. Herbert Spencer bringt ähnliche Ansichten zum Ausdruck: »Jeder Mensch hat die Freiheit zu tun, was er will, wenn er dadurch nicht dasselbe Recht jedes anderen schmälert«. [15]

Viele teilen diese Ansicht. Aber wir werden nicht einfach dadurch demokratisch, daß wir aufhören, autokratisch zu sein. Der Zusammenbruch der Autokratie kann, wenn die notwendigen Schritte nicht unternommen werden, ebenso leicht zur Anarchie führen. Der ständige Wechsel von autokratischer und permissiver Haltung ist sogar ein Teil unseres Dilemmas in bezug auf die Definition der Demokratie.

Demokratie beruht auf den fundamentalen Menschenrechten. Diese wiederum gründen sich auf der Annahme der gleichen Rechte aller Bürger. Wir besprachen oben schon bestimmte Aspekte der Gleichwertigkeit. Manche von ihnen sind leicht zu ak-

---

[15] H.Spencer, in: Political Justice, hrsg. von R.B.Brant, Prentice Hall, Englewood, N.Y. 1962.

zeptieren, wieder andere werden mißverstanden oder abgelehnt, und durch dieses Mißverstehen, diese Ablehnung wird der demokratische Prozeß gestört.

Viele halten den Begriff der Demokratie für dunkel oder zweideutig. Frondizi sagt dazu:

»Das Wort Demokratie wird noch immer mit den verschiedensten Bedeutungen, die manchmal unvereinbar scheinen, benützt. Man kann Seite um Seite mit Zitaten füllen, die das Wort widersprechend definieren... Das Wort Demokratie ist aber per se weder doppelsinnig noch eindeutig. Die Unbestimmtheit kommt von der Art der Anwendung. Seine verschwommene oder präzise Bedeutung hängt davon ab, wie wir es gebrauchen oder definieren.«[16]

Horvath formuliert einen ähnlichen Sachverhalt:

»Der Begriff Demokratie ist nicht doppelsinnig. Ursache des Konflikts sind die voneinander abweichenden Meinungen darüber, was notwendig zu einer Demokratie gehört und was nicht. Die Interpretation des Begriffs ist eine gute Selbstregierung. Eine Regierung, die sich auf generelle Übereinstimmung gründet und allen dient, ist die ideale Form der Demokratie. Ideologische Konflikte, Ungewißheit und Mißbrauch entstehen, wenn eines oder das andere Element der idealen Grundform überbetont wird und vor allem, wenn man dem Irrtum verfällt, einen speziellen existierenden Typ zu stark zu betonen.«[17]

Solche »Mißverständnisse« sind nicht zufällig. Einerseits hat jeder Mensch das Recht, Demokratie so auszulegen, wie es ihm richtig scheint. Beinahe jeder hat also das Empfinden, er sei demokratisch und fortschrittlich, auch wenn er vollkommen autokratisch ist und jede Idee der Gleichheit ablehnt. Laswell bringt die Gedankengänge derer zum Ausdruck, die die Demokratie verneinen. Unter ihnen sind viele Psychoanalytiker und Verhaltensforscher:

»Die Ursache des Mißlingens des demokratischen Dialogs ist eine tieferliegende Malaise, der demokratische Mensch. Der einzelne ist ein schlechter Richter seiner eigenen Interessen. Wenn man eine Auseinandersetzung zwischen den verschiedenen Interessengruppen in Gang bringt, werden die sozialen Schwierigkeiten meist nur kompliziert, denn die Diskussion der verschiedensten, weite Gebiete umfassenden Interessen, schafft ein psychisches Konfliktgefüge, das einerseits hemmende, fiktive und irrevelante Werte hervorbringt. Unser Denken wurde schon zu lange durch unsere fadenscheinige Terminologie von Demokratie versus Diktatur, Demokratie versus Aristokratie irregeführt. Wir sollten uns von denen beraten lassen, die am besten dazu fähig sind, die Wahrheit zu finden

---

[16] R. Frondizi, in: Democracy in a World of Tensions, hrsg. von R. McKeon, University of Chicago Press, Chicago 1951.

[17] B. Horvath, ebd.

und harmonische Beziehungen herzustellen, nämlich den social administrators und den Soziologen.«[18]

Eine Ursache der allgemeinen Wirrnis in Hinsicht auf Fragen der Gleichheit sind die verschiedenen Bedeutungen, die man dem Begriff verleiht. In verschiedenen Sprachen benützt man ganz verschiedene Worte, um die mannigfaltige Bedeutung des Begriffs zu definieren. Im Deutschen wird zwischen »Gleichberechtigung« und »Gleichwertigkeit«, das heißt also zwischen gleichen Rechten und gleichem menschlichen Wert unterschieden. Der Begriff der gleichen Rechte wird allgemein akzeptiert, die Annahme der Gleichwertigkeit dagegen heftig angefochten. Die Franzosen bedienen sich zweier Worte, aber bei ihnen ist der zwischen zwei Grundformen der Gleichheit bestehende Unterschied ganz anders. Sie sprechen von *égalité de droit* und *égalité de fait,* legaler und praktischer Gleichheit oder theoretischer und realer Gleichheit.

Viele Menschen glauben fest, daß es sinnlos ist, Gleichwertigkeit zu erstreben, da es dergleichen noch nie gegeben habe. Aber es *hat* sie schon gegeben. Die ersten christlichen Gemeinschaften und viele andere religiöse Gruppen wandten die Idee der Gleichheit praktisch an. Wir wissen von Gemeinschaften, in denen wirkliche Gleichheit herrschte. Unter den fünf primitiven Gruppen im Südseebereich, deren Lebensform Margaret Mead untersuchte, erreichte der Stamm der Arapechen auf Neuguinea ein bemerkenswertes Maß an Gleichheit. Bei ihnen herrschte keine Gerontokratie, wie in vielen anderen primitiven Gemeinschaften, in denen der Rat der Alten das Leben der Jungen bestimmt. Sie ignorieren die soziale Bedeutung des Alters und reden einen Menschen willkürlich als Großvater, Bruder oder Sohn an, wie jung oder alt er auch ist. Sie schreiben keinem Menschen, weder Mann noch Frau, Überlegenheit zu, sondern geben ihnen erstaunlich weitgehend dieselben Rechte und Pflichten in Verantwortlichkeit und Tun. Sie erziehen ihre Kinder ohne Belohnung oder Strafe. Und es gelang ihnen scheinbar wirklich, eine Gemeinschaft aufzubauen, die sich auf ge-

---

[18] H.D.Laswell, The Analysis of Political Behavior, Roudledge & Kegan Paul, London 1948.

genseitiger Achtung, Zusammenarbeit, Vertrauen und dem Streben nach dem Wohl aller gründete. [19]

Demokratisches Leben innerhalb der Gemeinschaft

Die Konstitution eines demokratischen Landes sichert im allgemeinen die gleichen politischen Rechte und die gleiche politische Vertretung jedes einzelnen. Aber diese Idealprozedur wird nirgends angewandt. Warum ist es so?

Die Marxisten haben dafür eine sehr einfache Antwort. Sie behaupten, solange keine wirtschaftliche Gleichheit vorhanden sei, verhinderten die wirtschaftlich Mächtigen, daß es zu einer politischen Gleichheit aller und zu gleichem Stimmrecht komme, und daß eine wirkliche Demokratie nur dann geschaffen werden könne, wenn das kapitalistische System durch ein sozialistisches abgelöst wird. Aber die kommunistischen Staaten, die behaupten, sie seien demokratisch, sind tatsächlich Autokratien, die ihren Bürgern keinerlei politische Freiheit zubilligen.

Weder *politische* noch *ökonomische* Gleichheit ist jedoch denkbar, solange die einzelnen keine *soziale* Gleichheit haben. Nur wenn alle Glieder einer Gesellschaft als Gleiche anerkannt werden, kann politische, ökonomische und soziale Harmonie geschaffen werden. Die Alternative ist, daß der gegenwärtige Kampf aller Gruppen gegeneinander, die sich *ad infinitum* befehden, ebenfalls ad infinitum weitergeht.

Die wirkliche Beschaffenheit des Problems wird klar, wenn wir versuchen, demokratische Prinzipien auf allen Gebieten zwischenmenschlicher Beziehungen zu verwirklichen. »The democratic way« bezieht sich auf viele Aspekte des Gemeinschaftslebens und wird angewandt, um mannigfaltige spezifische Verhältnisse und Abläufe zwischen einzelnen Menschen und Gruppen zu definieren. Auf dem Gebiet zwischenmenschlicher Beziehungen herrscht trotz aller politischen und verhaltenswissenschaftlicher Forschung er-

---

[19] M. Mead.

hebliche Wirrnis. Es machen sich hier offensichtlich irrige Auffassungen geltend und üben einen schädlichen Einfluß aus. Unsere Schwierigkeiten entstehen daraus, daß wir nicht fähig sind, als Gleiche miteinander zu leben. Wir müssen neue Methoden und Einstellungen entwickeln – innerhalb der Familie, im Schulleben, in der Wirtschaft und in der Politik.

Wir sind noch immer mit einer autokratischen Tradition beladen, und es gelingt uns nicht, uns davon zu lösen. In der allgemeinen Wirrnis, die daraus entsteht, können wir nicht tun, wozu wir durchaus imstande wären, nämlich eine soziale Atmosphäre, innerhalb der sich die Demokratie entwickeln kann, zu schaffen und das trotz der Verhältnisse, die sie hemmen.

Kurt Lewin demonstriert das in seinen »Iowa Experiments«, die von großer Bedeutung für unsere gegenwärtigen Probleme sind:

Er experimentiert in Jugendgruppen von Jungen mit drei verschiedenen »sozialen Atmosphären«. Er schulte die Lehrer in drei Grundmethoden, den autokratischen, den demokratischen und denen einer Anarchie des *laissez-faire*. Der autokratisch vorgehende Leiter schrieb den Jungen vor, was sie zu tun hatten; der demokratische half ihnen zu planen und das Geplante durchzuführen; und der laissez-faire Leiter ließ sie tun, was sie wollten. Die Ergebnisse sind äußerst aufschlußreich. Die autokratische und die demokratische Gruppe leisteten beide gleiches und leisteten gutes, während die laissez-faire Gruppe nichts zuwege brachte [20].

Die Ergebnisse der Experimente machten einiges klar. Erstens: Demokratie ist nicht mit Anarchie zu verwechseln.

Die zweite wichtige Tatsache zeigte sich in den verschiedenen Reaktionen der Jungen. Die autokratisch beherrschte Gruppe konnte nur arbeiten, wenn der Leiter dabei war. War er nicht da, stritten sie miteinander. Sie verhielten sich nur richtig, wenn sie unter Kontrolle standen. Im Gegensatz dazu arbeitete die demokratisch gelenkte Gruppe weiter, wenn der Leiter abwesend war. Sie stritten auch nicht. Es war etwas bei ihnen vorhanden, was man eine innere Kontrolle nennen könnte.

---

[20] K.Lewin und R.Lippit in: R.K.White, Patterns of Aggressive Behaivor in Experimentally Created Social Climates, Journal of Social Psychology, Bd. 10, 1939.

Zu den überraschendsten und wichtigsten Beobachtungen aber gelangte man, wenn die jeweiligen Leiter ihre Rolle wechselten. Wenn der demokratische Leiter sich autokratisch verhielt, geschah nichts. Er hatte das Vertrauen seiner Gruppe gewonnen, und sie benahm sich nach kurzer Zeit wie die autokratisch geführte Gruppe. Interessant ist, was geschah, als man dem autokratisch vorgehenden Leiter sagte, er solle zur demokratischen Methode überwechseln – die Hölle brach los. Der Leiter brauchte eine Woche, bis die Jungen sich beruhigten und so verhielten, wie es in einer demokratischen Gruppe möglich und notwendig ist.

Wenn der autokratische Druck aufgehoben wird, ist das Resultat Anarchie. Die einzelnen können nun tun, was sie wollen, und sie tun es ohne jegliches Verantwortungsgefühl. Innerhalb des Lewinschen Experiments hatten sie einen Leiter, der ihnen den Wechsel zum demokratischen Verhalten erleichterte. Wir haben aber in unserer Gesellschaft keine so geschulten Leiter. Infolgedessen mißbrauchen sowohl Kinder als Erwachsene die Freiheit, die die demokratische Evolution ihnen gibt. Das ist das Dilemma unserer Zeit.

V

KONFLIKTE UND IHRE LÖSUNG

ZWÖLFTES KAPITEL

Der Prozeß der Polarisation

Unsere Kulturperiode wird durch den Mißbrauch der demokratischen Freiheit charakterisiert. Die Gesellschaft ist zerrissen. Jeder versucht, zu seinen eigenen Rechten zu kommen, und mißachtet die Rechte anderer. Die demokratische Freiheit aller, zu tun, was sie wollen, verleiht den Unterschieden zwischen den verschiedenen Gruppen von Rasse, Geschlecht und Alter eine überhöhte Bedeutung. Dieser Antagonismus wird heute Polarisation genannt.

Die entzweite Gesellschaft

Die verschiedensten Teile der Gesellschaft haben sich gegenwärtig einen gemeinsamen Feind – das Establishment – geschaffen. Das Erstaunliche ist, daß jeder eine andere Ansicht über das Wesen des Establishments hat. Für die Neger sind es die rassenbewußten Weißen; für die Frauen die patriarchalische Gesellschaft; für die Arbeiter die Unternehmer; für die Kinder die Erwachsenen. Viele Einzelmenschen gehören Gruppen an, die von anderen als das Establishment empfunden werden, und viele von ihnen bekämpfen, was sie ihrerseits als Establishment betrachten. Statt den gemeinsamen Kampf gegen Ungerechtigkeit, Tyrannei und Entrechtung zu konsolidieren, schlägt jede Gruppe sich um ihr Recht. Und der Kampf wird oft mit großer Brutalität geführt.

Die jeweiligen Träger der Autorität können das nicht verstehen. Sie machen sich nicht klar, daß hier ein Bürgerkrieg geführt wird, und zwar ein Bürgerkrieg, in dem der Feind möglichst vernichtet werden muß. Der Vietnamkrieg trug dazu bei, die Vorstellung zu bestätigen, daß der Feind mit jedem nur vorstellbaren Mittel bekämpft werden kann; der Krieg in Vietnam löste viele internen Feindseligkeiten gegen die Obrigkeit aus. Aber gäbe es den Krieg in Vietnam nicht, würde eine andere Rechtfertigung für die inneren Auseinandersetzungen gefunden. Wir gehen auf einem steinigen Pfad, und da niemand weiß, wie die vorhandenen Konflikte zu lösen sind, sogar auf einem höchst gefährlichen.

In den Vereinigten Staaten ist die intensivste innere Auseinandersetzung die zwischen Schwarzen und Weißen. Ein ähnlich verwikkeltes Problem ist auch die Revolte der Studenten und ähnlicher Gruppen gegen die herrschende Gesellschaft. Wirtschaftlich Benachteiligte, Kriminelle – selbst Zuchthaussträflinge – verlangen, daß man sie mit Achtung behandelt. Und jede Gruppe, die sich über die Ungerechtigkeit und Tyrannei des Establishment beklagt, tut was sie kann, um das Establishment herauszufordern. Wir leben in der Illusion, daß Fortschritt nur durch Kampf – oft äußerst gewaltsamen Kampf – errungen werden kann. Zweifellos kann man so einige Verbesserungen erreichen, aber welcher Preis muß dafür bezahlt werden? Der Kampf wird solange weitergehen und intensiver werden, bis man demokratische Methoden zur Lösung von Konflikten kennen und anwenden wird.

Auch eine andere Form der Polarisation findet statt: zwischen denen, die Recht und Ordnung fordern, die hoffen, die Rebellion durch Gewalt zu unterdrücken, und der anderen Gruppe, die sich auf die Seite der Unterprivilegierten stellt und offen oder im geheimen ihre Auflehnung unterstützt. Aber keine der beiden Verhaltensformen führt zu einer Beilegung der Konflikte. Solange wir nicht *Frieden* und *Ordnung* innerhalb der Gemeinschaft haben, können wir auch nicht *Recht* und *Ordnung* realisieren. Solange die Vertreter der Obrigkeit sich der Illusion hingeben, sie könnten die Ordnung durch gewaltsame Unterdrückung wiederherstellen, wekken sie nur neue Auflehnung. Es ist unmöglich, Gewaltanwendung und Zerstörung durch Drohungen oder ebenso brutale Vergeltungsakte zu verhindern. Sowohl die Rebellen als auch die Vertreter von »Gesetz und Ordnung« müssen neue Methoden entwickeln, die die Anwendung von Gewalt nutzlos machen.

Ein Stein des Anstoßes auf dem Weg zur Entwicklung einer neuen Gesellschaft ist unser Strafgesetz, das als gegeben annimmt, daß Strafe ein wirksames Abschreckungsmittel ist. Die meisten Juristen wissen, daß dies ein Irrtum ist, aber die Gesellschaft im allgemeinen ist nicht willens, von der Forderung zu lassen, daß »die Strafe dem Verbrechen entsprechen muß«. Unsere Strafanstalten sind meist Lehrstätten für eine Verbrecherkarriere. Gefängnisse sind die Brutstätten neuer Vergehen, und die Lage wird dadurch noch schlechter, daß die Zustände in den meisten Gefängnissen unmenschlich sind, selbst dort, wo es sich um jugendliche Verbrecher handelt.

Die gegen das Gesetz verstoßen haben, brauchen *Rehabilitation*, und Strafe rehabilitiert einen Menschen nie. Es gibt bessere Methoden, Verbrecher zu behandeln, und in einigen Strafanstalten werden sie schon angewandt, also der Prozeß der Rehabilitation angebahnt. Die Häftlinge nehmen daran teil, wenn es um das Fassen von Entschlüssen geht, und überdenken und ändern in Gruppendiskussionen ihre Wertmaßstäbe. Aber die meisten unserer Zeitgenossen betrachten das als eine »Verhätschelung« der Missetäter. Daß Strafe beabsichtigt ist, zeigt sich an der Art, in der man Verbrecher behandelt. Die Polizei hat, mit wenigen Ausnahmen, keine Schulung in der Behandlung von Verbrechern. Vor allem die Schwarzen, die Armen, die Bewohner der Citys, betrachten den Polizisten als strafenden Vertreter der Obrigkeit, als einen Menschen also, den man bekämpfen muß. Innerhalb dieser Kreise wird es nicht leicht sein, das Bild des Polizisten zu ändern, vor allem auch weil die Polizei nur zu oft mit Brutalität auf jede Herausforderung reagiert. Der Polizist wird also als Feind betrachtet, und daß man einen Feind erschießen darf oder muß, ist eine weitverbreitete Ansicht. Die Leute sind davon überzeugt, daß es bei ihnen liegt, zu entscheiden, wer ihr Feind ist, sei es nun der Vietkong oder die Polizei. Sie sehen keinen Grund, da Unterschiede zu machen, darum ist der Polizist oft das erste Opfer der internen Kämpfe. Wir können uns hier nicht damit auseinandersetzen, welche Umstände es sind, die zu Verbrechen führen. Die Mittel, die man zur Besserung der

Lage anwendet, sind oft unzulänglich. Es besteht zum Beispiel eine Beziehung zwischen Verbrechen, kulturellen Kämpfen und wirtschaftlicher Entbehrung. Geld allein kann die Zahl der Verbrechen aber nicht herabsetzen. Geld ändert die Auffassung nicht, die der Arme von seiner Geltung und seinem Status in der Gesellschaft hat. Auch Erziehung wird da nicht allzuviel helfen, vor allem weil die pädagogische Einstellung – besonders wenn es sich um Unterprivilegierte handelt – unzulänglich ist.

Aber die Erziehung kann auch eine wesentliche Rolle in der Formung unserer künftigen Gesellschaft spielen. Gegenwärtig ist jedoch der Einfluß der Schule auf die nächste Generation bedauernswert gering. Konflikte treten schon in den unteren Klassen auf, verstärken sich in der Oberschule und führen zur Revolte der Studenten. Die höheren Schulen und Universitäten, die einer jugendlichen Elite entscheidende Ideale vermitteln sollten, wecken nur Auflehnung in ihnen, denn ihre Struktur ist nicht demokratisch, und die Lehrpläne sind weit davon entfernt, die Bedürfnisse der Studenten zu befriedigen. Das ganze Gebiet unserer gehobenen Ausbildung sollte revidiert werden.

Eine Struktur- und Funktionsänderung der Universitäten beeinflußt ihrerseits aber weitgehend das Leben innerhalb der Oberschulen, Gymnasien usw. Gerade in der Oberschule zeigen sich die Mängel unseres Erziehungssystems am deutlichsten. Der Druck der Entscheidung, welchem der Schüler Universitätsreife zugestanden werden kann und welchem nicht, macht es unmöglich, die gegenwärtige gefährliche Methode der Einstufung nach »Zeugnissen« aufzugeben. Wenn der Zweck des Studiums aber nur das Erwerben höheren Wissens wäre, hätte solch eine Einstufung keinen Sinn. Dann studierten nur junge Menschen, denen wirklich etwas daran läge zu lernen – und sie lernten ohne die Furcht vor dem Versagen, die systematisch in unseren Schülern und Studenten geweckt wird.

Dieser Konflikt ist heute eine weitere Quelle der Reibung, und gegenwärtig besteht wenig Hoffnung auf eine Lösung des Problems. Die Arbeitnehmer haben Schritt für Schritt an Macht gewonnen, während die Arbeitgeber Macht verloren, aber der Streit der beiden Gruppen scheint von so unabsehbarer Dauer zu sein wie ein Zwist zwischen Brüdern. Nur wenige glauben, daß der Kampf je enden wird, trotz des ungeheuren Preises, den beide Teile bezahlen, wenn sie ihre »Rechte« verteidigen. Die Gesellschaft sanktioniert den immer länger dauernden Kampf, denn sie bejaht das Prinzip des Feilschens, also die Einstellung, daß beide Seiten so viel wie möglich nehmen und so wenig wie möglich geben.

Wir wollen uns einen Fall vor Augen stellen, der die gegenwärtige Lage innerhalb der Wirtschaft illustriert. Die Gewerkschaft kommt angesichts der finanziellen Lage eines Unternehmens zu dem Schluß, daß die Firma sich eine siebenprozentige Lohnerhöhung leisten kann. Sowohl die Arbeitnehmer als die Gewerkschaft fordern, um 7 Prozent zu bekommen, 10 Prozent, und der Unternehmer erklärt sich bereit, 5 Prozent zu »geben«, um nicht über 7 Prozent gesteigert zu werden. Wenn die Gewerkschaft zu Beginn der Verhandlungen 7 Prozent forderte, würde der Betrag nie zugestanden; wenn der Unternehmer 7 Prozent offerierte, müßte er am Ende mehr als 7 Prozent bezahlen.

Es sieht nicht so aus, als seien sich die Beteiligten darüber klar, was dieser Prozeß des gegenseitigen Übervorteilens innerhalb des sozialen Gefüges bedeutet. Beide Partner in dem nicht ganz reinlichen Spiel stehen dem Fortschritt und einem harmonischen Gemeinschaftsleben im Weg. Aber wir wollen uns die paranoide Voraussetzung, daß die Unternehmer nichts erstreben, als die Arbeitnehmer unter Druck zu halten, etwas näher ansehen. (Das will übrigens nicht bedeuten, daß eben dies gelegentlich nicht der Fall ist.) Loren Baritz gibt eine gründliche Schilderung der Haltung von Arbeitnehmer und Arbeitgeber [1]. Er berichtet ausführlich über alle in

---

[1] L. Baritz, The Servants of Power, Wesleyan University Press, Middletown, Conn. 1960.

den letzten zwanzig Jahren entwickelten wirksamen Methoden zur Erhaltung des Friedens und gegenseitigen Verständnisses und demaskiert sie dann in schreckerregender Weise als Pläne zur Versklavung der Arbeitnehmer. Wir können aus seinen mannigfaltigen Zitaten entnehmen, daß er weithin akzeptierte Meinungen zum Ausdruck bringt. Aber wenn wir ihm und denen glauben, deren Ansichten er anführt, dann ist es völlig unmöglich, auf dem Gebiet der Wirtschaft je zu Frieden und Harmonie zu kommen. Baritz bekräftigt die verbreitete Ansicht, daß der Mensch unfähig ist, in Frieden mit seinen Mitmenschen zu leben.

Das Bedürfnis nach einem friedlichen wirtschaftlichen Leben ist mehr als eine ökonomische Notwendigkeit. Arbeit ist eine der fundamentalen Aufgaben, die jeder erfüllen muß. Zu arbeiten heißt, der Gemeinschaft durch seinen Beitrag zu nützen. Es handelt sich dabei nicht nur um eine Pflicht, sondern um eine – sehr wichtige – Lebensfunktion des Menschen. Wenn jeder Mensch genug Geld hätte, um alle seine Bedürfnisse, auch seine Bedürfnisse nach Luxus, zu befriedigen, würden wahrscheinlich viele aufhören zu arbeiten – aber wie lange? In Alcatraz war ein Ausschluß von der Arbeit die schwerste Strafe.

Arbeit ist mehr als eine Möglichkeit, Geld zu verdienen, und es ist nicht lebensnotwendig, daß Arbeitgeber und Arbeitnehmer einen Kampf ums Messer miteinander führen. Es ist nicht nötig, daß der eine den anderen ausnützt. Arbeit ist ein zu wesentlicher Aspekt des Lebens, um in den Händen von Menschen liegen zu dürfen, die andere ausnützen.

Konflikte auf dem Gebiet der Arbeit sind wie alle anderen Konflikte unserer Zeit. Sie gründen sich auf den Konkurrenzkampf, Kampf um die Macht, auf das Bestreben, mehr Rechte zu gewinnen und sich über die Rechte anderer hinwegzusetzen.

Seit dem Zweiten Weltkrieg wurden hier große Fortschritte erzielt, weil es sich erwies, daß die überlieferten autokratischen Forderungen nicht genügten, um Resultate zu erbringen. Betriebsleiter vergaßen oft, daß man auch mit dem menschlichen Element zu rechnen hat – sie wußten, wie man mit Maschinen umgeht – nicht wie man Menschen einsetzt. Man entdeckte eine Vielfalt von psychologischen und sozialen Methoden zur Herstellung einer harmonischen Zusammenarbeit und zur Vermeidung von Konflikten. Die wesentlichen Entdeckungen lagen auf dem Gebiet der Gruppendynamik. Offene Aussprachen zwischen allen Trägern des industriellen Lebens, nicht nur zwischen Vorarbeiter und Arbeiter – können die Beziehungen der einen zu den anderen verbessern und die Probleme lösen, die Betriebsleiter, Vorarbeiter und Arbeiter haben. Role-playing kann tiefliegende Konflikte zutage fördern und helfen, die sich daraus ergebenden Probleme zu lösen. Teilnahme an Entscheidungen führt zu gegenseitigem Verständnis und gutem Willen zur Zusammenarbeit.

Viele Unternehmen haben Methoden gefunden, dies zu erreichen. Zu diesen gehört auch die »Motivation Hygiene Theorie« von Herzberg [2] und anderen, die die Grundbedürfnisse des Menschen in Rechnung zieht. Die Produktionsfähigkeit eines Menschen – sein Erfolg oder Mißerfolg – beeinflussen sein Selbstgefühl.

Myers stellt die Frage: »Was bewegt einen Angestellten, mehr als bisher zu leisten?« und er antwortet:

»Eine Arbeit, die Forderungen an ihn stellt und ihm das Gefühl guter Leistung, hoher Verantwortlichkeit, der Entwicklung, des Fortschreitens, der Arbeitsfreudigkeit und der Anerkennung gibt.

Was macht Arbeiter unzufrieden? Meist Faktoren, die gar nichts mit seiner eigentlichen Arbeit zu tun haben: Gebote und Verbote, Lichtverhältnisse, Arbeitspausen, Titel, Vorrechte, Bezahlung, Nebenvorteile und ähnliches.

Wann beginnen Arbeiter diese Unzufriedenheit zu fühlen? Wenn die Möglichkeit sinnvoller Leistung nicht mehr gegeben ist, werden sie im Hinblick auf ihre Umgebung überempfindlich und beginnen Fehler zu finden.« [3]

Baritz ist der Ansicht, daß es unmöglich ist, zur Eintracht zwischen Arbeitnehmer und -geber zu gelangen, da allzu viele Wortführer und Anhänger der Arbeiterschicht sich diesen Bemühungen entgegenstellen. Ein Wortführer der Arbeiter nannte das System der Partizipation verwerflich; andere »im besten Fall patriarchalisch, im schlimmsten despotisch«. Obwohl es dem System der Partizipation gelang, »radikal gerichtete Arbeiter in vernünftige, firmenorientierte

[2] F. Herzberg, The Motivation to Work, Wiley & Sons, New York 1959.
[3] M. Scott Myers, Who Are Your Motivated Workers? in: Harvard Business Review, Bd. 42, 1964.

Angestellte« zu verwandeln, sind sowohl Arbeitnehmer als -geber überzeugt, daß demokratische Methoden im Arbeitskampf zu nichts führen. Tatsächlich findet dieser Kampf nicht nur zwischen Arbeitnehmer und -geber statt, wie Marx es darstellte, sondern zwischen Arbeiter und Gewerkschaft, Arbeiter und Vorarbeiter, Betriebsleiter und Betriebsleiter.

Die beste Planung ist erfolglos, solange Mißtrauen zwischen den Lagern herrscht. Gewinnbeteiligung löst den Konflikt dann und wann; in anderen Fällen ist sie nutzlos, weil die Arbeiter nicht glauben, daß die Arbeitgeber ehrlich zugeben, wie hoch der Gewinn war. Wir haben hier immer dieselbe Situation: wo eine kämpferische und feindselige Haltung zugrundeliegt, gelingt es keinem, zu einem Nutzen zu kommen. Viele Konflikte innerhalb unserer Gesellschaft können nur durch demokratisches, auf gegenseitige Achtung gegründetes Vorgehen beigelegt werden.

Wirtschaftliche Probleme

Unsere Gemeinschaft wird von wirtschaftlichen Problemen jeder Art belastet. Kein Staat ist davon frei; Keiner kann sie ignorieren. Die Furcht vor Mangel, wirtschaftlichen Rückschlägen und alle darauf folgenden Konsequenzen, ist ein allgemeines inneres Erlebnis, gleichgültig wie reich oder arm der Mensch ist. Warum, zum Beispiel, ist es uns nicht gelungen, unsere wirtschaftlichen Probleme zu lösen – ihnen mindestens mit einer klaren Planung näherzukommen?

Wie in anderen Bereichen, wo wir darum kämpfen, eine Lösung zu finden, vernachlässigen wir auch auf dem der Wirtschaft das menschliche Element. Wir sind uns nicht einmal darüber klar, in welchem Maß der Faktor des menschlichen auf wirtschaftliche Bezüge, den Stand der Börse, finanzielle Krisen, Fort- oder Rückschritt einwirkt.

Furcht und Unsicherheit, Erfolg oder Mißerfolg, Befürchtungen irgendwelcher Art beeinflussen die wirtschaftliche Entwicklung in hohem Maß. Aber es gibt die mannigfaltigsten, widersprüchlichen

Theorien darüber. Auch weiß man wenig über die psychologische Dynamik, die einzelne Wirtschaftswissenschaftler veranlaßt, diese oder jene Theorie aufzustellen.

Es wurden schon viele Methoden zur Lösung wirtschaftlicher Schwierigkeiten gefunden und vorgebracht. Aber jeder hält an seinen eigenen Vorstellungen fest und ist keineswegs bereit, das Seine zu tun, um zum Beispiel den Ablauf einer anderen Planung zu kontrollieren.

Wir können heute noch nicht voraussehen, welches wirtschaftliche System den Bedürfnissen der Gesellschaft und all ihrer Glieder letzten Endes vollkommen entspricht. Niemand kann wissen, ob dieses System eine freie Wirtschaft oder Planwirtschaft sein wird. Es ist durchaus möglich, daß es ein komplexes ökonomisches Gefüge ist, in dem sich Elemente der Planwirtschaft mit denen der freien Marktwirtschaft mischen. Ob ein Mensch reich oder arm ist, kann dabei so unwesentlich werden wie seine Zugehörigkeit zu einer bestimmten Rasse, Religion oder politischen Ausrichtung. Wenn der gehobene Status innerhalb der Gesellschaft nicht mehr von individuellen Leistungen oder Eigenschaften abhängt, können wir unter Umständen Reichtum anhäufen, ohne mehr Gewinn davon zu haben wie ein Sammler von wertvollen Briefmarken oder Antiken. Nur in einer solchen Lage werden wir die wirkliche Bereitschaft entwickeln, die wirtschaftlichen Probleme zu lösen, die heute noch zu uferloser Not und großem Leid führen.

Die politische Demokratie

Politische Demokratie an sich gewährleistet nicht unbedingt eine wahre Gleichheit. Trotz der durch die Verfassung gegebenen Rechte haben bestimmte Gruppen in den Vereinigten Staaten noch immer mit Diskriminierung zu rechnen. Die Beschränkung des politischen Rechtes von Minoritäten ist dabei nur der am häufigsten publizierte Umstand. Auch die unterschiedliche Behandlung von Frauen und Kindern gehört zu diesem Komplex. Ebenso offensichtlich ist, daß die wirtschaftliche Besserstellung oft den wenigen, die sie genießen, politische Macht verschafft. Es gibt keine politische Demokratie ohne wirtschaftliche Demokratie.

Die politische Konventionen unserer beiden wesentlichen Parteien sind kennzeichnend für unsere Art der Demokratie. Wenn jedoch Entscheidungen gefällt werden müssen, hat der einzelne Delegierte, der kleine Mann also, sehr wenig zu sagen. Die »Bosse« handeln alles weitere unter sich aus.

Diese Parodie demokratischen Verfahrens finden wir aber nicht nur auf dem Gebiet der Politik, sondern überall, wo Machtgruppen bestimmte Einrichtungen kontrollieren. Unser Institutionalismus mit seinen gefährlichen Folgen zeigt sich in Organisationen jeder Art. Selbst unsere Konferenzen im Weißen Haus, ob sie sich nun mit den Problemen von Kindern, Jugendlichen oder alten Menschen befassen, werden so geführt. Bestimmte Machtgruppen halten in den nationalen Organisationen, auf dem Gebiet der Sozialwissenschaft und der Erziehung oft Vorrechte so fest, daß es beinahe unmöglich ist, diesen Griff zu lockern. Und die Macht wird dann mit einer geradezu unglaublichen Fähigkeit ausgeübt, den *Schein* demokratischen Vorgehens zu wahren. Außerordentlich geschicktes Manipulieren durch scheinbar gewissenhaftes Einhalten der Regeln erlaubt dominierenden Gruppen, ihre Kontrolle auszuüben.

Wir kennen alle die akzeptierten Prozeduren, die unsere gegenwärtige »Demokratie« verabscheuungswürdiger machen als jede direkte autokratische Schaustellung der Macht. Autokratie kommt meist zum mindesten ohne Heuchelei aus. Die Vorspiegelungen, zu denen es unvermeidlich führt, wenn man demokratische Prinzipien beansprucht, sie aber nicht verwirklicht, bringen das ganze demokratische Leben in Verruf. Wir haben kaum Grund, uns zu wundern, wenn die Feinde der Demokratie sich angesichts des Bildes, das wir der Welt bieten, nicht allzu beeindruckt zeigen. Unsere Vorstellung von der Demokratie muß viel klarer und unsere Anwendung ihrer Prinzipien konsequenter werden, ehe wir durch unseren Enthusiasmus und unsere Überzeugungskraft andere von den Vorteilen des demokratischen Lebens überzeugen können.

Wir müssen wahrscheinlich auch unser Denken über die Herrschaft der Mehrzahl berichtigen. Das Vertrauen auf die Majorität, auf die

Zahl also, schließt die Fähigkeit aus, Entscheidungen nach ihrem logischen, moralischen und intellektuellen Wert zu beurteilen und entsprechend zu fällen oder nicht zu fällen. Wenn die Majorität einer Minorität ihren Willen aufdrängt, akzeptiert die kleinere Gruppe den Majoritätsentschluß nur ungern, und es ist sogar möglich, daß sie sich dagegen auflehnt. Auf diese Weise kommen wir also nie zur Übereinstimmung, sondern immer nur zu neuen Machtverlagerungen. Es werden mehr oder weniger subtile Machenschaften angewandt, um es zu vermeiden, sich Majoritätsbeschlüssen fügen zu müssen.

Wenn das Prinzip gleicher Möglichkeiten ein ärmlicher Ersatz für wirkliche Gleichheit ist, ist die Herrschaft der Majorität eine unzumutbare Belastung. Wir halten das Majoritätsprinzip für ein gegebenes Faktum, weil wir keinen besseren Weg kennen, gegensätzliche Ansichten und Interessen in Einklang zu bringen. Die Ursache dieses Unvermögens ist unser Mangel an demokratischer Leitung. Wo sie vorhanden ist, wirkt sie auf unsere Verhandlungsfähigkeit und unser Vermögen ein, zu einer relativen Klärung zu gelangen, *bis eine gemeinsame Aktionsgrundlage* gefunden ist. Wir nennen die Fähigkeit, dazu zu gelangen, meist etwas abschätzig »Diplomatie«, weil sie früher oft in einer gewissen Unaufrichtigkeit angewandt wurde, um Mächte und Mächtegruppen zu manövrieren. Bei einer geschickten demokratischen Leitung bedient man sich durchaus einer gewissen Diplomatie, aber nicht im herkömmlichen Sinn. Geschick zu solch einem diplomatischen Führen braucht zum Beispiel ein Lehrer, wenn er eine Schülerdiskussion leiten, Eltern, wenn sie den guten Willen ihrer Kinder gewinnen wollen, der Schiedsrichter, wenn Arbeitnehmer-, Arbeitgeberprobleme zu lösen sind, und die Regierung, um Rassenantagonismus zu überwinden. Wenn das Verhältnis zwischen Ordnung und Demokratie geklärt und die Verwechslung zwischen Demokratie und Anarchie, Freiheit und Willkür, Gleichheit und Gleichförmigkeit behoben ist, sollte es den Führenden in einer Demokratie möglich sein, mit den Opponenten zu einer Übereinstimmung zu kommen. Dann entscheidet der Wert einer Ansicht, nicht die Macht oder Zahl derer, die sie vertreten.

DREIZEHNTES KAPITEL

Lösung von Konflikten
durch demokratisches Vorgehen

Die Behauptung, man könne Konflikte durch Übereinkunft beheben, wird von den meisten Menschen skeptisch aufgenommen. Unser Denken ist in seinem Grundcharakter zu pessimistisch, um uns die Vorstellung nahezulegen, daß man durch praktisches Vorgehen Vereinbarungen erzielen könne. Wenn ich eine Mutter berate, die sich an mich wendet, ist sie meist überrascht, wenn das Vorgeschlagene wirklich »klappt«. Wer hat je gehört, daß wir Kinder beeinflussen können?

Meine Hinweise gründen sich meist auf Erfahrungen innerhalb der Familie. Das Familienleben ist das Laboratorium, in dem die Wirksamkeit eines Vorgehens getestet werden kann. Wenn Kindern innerhalb des Familienbereichs bewiesen wird, daß jeder seines Bruders Hüter ist, kann derselbe Wandel auch auf jedem anderen Gebiet erzielt werden. Das für die Lösung aller Probleme gültige Prinzip ist überall anwendbar: in der Schule, in der Gesellschaft, in der Industrie, in der Wirtschaft im allgemeinen und in der Politik. Es gründet sich auf veränderten Beziehungen zwischen Gruppen und im zwischenmenschlichen Bereich. Meine Ratschläge sind meist konkret. Sie beziehen sich auf grundlegende menschliche Beziehungen und versuchen Übereinstimmung an die Stelle des Kampfes von allen gegen alle zu setzen.

Das hat nichts mit Wunschdenken zu tun; ich habe beobachtet, wie und daß es wirkt. Aber es heißt natürlich nicht, daß eine sofortige Lösung für alle Konflikte gefunden werden kann. Oft ist eine schnelle Wandlung tatsächlich möglich. In anderen Fällen sind immer erneute Bemühungen notwendig, um eine Besserung der Verhältnisse herbeizuführen. Aber selbst dann weiß man wenigstens, was getan werden muß, was nicht getan werden darf, und man kann mit Geduld vorgehen.

Die vier Möglichkeiten, eine Lösung zu finden

Wir haben uns in diesem Buch immer wieder damit beschäftigt, wie Konflikte praktisch beizulegen sind. Es scheint mir deshalb ratsam, hier die wesentlichsten Methoden zusammenzufassen. Kein Rat, kein Vorschlag ist von Nutzen, wenn der Leser ihn nicht in seiner vollen Bedeutung erfaßt und den Willen hat, ihn anzuwenden. Je praktischer und konkreter ein Ratschlag ist, desto mehr ist er von Nutzen. Konflikte gibt es, sobald Menschen zusammenleben. Sie sind sich nicht einig, ihre Interessen stoßen zusammen; ihre Meinungen sind verschieden. In früheren Zeiten waren solche Konflikte relativ leicht zu beheben. Der Mensch, der die Oberhand und die Entscheidungsmacht hatte, bestimmte, und der Schwächere hatte sich anzupassen. Solange wir von einer Zivilisation sprechen können, löste man Probleme auf diese Art. Sobald sich die Menschen aber gleichwertig fühlten – vor allem nach dem Ende des Zweiten Weltkriegs – weigerten sie sich, sich dem Diktat anderer zu fügen. Jeder der noch versucht, anderen seinen Willen aufzuzwingen, unterliegt heute oder erringt bestenfalls einen *zeitweiligen* Sieg. Unglücklicherweise sind sich die meisten Menschen nicht darüber klar.

Vier Schritte *müssen* getan werden, wenn man Probleme zu lösen sucht. Was ich nun vorschlage, wird auf den ersten Blick unmöglich erscheinen. Tatsächlich ist aber jeder dieser vier Schritte sehr viel leichter, als man zunächst annimmt.

1. Konflikte können nur beigelegt werden, *wenn einer den anderen achtet.*

2. Um Konflikte zu lösen, müssen wir *genau feststellen,* was der eigentlich springende Punkt ist, der auf den ersten Blick oft gar nicht in Erscheinung tritt.

3. Konflikte können nur durch *die Übereinstimmung aller* beigelegt werden.

4. Die Basis eines gemeinsamen Vorgehens kann nur erreicht werden, wenn *beiden oder allen Parteien sowohl Verantwortlichkeit als Teilnahme an den zu fällenden Entscheidungen zuerkannt wird.*

Der wesentliche Faktor ist dabei, daß klar erkannt wird, was *wir* (kollektiv oder als einzelne) tun können.

Gegenseitiger Respekt

Es ist nicht leicht, sich vor Augen zu stellen, daß Gegner in einer schweren Konfliktsituation imstande sind, Achtung voreinander zu haben. Niemand erwartet oder verlangt, daß ein Gegner ihm Respekt erweist; aber man kann sehr viel tun, um die Achtung des Gegners zu gewinnen. Wir haben die Pflicht, unseren Gegner und uns selbst zu achten. Wenn ich nur meinen Opponenten, nicht aber mich selbst respektiere, werde ich mißachtet und mißbraucht. Und wenn ich meinen Opponenten nicht achte, nehme ich ihm das Recht auf Achtung, gleichgültig was er tut oder ist. Das ist die Feuerprobe sozialer Gleichheit. Wir können sofort versuchen, nachzugeben oder zu kämpfen. Gandhi und Martin Luther King zeigten die Macht des gewaltlosen Widerstands. Jeder einzelne kann kämpfen oder sich weigern zu kämpfen. Aber der heutige Mensch ist nicht bereit, den Kampf aufzugeben oder sich einzugestehen, daß man nicht unbedingt auf Druck reagieren muß.

Der Grund, weshalb wir den Kampf fortsetzen, oder zögern nachzugeben, ist einfach: es ist die herkömmliche Form, einen Konflikt zu lösen. Wir glauben tatsächlich, daß wir nur durch Macht vorankommen können. Das lernen wir schon in unserer frühesten Kindheit, in der wir der Macht der Erwachsenen ausgesetzt sind, und zwar durch die Strafe, die man als einziges Mittel betrachtet, schlechtes Benehmen zu berichtigen. Solange Vergeltungsmaßnahmen in Familie und Schule bestimmen, wird jede neue Generation an der Überzeugung festhalten, daß Macht das einzig Gültige ist.

Müssen Interessen- und Meinungsgegensätze unbedingt zu Kampf und Wettstreit führen? Gewiß nicht. Gegensätzliche Ideen an sich rufen keine Feindseligkeiten hervor. Ein Mensch, dessen Überzeugungen unseren Ansichten widersprechen, muß keineswegs unser Feind sein. Er wird nur dann zum Feind, wenn sich ein Kampf um Macht und Überlegenheit entwickelt. Und solche Kämpfe entstehen oft aus Furcht – aus der Furcht vor der Niederlage, aus der Furcht, jede Chance zu verlieren, mißachtet und ausgeschlossen zu werden. Meinungsverschiedenheit kann auch zu Fortschritt, zu einer Bereicherung an Lösungsmöglichkeiten führen. Fortschritt entsteht aus einem dialektischen Prozeß, in dem These und Antithese zur Synthese führen. Ohne solch einen Gegensatz der Meinungen und Bedürfnisse käme es zu keinem Fortschritt. In einem Einparteienstaat ist kein politischer Fortschritt möglich. Auch ein demokratisches Leben ist dann nicht möglich, da Demokratie Alternativen braucht, zwischen denen sie wählen kann.

Man behauptet, der dialektische Prozeß Hegels sei ein Kennzeichen des Marxismus. Man muß aber nicht Marxist sein, um Hegels Definition des Fortschritts zu bejahen. Der dialektische Materialismus der Marxisten ist nur ein Seitenzweig des allgemeinen dialektischen Fortschritts Hegelscher Provenienz.

Die erste Vorbedingung, die dem Menschen gestellt ist, wenn er aus der Verschiedenheit Nutzen ziehen soll, ist die *Bereitschaft zuzuhören*. In unserer Konkurrenzgesellschaft hört niemand zu. Sobald ein Mensch etwas sagt, mit dem wir nicht übereinstimmen, kommt es zu erhitzten Erörterungen. Wir fühlen uns geradezu verpflichtet, Einwände zu erheben. Aber das führt zu gar nichts. Ehe wir zu einem konstruktiven Ergebnis der Meinungs- und Interessenkonflikte zu kommen vermögen, müssen wir willens sein zuzuhören. In demokratischen Transaktionen hat jeder das Recht, seine Meinung zu äußern, gleichzeitig aber auch die Pflicht, die anderen anzuhören. Das bedeutet nicht, daß wir zur Rolle des ewigen Zuhörers verdammt sind; das wäre eine Unterwerfung. Wir haben auch das Recht, unseren eigenen Gedanken Ausdruck zu geben.

Die Klärung des Streitpunktes

Wenn wir gegenüber den Meinungen anderer hellhörig werden, erkennen wir leichter, um was es unserem »Gegner« im Grunde geht. Die fundamentale Ursache eines Konfliktes wird im allgemeinen weder erkannt, noch verfährt man entsprechend. Bei Kindern in ihrer frühen Entwicklungsphase finden wir meist, wenn sie sich schlecht benehmen, vier Ziele – das Verlangen nach Beachtung, nach Macht, Vergeltung oder das Bedürfnis, sich in sich selbst zurückzuziehen. Wenn ein Kind also unartig ist, sollten die Eltern nicht versuchen, es zu einem besseren Benehmen zu bringen. Das ist häufig auch nicht möglich. Sie sollten statt dessen versuchen, das Ziel – die Absicht – des Kindes zu verstehen, und ihm helfen, ein anderes zu wählen. Dann wird es sich besser benehmen. Es ist zum Beispiel nicht allzu wichtig, wie ein Kind angezogen ist, wann es heimkommt – alles, was so oft zu Meinungsverschiedenheiten zwischen Eltern und Kindern führt, ist kaum wesentlich. Es sind die wirklichen Ursachen des Konflikts, die für die Eltern und das Kind der springende Punkt sind.

Dasselbe gilt beinah für jede Lage. Ein Mann kommt zum Beispiel nach einem anstrengenden Arbeitstag im Büro nach Hause. Er möchte sich ausruhen, allein gelassen werden, lesen, fernsehen. Seine Frau aber war den ganzen Tag daheim bei den Kindern. Sie möchte einen Film sehen, einmal ausgehen, alles hinter sich lassen. Solange sie einander vertrauen und achten, solange also ihr Verhältnis gut ist, wird es nicht zu ernstlichen Problemen kommen. Entweder sagt der Mann, er sei zwar müde, aber es könne nicht schaden, wenn er sich einen Film ansehe, oder sie schlägt vor, »Gut, dann kann ich vielleicht mit einer Freundin gehen«. Wenn aber ihre gegenseitigen Beziehungen nicht zum besten stehen, reagieren sie vollkommen anders auf diesen Konflikt der Interessen. Er fühlt sich überfordert, und sie vernachlässigt. Es kommt vielleicht zu einem langen Streit darüber, ob sie ausgehen sollen oder nicht, der strittige Punkt ist aber gar nicht das Ausgehen.

Auch in Auseinandersetzungen zwischen Arbeitgeber und Arbeitnehmer verdunkelt die Frage der *Rechte* oft die wahren Schwierigkeiten. Da die Vermittler meist das Augenmerk allein auf die Rechte der Gegner richten, kann der Konflikt nicht wahrhaft beigelegt werden. Man erreicht sogenannte Kompromisse, aber jede der Parteien gürtet sich danach zu neuem Kampf. Oft sind die Vereinbarungen moralisch nicht ganz reinlich. Wenn man sich mit einem

Kaufmann über eine Erwerbung einigt, später aber nachweisen kann, daß man getäuscht oder unter Druck gesetzt wurde, kann das Übereinkommen annulliert werden. Aber Verträge zwischen Arbeitnehmer und Arbeitgeber werden oft geschlossen, weil die eine oder andere Seite imstande war, einen Druck auszuüben. Es ist nicht allzu erstaunlich, daß unter solchen Umständen Feindseligkeit und Mißtrauen weiterbestehen. Lohnfragen und das Aushandeln spezieller Vergünstigungen sind oft nur der Ausdruck tiefliegender Feindseligkeiten.

Nach meiner Erfahrung ist es die *Haltung* der Gegner, die das Ergebnis bestimmt. Legal fundierte Vermittlungsversuche zwischen Arbeitnehmer und Arbeitgeber können nur zu zeitlich begrenzten Übereinstimmungen führen.

Das Erreichen einer Übereinkunft

Das Bemühen darum ist entschieden der wichtigste der vier Schritte. Auf den ersten Blick scheint es kaum glaubhaft, daß eine Übereinstimmung zwischen Gegnern herbeigeführt werden kann. Die Schwierigkeit, diese Forderung zu verstehen, liegt darin, daß zwei fundamentale Begriffe mißverstanden werden, die einer vollkommen neuen Interpretation bedürfen. Wir sprechen über ein gestörtes Verhältnis, das zum »Kommunikationsschwund« oder einem »Mangel an Kooperation« führe. Es handelt sich aber um keines von beidem.

Wir können mit niemandem kämpfen, ohne ihm zuerst unseren Wunsch danach suggeriert zu haben; selbst in diesem Fall »arbeiten die Gegner zusammen«. Eric Berne macht in seinem Buch »The Games People Play« klar, daß jedes Spiel ein Übereinkommen der Gegner fordert. Sobald eine Spielregel mißverstanden wird, berichtigt man den Irrtum. Es ist oft erstaunlich, wie koordiniert jede Machenschaft der Spieler ist, von denen jeder zu beweisen sucht, daß der andere unrecht hat.

Nehmen Sie zum Beispiel den Fall, in dem ein kleines Mädchen auf dem Gehweg einer ruhigen Straße spielt. Die Mutter tritt an ein

Fenster im dritten Stock und ruft, während ein Passant vorbeigeht: »Marie, komm herauf. Das Essen ist fertig.« Es geschieht indessen nichts, und der Vorübergehende sieht sich neugierig um und wartet, was nun kommt. Nach wenigen Minuten erscheint die Frau wieder am Fenster und ruft: »Marie, komm herauf. Das Essen ist fertig.« Wieder erfolgt nichts. Nachdem die Mutter dreimal nach dem kleinen Mädchen gerufen hat, fragt der Passant es: »Heißt du Marie? Das kleine Mädchen sagt: »Ja, ich heiße Marie.« »Und war das eben deine Mutter?« »Oh, Ja.« »Hast du sie gehört?« »Ja, freilich.« »Warum bist du nicht hinaufgegangen?« »Weil sie noch nicht geschrien hat.«

Das ist ein Beispiel vollkommener Kooperation. Die Mutter und Marie wissen beide genau, daß sie erst kommt und kommen soll, wenn die Mutter schreit. Wäre Marie sofort gekommen, hätte sie alle stillschweigenden Übereinkünfte gebrochen, und die Mutter hätte sich vermutlich Sorgen darüber gemacht, ob das Kind krank sei.

Wir müssen uns klar machen, daß innerhalb *jeder* Beziehung volle Kooperation und volle Kommunikation stattfinden. Man kann die Bezeichnungen nicht unbedingt im positiven oder negativen Sinn anwenden. Wenn wir diesen Umstand erkennen und bejahen, kann sich eine vollkommene Wandlung in unserer Haltung und unserem Benehmen vollziehen.

Überlegen wir uns einmal, um was es bei einem Dialog geht. Wenn man nur die Rolle eines Schauspielers abliest, die des anderen aber nicht, ist der Dialog sinnlos. Er hat nur dann einen Sinn, wenn wir beide Teile lesen. Unglücklicherweise kennen wir alle nur die Worte, die unser Gegner spricht. Wie kann er so selbstlos, so ungerecht sein? Wir überschauen die Rolle, die wir spielen, nie vollkommen. Wenn wir die Beschwerde einer Mutter, eines Ehemannes, eines Chefs oder eines Arbeiters hören, sollten wir immer fragen: »Und was haben Sie in der Sache getan?« Nur wenn wir hören, wie sie sich verhielten, ist das Benehmen ihres Partners oder Gegners leicht zu erkennen. *Wenn wir unsere Rolle ändern, muß unser Gegner seine Rolle ebenfalls aufgeben.* Das ist das Geheimnis unserer Macht und die Quelle unserer Schwierigkeiten. Wenn wir uns über »ihn«

oder »sie« beklagen, bellen wir den falschen Baum an. Es gelingt uns nicht, *unsere* Rolle und unsere Fähigkeit zu erkennen, die Lage zu ändern. Wir sind in jedem Konflikt nicht das Opfer, sondern der Handelnde.

Wenn ein Mensch nur daran denkt, was *der andere* tun müßte, ist er auf dem falschen Weg. Er möchte »ihn« ändern, hat aber nicht die Macht dazu. Der einzige Mensch, den er wandeln kann, ist er selbst. Aber diese Wandlung beeinflußt auch die Menschen seiner Umgebung. Wenn ein Mensch daran zu denken beginnt, was *er* tun könnte, ist ihm jede Möglichkeit gegeben.

Wir können mit einem Tyrannen fertig werden, wenn wir richtig vorgehen. Wir müssen nur das Gegenteil dessen tun, wozu wir eigentlich geneigt sind. Statt ihm zu sagen, daß er Unrecht habe, und ihm am Ende doch nachzugeben, können wir ihm zugestehen, daß etwas an seiner Meinung ist, und dann tun, was wir für richtig halten. Wenn er uns wieder kritisiert, können wir ihm noch einmal zugestehen, daß er vielleicht recht hat. Er kann uns nämlich nicht besiegen, wenn wir uns weder auf eine Diskussion einlassen, noch nachgeben. Wenn wir uns dann nicht vor ihm fürchten, verliert er seine Macht über uns.

Wenn wir uns nicht mehr einbilden, arme Opfer zu sein, können wir unglaubliche Kraft entwickeln. Es ist nur dann möglich, in vollem Umfang Einfluß auszuüben. Wir können den anderen ermutigen, wir können fest bleiben, uns mit unserem Gegner zusammensetzen und diskutieren – dabei sollten wir nur durchaus wissen, *wie* und was wir zu reden haben.

Mehrere Geschäftsführer eines Betriebes beklagten sich, wie unvernünftig die Arbeiter sich verhielten. Keiner von ihnen hatte die mindeste Vorstellung davon, wie er die Angestellten provozierte. Einer der Geschäftsführer kam auf den Gedanken, seine Schwierigkeiten einmal anderen darzulegen. Die Arbeiter stellten, von ihrer Gewerkschaft unterstützt, eine Forderung, der er schlechthin nicht nachkommen konnte. Er stand vor derselben Krise, wenn er nachgab, oder wenn er einen Streik herausforderte. Man schlug ihm vor, sich mit seinen Leuten zusammenzusetzen und die Lage offen zu besprechen. Er wandte ein, er habe stundenlang ohne jeden

Erfolg mit ihnen geredet. Man wies ihn darauf hin, daß er vermutlich mit ihnen argumentiert und ihnen ihr Unrecht dargelegt habe, worauf sie natürlich widersprochen hätten. Er sollte sich lieber mit ihnen zusammensetzen und die Beschwerden anhören, wegen deren sie streiken wollten. Danach könne er ihnen seine eigenen Schwierigkeiten klarmachen. Das überzeugte ihn aber nicht; sie waren nach seiner Meinung so unsagbar unvernünftig.

Aber in der nächsten Woche berichtete er mit dem größten Erstaunen, daß es tatsächlich geklappt habe. Er hatte das Problem freundlich mit den Angestellten besprochen, war auf sie eingegangen, und sie waren überraschenderweise zu einem Übereinkommen gelangt. Als er aus dem Konferenzzimmer kam, fragte ihn seine Sekretärin, wieviel Zugeständnisse er gemacht habe. Er antwortete: »Gar keine!« Warum sie auf den Gedanken gekommen sei? Sie sagte, alle hätten beim Verlassen des Raumes gelächelt. Tatsächlich waren beide Parteien froh, daß der Streik vermieden war. Es ist nicht nötig, einen »Sieg« zu erringen, um zu einem Gefühl der Befriedigung zu gelangen.

Der Betriebsleiter war imstande, Mittel zur Lösung des Konfliktes zu finden, ohne zu kämpfen oder nachzugeben, weil er seine beschuldigende Haltung und sein Gefühl, in dieser Sache nur der Leidtragende zu sein, aufgegeben hatte. Und sobald er die kämpferische Haltung aufgegeben hatte, legten auch die Arbeiter den Kampf nieder.

Viele Menschen fragen sich, wie ein gegenseitiges Übereinkommen *herzustellen* sei. Wir brauchen es aber gar nicht erst »herbeiführen«; *es ist, was immer wir tun, schon vorhanden.*

Gemeinsame Verantwortlichkeit

In einer Konfliktsituation hat man den Eindruck, einem Gegner gegenüberzustehen, der die Ursache des ganzen Problems ist. Aber alle Konflikte beruhen auf einem *gemeinsamen* Problem. Wir haben gesehen, daß man eine Lage ganz einfach dadurch ändern kann, daß man anders reagiert. Aber nun müssen wir einen Schritt weitergehen. Wir müssen mit unserem »Gegner« nicht nur die Verantwortlichkeit teilen, eine Lösung zu finden, sondern auch die Übereinstimmung aufrechtzuerhalten. Selbst wenn die Gegenseite nicht willens ist, auf eine Lösung hinzuarbeiten, sollten wir selbst unsere dahingehenden Bemühungen nicht aufgeben, und vor allem vermeiden, daß der Konflikt sich zuspitzt. Der Druck der Situation kann in vielen Fällen den Gegner mißtrauisch machen, und ihn bezweifeln lassen, daß unsere Einstellung und unsere Absichten tatsächlich gut sind. Die Weigerung, den guten Willen des anderen zu akzeptieren, zeigt sich meist bei den schwierigsten Konflikten, den Konflikten zwischen Gruppen. Wir stehen dabei oft Menschen gegenüber, mit denen man in der Familie, der Schule, an der Arbeitsstätte Kontakt erlangen kann. Das Angebot, die Verantwortung zu teilen, kann zunächst wegen eines überlieferten Mißtrauens abgelehnt werden. Wenn der gutwillige Partner aber seine Einstellung aufrecht erhält, können am Ende beide Teile zusammenhelfen, das gemeinsame Ziel zu erreichen.

Zusammenarbeit bei Entscheidungen und gemeinsame Verantwortung kann vor allem durch Gruppendiskussionen erreicht werden. Die Familie zum Beispiel braucht einmal in der Woche eine Familienberatung, bei der alle, auch die ganz Jungen, sich aussprechen, aufeinander hören und unter Umständen die Lösung gemeinsamer Probleme finden können. Für den Lehrer ist eine wöchentliche Klassendiskussion notwendig. Betriebsleiter haben ähnliche Besprechungen eingerichtet, aber es gibt noch keine allgemeinen Diskussionen zwischen Heranwachsenden und Erwachsenen oder zwischen Weißen und Schwarzen.

Alle Gruppendiskussionen – Gruppentherapie, Gruppenberatung, T-Groups, Sensitivity Training, Encounter Groups – haben eine bestimmte, ihnen allen gemeinsame Atmosphäre. Jeder kann sich geben, wie er ist, wie er im allgemeinen handelt und empfindet, ohne Status zu verlieren. Daß es so rasch immer mehr solcher Gruppen gibt, ist nicht nur dem Bedürfnis der Menschen zuzuschreiben, sich selbst und die anderen zu verstehen. Diese Gruppen sind die Vorboten eines demokratischen Zusammenlebens, in dem der einzelne nicht mehr fürchtet, »das Gesicht zu verlieren«. Verstört, unzulänglich zu sein oder sich in Not zu befinden, erniedrigt hier nicht. (Die Anonymen Alkoholiker waren vielleicht die erste gesellschaftlich akzeptierte Gruppe, in der die Zugehörigkeit nicht von bestimmten Leistungen und Stiftungen abhängig war, sondern dem offenen Eingeständnis, daß man Trinker sei.)

Trotzdem heute Gruppenmethoden und -aktivitäten allgemein eingeführt sind, wird häufig eine Voraussetzung übersehen. Jede Gruppe braucht einen *Leiter,* wenn Ergebnisse erreicht werden sollen. Kurt Lewin demonstrierte die Bedeutung des Leiters innerhalb einer Demokratie, ohne den konstruktive Gruppenaktivitäten nicht denkbar sind. Solch ein Führen ist mehr als die Leitung einer Diskussion. Der demokratische Leiter muß imstande sein, gegensätzliche Interessen und Meinungen zu schlichten, und die Übereinkunft zu erreichen, ohne die ein demokratisches Leben nicht zu verwirklichen ist. Die wichtigste Aufgabe unseres geschichtlichen Augenblicks ist die Ausbildung kompetenter Führer, die der Gruppe nicht ihre eigenen Ideen aufdrängen, sondern ihren Anhängern helfen, Ideen zu entwickeln und Mittel zu finden, mit denen man ein Übereinkommen erreichen kann.

Alle Eltern und Lehrer bedürfen in dieser Hinsicht einer Schulung, wenn sie ihren Einfluß auf die Jugend wiedergewinnen wollen. Eine Leitung ist vor allem dann nötig, wenn es zu einer gesunden Diskussion zwischen feindlichen Gruppen kommen soll. Ohne Leitung wären solche Auseinandersetzungen gar nicht möglich, und wenn es doch dazu käme, würden sie nur zu neuen Argumenten und verstärkter Feindseligkeit führen. Wir gehen unvermeidlich auf einen Zusammenstoß zu, wenn – vor allem in Krisensituationen – kein Leiter vorhanden ist. Es ist eine Voraussetzung für das Ende von Feindseligkeiten und die Verhinderung ihrer Wiederaufnahme, daß er zur Verfügung steht.

Wir brauchen Menschen, die zur Lösung der Jugendprobleme beitragen, die auf die Vorstellungen Jugendlicher, ihre Haltung und vor allem ihre Wertmaßstäbe einwirken. Werte können nur durch Gruppendiskussionen wirklich gewandelt werden, denn die Gruppe ist die wesentliche wertformende Einheit. Der geschulte Leiter, der imstande ist, die Gruppe wirksam einzusetzen, kann die innere Haltung und die Werte der jungen Menschen ändern. Es wird vermutlich überall – vor allem bei den Jungen, aber auch bei den Erwachsenen – empfunden, daß man zu neuen Werten gelangen muß. Der Träger solch einer Wandlung ist die Religion, denn sie befaßt sich mit den grundlegenden Werten des Lebens.

VIERZEHNTES KAPITEL

Die Wirkung der Religion

Der Mensch kann das Leben nicht allein bestehen. Er kann nur dann handeln und seiner Kraft vertrauen, *wenn er einer Gruppe angehört*. Die Gemeinschaft ist das Medium seines Daseins. Nur wenn er ein Teil der Gemeinschaft ist, können seine wesentlichen Bedürfnisse erfüllt werden. Dazu aber braucht er emotionale Stimulation und Reaktion.

Die emotionale Stimulierung, die das Beste im Menschen weckt, wird oft »spirituell« genannt. Man wählt diese Bezeichnung nicht nur, wenn es sich um religiöse, sondern auch höhere intellektuelle und moralische Motivationen handelte, deren der Mensch fähig ist.

Die Religion war in der ganzen Geschichte der Menschheit das wirksamste Mittel zur Befriedigung seiner spirituellen Bedürfnisse. Der Mensch suchte und fand das stärkste Gefühl der Bindung und Zugehörigkeit in seinem religiösen Erleben. Durch die Religion war es ihm möglich, sich über die Nöte des täglichen Lebens zu erheben und eine größere Lebensperspektive zu gewinnen. Die Religion hat jahrhundertelang die inneren Bedürfnisse des Menschen befriedigt.

Aber sie hat auch innerhalb der Gemeinschaft eine nicht zu unterschätzende Funktion. Die Gesellschaft suchte seit den frühesten Zeiten, in denen sie sich bildete, eine Haltung ihrer Mitglieder zu entwickeln, die den sozialen Bedürfnissen entsprach. Jede Gruppe hat ihre eigenen, selbstgebildeten Überlieferungen und Maßstäbe. Soziale Gebote und Verbote zu akzeptieren ist ein unabdingbarer Faktor des Gemeinschaftslebens. Religiöse Verbote wirken in den meisten Gesellschaftsformen auf das Denken und Handeln ein. Religiöse Rituale wecken die menschlichen Empfindungen und schließen die einzelnen zu einer Gruppe zusammen.

Heute neigt die zivilisierte Gesellschaft dazu, die Menschen zu automatisieren, den einen in unaufhörlichem Wettkampf dem anderen gegenüberzustellen. In diesem Zusammenhang gewinnt die

Religion eine spezielle Bedeutung. Aber organisierte Religionsge-
meinschaften sind oft nicht imstande, den intellektuellen Gehalt,
das Ritual und die spirituellen Symbole zu vermitteln, die den Bedürfnissen der Demokratie und ihrem Streben nach Gleichheit entsprechen. Daß die Rebellen gegen das westliche Establishment sich
häufig in ihrer Suche nach einem Gemeinschaftsgefühl und nach
Glück östlichen Religionen zuwenden, zeigt das Bedürfnis nach
einer neuen religiösen Erfahrung.

Gespräche über Religion stehen heute innerhalb der Religionen im
Mittelpunkt. Die meisten Definitionen von Religion reflektieren
nur die Ansicht einer bestimmten Glaubensform – in der westli-
chen Welt also des Christentums. Infolgedessen schließen solche
Definitionen die weiteren Aspekte religiösen Erlebens nicht ein.
Da die Religion bei jeder kulturellen Wandlung eine Gehalt- und
Bedeutungsänderung erfährt, kann uns ein historischer Rückblick
vielleicht dabei helfen, ihre wesentlichen Funktionen zu erkennen.
Die Religion der primitiven Kulturen trug mystische Züge. Da
diese Kulturen in höchstem Grade kollektiv waren, war auch ihre
Religion kollektiv. Der Einzelmensch war eng mit seiner Lebens-
gruppe verbunden, und seine Gläubigkeit entsprang einem Clan-
und Stammesbewußtsein. Sie hatte keinen Raum für einen individuellen Gott, da das Individuelle als solches noch gar nicht erkannt
und der Einzelmensch als Teil der Gruppe betrachtet wurde. Als
der Stammeskollektivismus an Macht verlor, und das Individuum
sich als isolierter Bestandteil der heterogenen Sozialstruktur ab-
zeichnete, gelangten gleichzeitig individuelle Gottheiten zur Herrschaft. Im Gegensatz zum Mystizismus der primitiven Völker entwickelte sich nun eine deistische Religion und ein höchst individuel-
les religiöses Erleben [1].

Im Glauben der primitiven Völker spielten die Naturkräfte eine vorherrschende Rolle; dasselbe gilt für die Religion der frühen Kultur-
perioden. Danach verlagerte sich die Bedeutung auf soziale Pro-

---

[1] Diese Schilderung der religiösen Entwicklung erinnert an die Evolutionstheo-
rien, vor allem an die von Alfred Bertholet in seinem Buch *Kultur und Religion,*
Göttingen 1924.

bleme. Innerhalb der griechischen Kultur, vor allem durch den Einfluß des orphischen Mysterienkults, konzentrierte sich das religiöse Leben auf den Begriff der individuellen Sünde und Buße. Die Vorstellung, daß der Mensch als einzelner ein Verhältnis zur Gottheit gewinnen könne, war teilweise der abnehmenden Staatsmacht der späten hellenistischen Periode zuzuschreiben. Die einzelnen Götter benahmen sich beinahe wie die einzelnen Menschen innerhalb der Gemeinschaft. Das Streben ging nach einer alles umfassenden Macht innerhalb der Gemeinschaft, die Gesellschaftsform bewegte sich auf die Autokratie zu, und dasselbe taten ihre Götter. Ein Gott erlangte den Sieg über seine Rivalen, wie der stärkste Herrscher im Verband der Staaten. Der von den Juden geschaffene Monotheismus mit seiner Betonung von Ordnung und Gerechtigkeit wurde in einer durch Macht zu gewinnenden Herrschaftsstruktur die am weitesten verbreitete religiöse Vorstellung. Danach wandte man sich von dem fruchtlosen Kampf um Macht und Überlegenheit ab und demokratische Tendenzen nahmen zu. Die griechischen Stoiker formulierten unter dem Einfluß des frühen Buddhismus die Idee der fundamentalen Gleichheit der Menschen. Im Westen waren sie die ersten Gründer einer Religion, die wir »modern« nennen können. Zeus wurde seiner »göttlichen« Natur beraubt und mit der universalen, imminenten »Vernunft« oder dem Logos identifiziert. Im Pantheismus der Stoiker gab es keine Götter und keinen Wunderglauben.

Auch der Buddhismus lehnte die Metaphysik der Brahmanen ab und war in seiner ursprünglichen Form »atheistisch«. Die »Regression« des Buddhismus von einer reinen Lebensordnung, seine Entwicklung zu übersinnlichen Inhalten kennzeichnet die Gläubigkeit am Ende des Altertums. Auch beim Christentum ist eine ähnliche Entwicklung zu beobachten. Die frühen Christen glaubten an die Gleichheit der Menschen und praktizierten sie.

Der Heiland war ein Mann, ein Lehrer, ein menschliches Wesen. Die ersten demokratischen Tendenzen in der Religion korrespondierten mit dem Beginn einer Entwicklung zur Demokratie innerhalb der Gesellschaft, aber die Entwicklung endete mit dem Zusammenbruch des römischen Reiches. Die Gesellschaft verwandelte sich wieder in eine autoritäre Feudalgesellschaft. (Es ist nicht uninteressant, daß auch Buddha in der Spätperiode des Buddhismus von seinen Jüngern als Gottessohn verehrt wurde.) Die Humanisten der Renaissance lehnten das mittelalterliche Vertrauen auf die Autorität und die Unterwerfung der Vernunft unter die moralische Macht ab. Sie versuchten die Autonomie der Vernunft gegenüber der Autonomie von Büchern und Institutionen zu verteidigen. Man war davon überzeugt, daß die Vernunft alle Formen und Inhalte der Wahrheit, auch die der Religion und Moral, umschließe. Das Dogma der Erbsünde wurde verneint.

Als die Gesellschaft die Autokratie ablehnte und an ihre Stelle die Verbindung gleichwertiger Menschen zu setzen begann, war auch die Herrschaft Gottes als eines Symbols der höchsten Macht, unter deren Schutz die Rechte der irdischen Fürsten standen, in Frage gestellt. Der Mensch, der nun seine eigene Würde empfand, setzte nicht nur Könige, Kaiser und Tyrannen ab, sondern auch die geistliche Aristokratie. Millionen verloren ihren Glauben an einen persönlichen Gott. Wieder fiel also die Rebellion gegen das Übersinnliche mit der Entwicklung zur Demokratie zusammen. Als der Einfluß der Religion sich verringerte, entbehrten manche ihre Führung und Unterweisung. Sie wandten sich Gruppenbewegungen zu, die ihnen Anregung und Leitung vermittelten. Nationalismus und politische oder ideologische Bestrebungen verschiedener Art ersetzten die Kirchengläubigkeit und gaben neue Impulse zu Hingabe, Zusammenschluß und Integration. Aber die meisten dieser Bewegungen scheiterten am Ende, weil sie ihr Entstehen einer Spaltung verdankten. Keine Ideologie vermochte bisher innerhalb unserer Kulturperiode eine umfassende – auch für das tägliche Leben geltende – Philosophie zu schaffen.

Die demokratische Religion

Demokratie stellt die Existenz des Übersinnlichen in Frage, das will aber nicht heißen, daß sie die Religion ablehnt. Die »spirituellen Bedürfnisse« des Menschen gründen sich nicht auf das Vorhandensein übernatürlicher Mächte. Der Mensch bedarf noch immer einer Orientierung, die den einzelnen einerseits aus seiner Isolation im Alltagsleben hebt und ihm höhere Werte vermittelt und der Gemeinschaft andererseits Begriffe und Perspektiven, neue Sitten und Wertmaßstäbe gibt. Jede kulturelle Periode der Vergangenheit fand die ihr entsprechende Religion; man kann mit einiger Sicherheit annehmen, daß auch die Demokratie zu dem ihrer Lebensform angepaßten religiösen Ausdruck gelangen wird. Gewiß, diese neue universelle Religion existiert bisher noch nicht, und niemand kann vorhersagen, wie sie aussehen wird. Aber bestimmte Aspekte des Glaubens innerhalb einer demokratischen Welt beginnen sich abzuzeichnen.

Es wird eine humanistische Religion sein, deren Mittelpunkt nicht Gott, sondern der Mensch ist. Die Vorstellung eines persönlichen Gottes, einer Macht außerhalb unseres natürlichen Seins, übersinnlicher Kräfte passen nicht zu unserer neuen Lebensweise. Sie ist auch für den einzelnen Menschen, der sich seiner Unabhängigkeit, seines Rechts auf Selbstbestimmung, seiner Stärke und der ihm innewohnenden Kraft bewußt ist, nicht akzeptabel. *Die Wahrheit dieser Religion wird sich auf Erfahrung gründen.* Sie wird sich völlig von der Wahrheit unterscheiden, die frühere Generationen und Kulturen suchten. Von »absoluter Wahrheit« und wissenschaftlichen Versuchen, das Wahre zu »entdecken«, kann nicht mehr die Rede sein. Wir können uns der Wahrheit nur nähern, und an die Stelle der absoluten wird nun die relative Wahrheit treten.

Die Forderungen der neuen Religion werden neue Sittengesetze schaffen. Während die neuen Werte der demokratischen Evolution allmählich entstehen, werden viele geheiligten alten Vorstellungen zerfallen. Die Wandlung unseres Verhaltens wird sich in der Struktur unserer sittlichen Werte spiegeln. Persönlicher Ehrgeiz, Rechtschaffenheit, Pflichtgefühl, Vollkommenheitsstreben und ähnliche Eigenschaften, die in unserer heutigen Gesellschatt noch gefordert und hochgeschätzt werden, genügen dann nicht mehr, um freien Menschen ihr Bestes abzuverlangen. Diese Werte verwandeln sich immer häufiger zu Ursachen des Mißlingens und der Unzulänglichkeit. Es ist nicht mehr genug, ein guter und erfolgreicher Mensch zu sein. Um die Erfüllung des eigenen Seins zu finden, in Frieden und Harmonie mit seinen Mitmenschen und sich selbst zu leben, wird man überlieferte Regeln nicht unerheblich ändern müssen. Wir brauchen statt Ehrgeiz Enthusiasmus, statt bewußter Rechtschaffenheit Freundlichkeit und Verständnis, statt Pflichtgefühl Zugehörigkeitsempfinden, Entscheidungskraft und Teilnahme. Anpassung wird nie genug sein, um Verbesserungen zu schaffen. Der Mut zur Unvollkommenheit wird sich als zuträglicher und nützlicher erweisen als das konzentrierte Streben nach Vollkommenheit.

Der neue Glaube wird neue Symbole hervorbringen. Der größte Mangel des heutigen Humanismus ist vielleicht, daß es ihm mißlang, wirksame und allgemein akzeptierbare Symbole zu schaffen. Symbole rufen spezifische persönliche Haltungen hervor. Sie überzeugen rascher als intensivstes Überreden und Motivation. Sie wecken in denen, die sie akzeptieren, beinahe automatische Reaktionen. Symbole müssen nicht eigens erklärt werden, denn sie werden verstanden. Sie sind für Gruppenbildungen und Gruppenbewegungen unerläßlich. Jede neue Religion muß Symbole schaffen, denn ohne sie kann sie nie zu einer sozialen Macht werden. Es liegt nahe, danach zu fragen, wie diese neuen Symbole aussehen werden. Aber wir können ziemlich sicher sein, daß eine grundlegende Vorstellung der orthodoxen Religionen – die der Sünde – nicht mehr vorhanden sein wird. Die Sünde ist die Verkörperung allen Übels, all dessen, was der Mensch meiden muß. Aber der Begriff der Sünde fordert Autorität, Obrigkeit, die entscheidet, was Sünde ist. Sünde ist innerhalb eines demokratischen Gemeinschaftslebens ein Atavismus. Menschen benehmen sich nicht schlecht, weil sie von Natur böse sind, sondern weil sie fehlgeleitet sind. Sie sind nicht böse, sondern entmutigt. Sie brauchen Hilfe, Verständnis, unter Umständen Behandlung, nicht Verdammung und Strafe. Strafe als Korrektivmaßnahme hat in der Ära der Demokratie ihre Wirkung verloren, denn in ihr kann nicht einmal ein kleines Kind *gezwungen* werden, sich korrekt zu benehmen.

Die Furcht vor Strafe war ein wesentlicher Bestandteil der orthodoxen Religion. Die Bedrohung durch eine Strafe »auf Erden und im Himmel« wurde benützt, um Angst zu erwecken, und diese Angst gegen eine mögliche Missetat einzusetzen. Heute ist die Angst zum größten Hemmnis geworden, einem Hemmnis, das der Lebenserfüllung, der gelockerten Leistung, der Selbstachtung und Selbstverwirklichung im Wege steht. Im Gegensatz zur Angst ist der Mut eine Haltung, die notwendig ist, um Freiheit zu erlangen. Der moderne Mensch braucht Mut, um mannigfaltigsten Ungewißheiten die Stirn zu bieten, denn fixierte Sicherheiten gibt es nur im Bereich der Autokratie. Er braucht ihn auch, weil er seiner Ungezwungenheit, seiner Fähigkeit, in Freiheit zu schaffen, bewußt wurde – man muß tatsächlich viel Mut besitzen, um ungezwungen zu handeln. Nur ein Mutiger, der um seine Kraft weiß und an sich glaubt, kann auch an andere glauben: nur er kann die Gegensätze und Meinungsverschiedenheiten des Gemeinschaftslebens akzeptieren. Was für Symbole eine neue Gläubigkeit braucht, eines braucht sie gewiß, das Symbol, das den Mut, den Glauben an die eigene Stärke und Fähigkeit im Menschen erweckt. *Die neue Religion wird ein neues Ritual besitzen,* und dieses Ritual wird das der gegenseitigen Hilfe sein. Die spirituelle und moralische Unterstützung, die wir alle in den entmutigenden Schwierigkeiten des täglichen Lebens brauchen, kann uns nur eine Gruppe geben, in der der eine wirklich der Bruder des anderen ist. Wir bedürfen der Hilfe des anderen in unseren Bemühungen, so gut zu sein, wie wir es uns ersehnen, so viel zu leisten, wie wir irgend können. Wir brauchen einander, um uns gegenseitig an unsere Ideale zu erinnern, und die Ausdauer in uns zu erhalten, sie zu verfolgen. Wir brauchen einander, um unsere Hingabe an das Wohl der Gemeinschaft zu stärken, um unseren Willen zu festigen, mit den anderen zu fühlen, und zu leben, einander zuzugehören in der so lange entzogenen Erfüllung des ältesten Menschheitstraums: der Brüderlichkeit aller Menschen.

Im
Horizonte-Verlag
erschienen:

Erik Blumenthal

**Frieden mit
dem Partner**
Erfüllung
durch Einheit und
individuelle Freiheit

*1986. 126 Seiten.
Leinen mit Schutzumschlag
DM 19,80
ISBN 3-926116-50-1*

Dem vielleicht schwerwiegendsten Umwälzungsprozeß in der Geschichte der Menschheit, der Suche nach einer neuen Beziehung zwischen Frau und Mann, widmet der Psychologe und Psychotherapeut Erik Blumenthal sein Buch „Frieden mit dem Partner". Blumenthal geht von der prinzipiellen und uneingeschränkten Gleichwertigkeit von Frau und Mann aus. Dieser scheinbar selbstverständlichen Voraussetzung entsprechen jedoch weder unsere Erfahrungen noch unser Verhalten. Da die Menschen seit Jahrtausenden im Verhältnis von Frau und Mann nur Herrschaft und Unterwerfung erlernt haben, fallen wir ständig in Über- oder Unterlegenheitsgefühle und damit in überkommene Verhaltensmuster zurück. Blumenthal vermittelt Erkenntnisse und Erfahrungen aus der psychologischen Arbeit zur Selbsterziehung und Partnerschaftsentwicklung und greift auf Weisheiten der Weltreligionen zurück. Er will Frauen und Männer ermutigen zu einem Zusammenleben in Einheit und gleichwertiger individueller Freiheit, das als friedliche Basis wesentliche Bedingung für die Befriedigung der ganzen Gesellschaft ist.

Frieden ist mehr als keine Waffen

Bücher aus dem Horizonte Verlag
für eine neue Kultur des Friedens

Das Modell des Friedens

Ausweg aus der Krise. Herausgegeben von Farzin Dustdar. Mit Beiträgen von Erik Blumenthal, Hossain B. Danesh, Ingo Hofmann, Sama Maani, Ursula Namdar, Nossrat Peseschkian und Gerhard Schweter. Mit einer Einleitung von Roland Philipp. 1985. 358 Seiten. Broschiert DM 19,80
ISBN 3-7049-2001-0

Ingo Hofmann (Hrsg.)
Frieden ist mehr

Naturwissenschaft, Politik und Religion auf dem Weg zum inneren Kern des Friedens. 1986. 142 Seiten. Broschiert DM 16,80
(Forum Landegg) ISBN 3-7049-2006-1

Farah Dustdar
Die Frau und der Weltfrieden

Ansätze zu einer gewaltfreien Gesellschaft. 1985. 151 Seiten.
Broschiert DM 14,80 ISBN 3-7049-2002-9

»... denn die Zukunft gehört uns«

31 Jugendliche schreiben für den Frieden. Herausgegeben von Farzin Dustdar. 1986. 256 Seiten mit zahlreichen Illustrationen. Broschiert DM 19,80 ISBN 3-926116-01-3

Gedanken des Friedens

Die Reden und Schriften von 'Abdu'l-Bahá für eine neue Kultur des Friedens. Zusammengestellt und herausgegeben von Peter Spiegel. 1985. 127 Seiten mit 12 Abbildungen. Broschiert DM 6,80 ISBN 3-7049-2003-7

Weltfriede ist nicht nur möglich,
sondern unausweichlich

Eine Botschaft an die Völker der Welt. 1986. 125 Seiten. Broschiert DM 6,80
ISBN 3-926116-02-1

Bahá'u'lláh
Die sieben Täler

Mit Bildern von Peter A. Thomas. 1985. 80 Seiten mit 36 Farbfotos. Format 24 x 21 cm. Gebunden DM 24,80 ISBN 3-7049-2004-5